山东省政府性融资担保探索与实践

张安民◎主编

SHANDONGSHENG ZHENGFUXING RONGZI DANBAO TANSUO YU SHIJIAN

济南出版社

图书在版编目（CIP）数据

山东省政府性融资担保探索与实践 / 张安民主编．
济南：济南出版社，2024. 9. -- ISBN 978-7-5488
-5365-7

Ⅰ. F832.21

中国国家版本馆 CIP 数据核字第 20240KG369 号

山东省政府性融资担保探索与实践

SHANDONGSHENG ZHENGFUXING RONGZI DANBAO TANSUO YU SHIJIAN

张安民　主编

出 版 人 谢金岭
责任编辑 于丽霞
封面设计 王　焱

出版发行 济南出版社
地　　址 山东省济南市二环南路 1 号（250002）
总 编 室 0531-86131715
印　　刷 济南新科印务有限公司
版　　次 2024 年 9 月第 1 版
印　　次 2024 年 9 月第 1 次印刷
成品尺寸 170 mm × 240 mm　16 开
印　　张 22.5
字　　数 350 千字
书　　号 ISBN 978-7-5488-5365-7
定　　价 168.00 元

如有印装质量问题 请与出版社出版部联系调换
电话：0531-86131716

前　言

习近平总书记在中央党校建校 90 周年庆祝大会暨 2023 年春季学期开学典礼上的重要讲话中强调，“要做好理论研究、对策研究这个探索规律、经世致用的大学问”。

我国融资担保行业发展已经走过 31 年不平凡的历程，在稳经济、调结构、惠民生中发挥了积极作用，特别是近年来，面对经济下行压力，政府性融资担保更是肩负了缓解小微“三农”融资难融资贵、服务实体经济高质量发展的重要责任。当前，政府性融担事业正站在高质量发展的新起点，如何通过加强理论和对策研究，梳理历史沿革，把准历史方位，把牢变革机遇，把握规律趋势，规避“穿新鞋、走老路”，指导助力融资担保事业做大做强、行稳致远，是摆在我们面前的一项重大课题。

近年来，山东省政府性融资担保体系成员单位认真贯彻落实中央各项决策部署和省委、省政府工作要求，聚焦支小支农主责主业，不断创新管理体制、工作机制和产品模式，助力小微“三农”高质量发展取得显著成效。同时，扎根全省乃至全国融担事业发展实践，围绕如何最大限度解决中小企业融资难问题的战略使命，对融资担保发展的痛点难点堵点问题进行政策性、对策性研究，形成了一批高质量的研究成果。

为积极推进调查研究成果转化和共享，本书对 2023 年以来，体系单位重要调研报告、工作论文、经验总结等进行了梳理汇编，以期能够为行业发展提供有益参考和借鉴，共同推动政府性融资担保事业高质量发展。

张安民

2024 年 5 月

目　录

第二部分　“鲁担杯”“新时代　新担保　新作为”主题征文活动获奖作品汇编

论文类

经验总结类

其他类

第一部分　山东担保集团 2023 担保工作大调研活动调研报告

赴黑龙江省、辽宁省、山东省（济南市、泰安市）调研报告

山东担保集团第一调研组

根据公司党委有关大调研工作安排，第一调研组于5至6月间到山东省内的泰安、济南，以及黑龙江省、辽宁省等地开展了实地调研。调研组通过现场座谈、实地考察、个别交流等形式，初步摸清了情况，学习了经验，发现了问题，并提出了建议。现将有关情况汇报如下。

一、调研基本情况

（一）泰安弘泽担保公司

5月23日至24日，第一调研组赴泰安开展调研。泰安弘泽担保公司隶属泰安市泰山财金投资集团，注册资本14.7亿元，国有股份合计占比98.2%。2022年，该公司新增备案金额9.16亿元，同比增长55%；平均担保费率1.26%；在保规模9.36亿元，同比增长58%，为优化当地小微金融服务生态做出了积极贡献。该公司现有职工29人，下设综合部、业务部、风险部、财务部4个部室，权属公司有泰安弘信投资公司和泰安普惠中小企业服务公司，主要开展应急转贷业务。

调研期间，调研组分别与泰安市财政局、泰安弘泽担保公司，以及齐鲁银行泰安分行、泰安银行、泰安农商行进行座谈交流，实地调研了山东海天智能工程公司、泰山信息科技公司等在保客户。同时，调研组组织集团公司

第一、二党支部与泰安弘泽担保公司党支部在徂徕山开展了主题为“薪火相传担使命　携手同心筑堡垒”的党建共建活动，共同缅怀徂徕山抗日武装起义这一壮举，学习革命先烈“不畏强敌、敢于担当、矢志为民、英勇斗争”的精神，重温了入党誓词。

（二）济南担保集团

6月8日，第一调研组赴济南开展调研。济南担保集团于2020年12月正式成立，目前注册资本金25.5亿元，主管部门为济南市财政局，由济南财金集团持有100%股权。2022年，该公司新增备案金额191.75亿元，同比增长178%；平均担保费率0.49%；在保规模213.86亿元，同比增长208%。该公司目前共有职工134人，其中公司本部88人，子公司46人。公司本部下设12个部室，下设支小支农、市融担、数智济南、融资租赁、应急转贷5家全资子公司，参股设立鲁澳（山东）产业合作跨境服务中心、山东省信用增进投资公司。

调研期间，调研组与济南融资担保集团有关负责同志、相关部室负责人就产品创新、风险防控、数字化转型推进、人才激励、审计稽核、财务运作、宣传工作等方面进行了深入交流，详细了解了该公司“政策产品化、产品标准化、业务数字化、服务平台化”的原则、做法和取得的实效，特别是为落实济南市委、市政府政策而开发的系列产品，如应对疫情的“纾困贷”、支持济南科创金融改革试验区建设的“科创贷”、服务民营企业发展的“攀登贷”等特色产品。双方还共同探讨了数字化转型的做法和经验、风险防控的具体做法和困难、市级体系建设推进情况等。

（三）黑龙江担保集团、辽宁担保集团

5月31日至6月1日，第一调研组赴黑龙江、辽宁两省开展调研。在辽宁时，我们还对其权属公司沈阳科技担保公司进行了实地考察。

黑龙江省鑫正融资担保集团（以下简称“黑龙江担保集团”）于2010年由黑龙江省鑫正投资担保有限公司改组成立，是集担保、再担保为一体的省级政府性融资担保机构，黑龙江省金融控股集团100%持股。公司目前注册资本45.51亿元，资本市场主体信用AA+等级。截至调研日，公司共有员工178

人，下设 5 个业务部门、11 个服务支撑部门、5 家分公司、3 家子公司。黑龙江省鑫正融资担保集团成立时间早，在集团化运营、产品创新、风险管理等方面积累了丰富经验。

辽宁省融资担保集团有限公司（以下简称“辽宁担保集团”）成立于 2018 年 7 月 27 日，是在整合原省中小企业信用担保中心和原政融担保中心两家事业单位资产、业务和人员的基础上组建的。该公司目前注册资本 38 亿元，全部股份由辽宁金融控股集团（辽宁省财政厅 100%持股企业）持有。公司内设部门 13 个，并与沈阳、大连、鞍山、朝阳、盘锦 5 市分别合资设立了科技担保公司。目前，公司共有在职员工 203 人，其中集团本部 98 人、5 市科技担保公司 105 人。

二、调研中发现的好经验、好做法

调研中发现，辽宁省在政策支持、科创担保体系建设、党建方面，黑龙江省在集团管理、机构合作方面，济南市在产品创新、风险防控、科技创新上均有特色做法。

（一）政策支持方面

辽宁省财政出资 2.9 亿元建立再担保风险补偿和保费补贴资金池，构建“前有保费补贴、后有风险补偿”的扶持政策，重点加大对科创担保的支持力度。一是对沈阳、大连、鞍山、朝阳、盘锦 5 市科技担保公司符合条件的代偿风险，除国担基金和合作银行各承担 20%的风险责任外，由辽宁担保集团利用风险补偿专项资金承担不高于 40%的风险责任。二是对纳入国担基金风险补偿范围、单户担保金额 500 万元及以下且年化担保费率不超过 1%的融资担保业务，由省财政给予年化 1%的担保费补贴。三是为支持科技型小微企业发展，对单户金额 100 万元及以下且免收担保费的融资担保业务，由省财政给予年化 2%的担保费补贴。2023 年初，辽宁省政府出台相关文件，将单户金额上限由原来的 100 万元提高至 200 万元，可享受政策优惠条件的科技型小微企业范围进一步扩大。

（二）科创担保体系建设方面

按照辽宁省政府有关决策部署，由辽宁担保集团分别与沈阳、大连、鞍山、朝阳、盘锦5市财政按照1∶1比例共同出资成立5市科技担保公司，分别委派董事长和总经理，主要职责是面向区域内科技型中小微企业提供融资增信服务。省、市财政为此建立了较为完善的代偿补偿、保费补贴等政策支持机制。目前，该省科创担保体系运行正常，政策性功能发挥良好。截至2023年4月末，5市科创担保业务累保129亿元，累计支持各类企业近3300户次，户均担保额始终控制在300万元~400万元之间，纯信用担保业务占比超过70%。2022年担保代偿率为0.74%。

（三）产品创新方面

济南担保集团在担保产品设计上紧贴中央及省、市重点战略，坚持“政策产品化、产品标准化、业务数字化、服务平台化”的原则，将贴息、贴费等金融惠企政策整合到市场化金融产品中，先后开发了“济担-纾困贷”“济担-科创贷”“济担-强农贷”“济担-攀登贷”等多个专项特色化政策性产品。

案例1：为深入贯彻落实党中央支持民营经济发展决策部署，济南担保集团通过深化流程再造，建立“政府+担保+银行”联动机制，研发了“济担-攀登贷”专项产品，精准服务于济南170余家重点民营企业。一是设立融资促进专项资金，对5000万元以内贷款按1%年化利率进行利息补贴和全额保费补贴，补贴金额最高可达100万元/年。同时引导银行主动让利，在贷款利率方面给予企业最大优惠，据测算，贴息后的实际贷款利率不高于4%。二是实施预授信行动，通过“预授信”+“白名单”方式，主动对接170家市民营企业重点培育库入库企业，进行网格化、全覆盖的预授信行动，了解企业融资需求，提供“一对一”定制化的融资服务。三是简化申报流程。开发“济担-攀登贷”申报小程序，企业扫码填写申报信息，市民营经济局审批备案后数据同步推送至银行和担保公司，业务人员上门办理，实现“数据多跑路、企业少跑路”。三是开辟绿色通道。通过预授信、银担互联、大数据风控，实现了并联审批、快速审批，业务从申请到放款时间较普通贷款减少一半以上。对部分急需资金的企业，开辟绿色快速通道，可实现当日申请当日放款。自 2023 年 5 月发布以来已放款 22 笔、2.85 亿元，有效解决了民营企业生产建设和科技研发过程中面临的融资难题。

案例 2：沈阳科技担保在产品创新方面也很突出。特色产品主要有 3 款：一是“园区集合贷”，以“政府+园区+担保+银行”为合作模式，单户上限一般不超过 500 万元，不硬性要求实物抵质押。二是“速保贷”，实行“白名单制”准入管理，主要依托银行获客，服务对象为小微科技型企业，单户额度上限 500 万元，以合作银行为单位，设定担保代偿“预警线”“熔断线”，当触发阈值后停止新增业务合作。三是“高新成长贷”，主要针对处于初创期、成长期科技型企业轻资产、创新快但风险不确定性高的实际特点，提供分级式、阶梯式增信支持和跟踪培育，单户企业额度上限 1000 万元，其中首次服务企业一般不超过 500 万元，实行简化流程，不硬性要求实物抵质押。

（四）风险防控方面

在风险防控方面，济南担保集团建立了明确的思路和措施。一是坚持小额分散的风控原则。以小额项目为主，额度越大的项目，业务规模占比越小。100 万元以下的业务占比 79%，户均担保额度 19.65 万元，业务分布呈现“金字塔式”稳固结构。二是风控策略植入产品设计。借助银行在风险防控方面的优势，提前介入参与专项担保贷款产品研发，明确业务各环节审核要点、管理职责，构建职责明晰、流程顺畅、操作规范的标准化作业机制。三是设置差异化审批流程。结合不同业务场景、单户担保额度、反担保方式等，设置立项审批岗、独立审批岗、子公司评审会、集团风险复核岗、集团评审会审批的差异化审批流程，额度越大审批环节越多。

为有效防控风险，黑龙江担保集团着力完善工作机制，建立健全了“保、审、放、管、收”五分离的内控操作体系，在业务受理、审查审批、法规手续办理、保后管理及不良清收五个环节由不同部门、不同岗位、不同人员办理操作，从而使监督和制约落到实处。同时，加强代偿项目追偿，对代偿后催收有难度的不良项目，通过委托律师事务所批量诉讼方式进行追偿清收。

（五）数字化转型方面

济南担保集团通过实行“数字技术+数据要素”，将数字思维、数字元素注入业务全流程。一是构建数据聚合方舟。通过“泉城链”等省、市大数据部门公共数据开放网，有效获取国家、省、市三级，税务、不动产、工商等23个部门，294项政务公共数据资源，加大涉诉、反欺诈和多头借贷等三方数据采集，结合自身业务数据，完成企业信息库的建设，纾解银企间信息不对称问题，推动企业底层资产数字化、产业链条透明化，促进小微企业融资增量扩面、提质降本。二是培育大数据风控模型。基于云计算、大数据等技术，依托“数聚方舟”的多维数据，建立基于担保需求的个人和企业风控模型，为担保客户精准画像，设置企业信用分析、风险监测预警等综合服务功能，构建覆盖保前、保中、保后的智能化风控体系，实现全流程数字化风控管理。

（六）党建工作方面

辽宁担保集团高度重视党建群团工作，由党委副书记主抓，主要开展了“一支部一特色一品牌”建设，根据各支部的特点，指导支部创建与业务紧密相连的特色品牌；强化考核带动，树立党建与业务一盘棋的理念，坚持党建工作和业务工作同步部署、同步考核，做到“双挂钩、双促进”；在支部年度考核中实现了考核项“应量化尽量化”，同时还把业务指标的完成情况作为考核的重要内容。如果业务指标没完成，说明党建引领作用发挥得不到位。

三、调研发现的问题

（一）考核评价方面

无论是黑龙江担保集团、辽宁担保集团，还是泰安弘泽担保、济南担保，均隶属于金融控股平台公司。这些担保公司一方面要面临财政部门的考核，另一方面还要接受母公司的考核。两方面考核方向不同、要求各异，尤其是母公司均设有盈利指标要求，偏离了政府性担保的准公益定位，令担保公司无所适从。

（二）银担合作方面

政府性融资担保撬动的是银行的资金，银行的配合至关重要。地方法人银行在破解融资难上作用较大，而国有大行在破解融资贵上有优势。我省银担“二八分险”从面上看已经全面铺开，但部分地市银行分支机构对“二八分险”业务合作意愿仍然不强，尤其是部分地市国有大行分支机构比较突出。

（三）风险防控方面

一是集团公司开发预审系统等全流程大数据风控系统应用不够，业务覆盖面还不够广，有的市级担保机构完全没有使用该系统。同时，尽调、风控等管理制度比较老旧，与大数据下政府性担保发展要求不相匹配。二是部分地市政府性担保机构非政策性业务不良率包袱较重，影响政策性业务发展。

（四）科创担保方面

一是目前单户额度不能满足科创企业实际需求。我们实地调研的山东海天智能工程有限公司是省级高新技术企业、专精特新企业、瞪羚企业，目前在保 4290 万元，只有 800 万元纳入备案；泰山信息科技有限公司是省级“专精特新”中小企业、国家高新技术企业，目前在保 1500 万元，纳入备案的有 500 万元。据了解，泰安高新区现有多家单位融资担保需求超过 1500 万元。二是全省统一的科创融资担保体系和专项产品尚未推出。从辽宁来看，省、市财政出台了系统化政策支持机制，建立了有效的政银担合作机制，针对不同类型、不同阶段、不同行业的科创企业研发了科创专项产品，充分调动了省、市两级支持科创发展的内生动力，取得了良好成效。

案例 3：山东海天智能工程有限公司是国内最早从事脑与类脑研究的高新技术企业，业务涵盖脑机接口康复机器人、智能服务机器人系列产品研发、生产、销售等领域，先后荣获“专精特新”小巨人企业、人工智能与实体经济深度融合示范企业、山东省瞪羚标杆企业、人工智能领军企业（山东仅 4 家）、隐形冠军企业、制造业单项冠军企业等省级以上资质荣誉 68 项。该公司在创业初期遇到研发投入大、测试验证周期长、人才投入成本高、投资收益回款慢等问题，但最大困难就是资金。泰安弘泽担保公司在得知企业的融资需求后，主动上门对接，针对企业的实际情况，为其设计“不动产抵押+专利质押+信用担保”灵活的组合拳反担保方式，先后为该企业提供担保贷款共计 4000 万元，其中纯信用担保贷款 800 万元，而且较 2%～2. 5%的市场化担保收费，为企业节约担保费用 40 余万元。

在财政部门和政府性融资担保机构全力支持下，该公司凭借完全自主知识产权的技术，成功开发主导产品“脑机接口康复训练系统”。该产品是获批世界首台医疗器械注册证的脑机交互机器人，领先美国同类产品3年，填补了国际空白，也是工信部认定的首台（套）核心技术装备。依托该产品，企业销售额从最初不足1亿元提升到2亿多元。

四、下一步工作建议

（一）主动赋能一线，夯实高质量发展基础

市、县直担机构是全省担保体系的最前线，其业务拓展方式、风险防控水平，对全省担保高质量发展，具有决定性作用。为此，迫切需要赋能一线、筑牢基础。一是有序推动“业务制度、业务模式、业务系统”三统一。由集团公司牵头，带领各市级担保机构在充分调研基础上，制定统一的担保基础制度，夯实风险防控的制度基础。同时，集中推广SaaS系统、大数据预审系统，力争尽早实现全覆盖。二是加强一线人员素质培训。针对一线担保机构人员来源复杂、水平参差不齐的情况，按照急用先上的原则，有序开展人员培训。三是建立制度执行情况稽查机制，确保各项制度落到实处。

（二）深化银担合作，提升业务质量

一是根据担保体系与国有大行合作业务代偿率低、利率低、业务量少的特点，将提高与国有大行合作业务占比作为公司优化存量的一项重要工作来抓。二是摸清体系成员单位与国有大行合作中存在的难点、堵点，有的放矢破解瓶颈问题。在此基础上，加大力度推动省担保集团与国有大行的联合发文，利用国担“总对总”产品，进一步深化与国有大行的合作。三是深入推动银担互信协议签署，加强银担系统直连，加快建设银担命运共同体。

各合作银行业务情况统计表

（按贷款利率排名，数据截至 2023 年 6 月 30 日）

序号	机构名称	本年新增金额（亿元）	平均贷款利率（%）	本年代偿额（万元）	新增代偿率（%）
1	交通银行	0.65	3.67	0	0.00
2	中国银行	8.44	3.75		
3	中国农业银行	11.64	3.76	108.14	0.28
4	中国工商银行	73.14	3.78	2393.43	0.39
5	中国建设银行	16.02	3.8	82.77	0.48
6	青岛银行	5.44	3.82	/	/
7	光大银行	0.58	4.04	/	/
8	北京银行	1.55	4.07	135.16	0.99
9	兴业银行	2.89	4.17	400	1.48
10	恒丰银行	1.8	4.39	/	/
11	威海市商业银行	11.88	4.45	/	/
12	华夏银行	0.02	4.5	/	/
13	中国邮政储蓄银行	9.04	4.55	646.43	1.29
14	浦发银行	0.15	4.55	/	/
15	民生银行	3.18	4.71	/	/
16	齐鲁银行	66.51	4.75	3624.31	1.28
17	烟台银行	8.9	4.78	/	/
18	泰安银行	6.56	4.87	0	0.00
19	潍坊银行	17.23	5.05	23.41	0.02
20	日照银行	1.69	5.27	160	0.42
21	浙商银行	1.11	5.28	/	/
22	德州银行	0.81	5.51	0	0.00
23	齐商银行	27.06	5.6	372.56	0.13
24	山东省农村信用社联合社	279.36	5.62	2505.86	0.24
25	莱商银行	12.2	5.67	802.59	1.19
26	村镇银行	12.17	5.79	433.11	0.44

续表

序号	机构名称	本年新增金额（亿元）	平均贷款利率（%）	本年代偿额（万元）	新增代偿率（%）
27	平安银行	3.71	6.2	0	0.00
28	枣庄银行	0.02	6.42	/	/
29	东营银行	1.88	6.46	23.1	0.58
30	临商银行	4.64	6.55	1374.34	3.30
31	济宁银行	42.97	8.43	80.57	2.66
32	浙江网商银行	11.14	8.63	1537.24	1.10
合计		644.37	5.37	14703.03	0.48

（三）加强产品创新，助力中央和省重大政策落地

作为一家政府性担保机构，要在坚守主责主业的同时，把政策产品化放在更加突出的位置。要积极学习中央和省委、省政府有关政策部署，不断增强政策敏锐性，结合集团职能定位，及时出台科学合理的担保产品，并督促尽快落地，做好宣传。如最近中共中央、国务院出台《关于促进民营经济发展壮大的意见》，里面用较大篇幅提到融资支持问题。对此，有关部室单位应立即行动，拿出切实支持产品来。

（四）完善科创体系，赋能高科技发展

一是积极争取财政、科技、工信等部门支持，完善科创担保政策支持机制。二是发挥省担保集团龙头带动作用，借鉴辽宁省经验做法，积极与各地市政府合作，共同建立覆盖全省的科创担保体系。三是创新研发科创担保产品体系，对科创企业进行全方位、全生命周期的融资担保服务，配套股权投资、供应链金融、应急转贷等增值服务。相关做法在济南试点成功后及时在全省范围内推广，推动全省科创企业高质量发展。

（五）坚持党建引领，打造好国企的“根”和“魂”

一是加强支部建设，夯实党建根基。支部是党组织的细胞，在党建工作中具有决定性作用。而其中，支部书记又发挥着关键作用。要加强支部书记培训，既要培训党建知识，更要培训做好思想工作的方法和技巧，把支部书

记培养成为党员群众的“贴心人”“主心骨”，使他们成为业务上的带头人、思想上的领路人。二是制定党业融合具体实施方案，实行党建、业务“双岗”融合，形成党建融入中心业务长效机制；推广、完善标准化党支部及支部评星定级工作，深化党建促重点工作、党建联建、“党建+”等工作。三是加强宣传，着力焕发党组织功能活力。充分发挥《鲁担党建》的宣传平台作用，加大对党建成果的对外宣传力度；探索举办全体系党建业务交流研讨班，取长补短。扎实做好集团党建宣传片拍摄工作，展现集团党建新成就，为集团公司加油打气，助推公司业务高质量发展再创新辉煌。

（第一调研组组长：孟纪庚；主要成员：刘永贤、季卫、张娜娜、相颖、冯贺龙、王琦、张德建、郝娟、许崇斌）

赴四川省、贵州省、山东省（潍坊市、东营市）调研报告

山东担保集团第二调研组

按照集团公司党委大调研工作安排，第二调研组于6月5日至28日，先后赴东营、日照、潍坊、成都、贵阳等地开展调研，通过听取汇报、座谈交流、查阅资料等方式，从“小切口”入手，摸实情、解难题、找答案、促提升，重点对集团公司在党的建设、纪检监察、风险管理方面提出工作建议。现将有关情况汇报如下。

一、基本情况

（一）东营市融资担保有限公司

6月5日，第二调研组赴东营开展调研。东营市融资担保有限公司成立于2017年10月31日，注册资本16亿元。公司设有股东会、董事会、监事会及总经理办公会。股东共4家，东营市财金发展有限公司持股56.25%，东营市财金投资集团有限公司持股31.25%，东营港顺通投资有限公司持股6.25%，东营市东凯产业投资管理有限公司持股6.25%。公司设有风险管理部、综合管理部、担保业务一部、担保业务二部4个部门。截至目前，市担保公司资本金16亿元，已累计为1.3万余户客户主体提供担保服务；截至2023年5月底，累计担保金额突破100亿元，实现担保费收入913.76万元。

（二）日照市投融资担保集团公司

6 月 12 日至 13 日，第二调研组赴日照开展调研。日照市投融资担保集团公司前身系日照市岚山融资担保有限公司，2021 年 4 月正式组建为市级政府性融资担保龙头机构。公司设有股东会、董事会、监事会和高级管理层，内设综合管理部、业务发展部（再担保业务部）、风险管理部（信息科技部）、合规管理部、财务管理部和岚山、五莲、市直 3 个区县（功能区）办事处。截至 2023 年 5 月底，为日照市 3759 户小微企业、农户和创业创新主体提供融资担保，在保余额 25.53 亿元。

（三）潍坊市再担保集团股份有限公司

6 月 13 日至 14 日，第二调研组赴潍坊开展调研。潍坊市再担保集团股份有限公司为 2015 年 2 月经省地方金融监督管理局批准组建的政府性融资担保机构，注册资本 24.55 亿元，股东涵盖省、市、县三级国资机构及民营企业代表，由市财政局履行出资人职责。集团下设潍坊市汇金融资担保公司、潍坊市汇融财务咨询服务公司、潍坊市汇科数据科技公司 3 家子公司，现有员工 64 人，业务范围涵盖融资担保、再担保、非融资担保以及金融科技等领域。截至 2023 年 5 月底，累计为 20 万余户企业、市场主体提供融资服务近 1800 亿元，在保余额 300 余亿元。

（四）四川省信用再担保有限公司

6 月 25 日至 26 日，第二调研组赴成都开展调研。四川省信用再担保有限公司由四川省财政厅牵头组建，是国家融担基金、省属国企和 19 个市州政府共 22 家股东共同出资的国有再担保机构，于 2015 年 12 月挂牌成立，目前注册资本 23.85 亿元。公司设有股东会、董事会、监事会和经营班子，成立了党委、纪委、工会。现有综合管理部、党群工作部、业务部、机构发展部、风险管理部、合规审计部、财务部、信息科技部 8 个部门，员工 68 名，其中中共党员 38 名，占比 56%；硕士研究生及以上学历 36 人，占比 53%。截至 2023 年 5 月底，累计开展再担保业务 23.82 万笔，业务规模突破 2000 亿元，达到 2044.74 亿元，支持小微企业和“三农”经营主体 9.13 万户。

（五）贵州省融资再担保有限责任公司

6月26日至27日，第二调研组赴贵阳开展调研。贵州省财政厅于2022年4月22日出资20亿元组建了贵州省融资再担保有限责任公司，设置再担保业务部、体系管理部、风控合规部、综合管理部（含党务、人事、行政、工会等）、财务管理部5个部门。公司现有人员13人，全部为本科及以上学历，其中，本科学历人数9人，硕士研究生学历3人。中共党员9人。截至2023年5月底，公司为贵州省小微、“三农”等经营主体累计再担保项目10648个，金额117.17亿元。其中：工业项目853个，金额21.67亿元；农业项目3465个，金额26.09亿元；批发零售行业项目3456个，金额48.2亿元。

二、经验做法

通过对政府性担保机构的调研，我们发现了许多好经验、好做法，经过总结提炼，主要有以下几个方面。

（一）坚持政治引领，凝心聚力铸魂

这五个地方的政府性担保机构能够发挥好政策性融资担保作用，助力市场主体纾困发展，最关键的是旗帜鲜明讲政治、把党的政治建设摆在首要位置，坚持和加强党对国有企业的全面领导，铸牢国有企业的“根”和“魂”。

一是实施“铸魂工程”，以高质量党建引领公司高质量发展。四川再担保公司把旗帜鲜明讲政治贯穿公司管理运营全过程，优化决策机制，在党建入章的基础上，修订公司“三重一大”、党委会议事规则等制度，以破解党建业务“两张皮”为抓手，坚持以党建与业务深度融合为主线，从组织建设互促、党员干部互动、党建载体互用、业务拓展交流等多个方面开展“党建+业务”结对共建，采取“党委立项、支部认领、党员参与”的方式，支部书记主动申领“一书记一项目”，坚持“负主责、精主业、演主角”，带头啃“硬骨头”，带领支部党员攻坚克难、开拓创新、提振士气，使党支部战斗堡垒作用得到发挥。

二是聚焦品牌引领，强化“双培”工程树先育优。潍坊再担保集团以党建为抓手，着力打造“党建+”品牌，通过“党建+规范”“党建+人才”“党建+文化”“党建+发展”“党建+群建”等十个方面，探索以品牌建设推动集团党建工作规范、运营管理标准、干部队伍作风、企业文化精神“四大提升”。同时，该公司大力开展把党员培养成业务骨干、把业务骨干培养成党员的“双培工程”，加强了对青年员工理想信念、宗旨意识教育，引导其向党看齐，向党组织靠拢。“双培工程”实施以来，该公司党员人数占员工总数的比例从 35%提升到 69%，其中 46%的党员是“双培工程”培养发展。

三是创新党建形式，发挥引领促进作用。日照担保集团通过构建“政担、银担、担担、企担”党建共建体系，促进“政银担企”四方深度融合，激活党建引领行业凝聚发展源动力。该公司实行优秀中层负责人进支部班子制度，加强后备干部培养储备；坚持“开门开会、阳光决策”，实行普通员工列席领导班子会议制度，增强决策的科学性和透明度；建立“金点子”征集制度，常态化征求员工合理化意见建议；探索新时代政府性融资担保企业文化建设新路径，开展“主人翁精神”系列专题教育活动，弘扬新时代新征程“主人翁精神”。

（二）突出政策定位，主动靠前服务

被调研企业立足政策性职能定位，突出服务重点，聚焦支小支农主业和特殊困难行业，主动靠前服务，创新特色产品，发挥政策性融资担保作用。

一是发挥政策优势，推进产业政策与财政金融政策优化融合。潍坊再担保集团充分运用“政策性担保+供应链”“政策性担保+进出口”“政策性担保+政府采购”等 N 种批量化担保模式，将批量化担保嵌入企业融资各个场景，创新推出“潍担兴农贷”“潍担技改贷”“潍担 E 菜贷”“汇率避险担保”“创业担保贷款”等特色业务产品，持续向进出口、创新创业、“专精特新”等政府引导支持领域倾斜，最大限度将政策红利转化为企业发展动力。

二是加强业务创新，推动担保服务向下扎根。四川再担保公司推进银担合作呈现新气象，该公司牵头与银行业开展“总对总”合作，做大“国担快贷”“蜀担快贷”系列银担批量合作业务，在全国范围内首次创新推出“1+1+N”银担批量合作模式（即再担保+1 家银行+多家担保机构），通过整合担保体系资源，凝聚多家担保机构合力，发挥银行批量获客、信息科技金融、风险控制优势，融合“互联网+批量合作、风险共担、见贷即保、代偿熔断”理念，重点支持国家和四川省重点支持产业小微、“三农”市场主体。贵州再担保公司着力创新担保模式，积极对接省级相关部门，争取部门政策、资金鼓励，引导各合作担保机构支持重点领域市场主体纾困解难，推进研发了“黔贸贷”产品。经贵州省商务厅遴选，贵州工业担保公司、贵阳中小担成为“黔贸贷”承办担保机构，开展“白名单”商贸企业担保业务，贵州再担保公司给予再担保分险支持。东营融资担保公司加大乡村振兴扶持力度，扩大经营“粮食贷”“助农贷”，针对利津滩羊养殖业开展“好养贷”，与东营经济开发区政府合作推出“数字青创贷”业务，通过财政补贴支持及融资担保体系介入等形式，有效丰富了金融产品供给，降低了企业融资成本。

（三）以强有力监督，规范权力运行

监督是企业管理的重要组成部分，是管理的再管理。被调研企业在党的领导下，各监督主体依照自身职责发挥监督效能，形成同题共答。

一是建立联席工作机制，形成监督合力。四川再担保公司在党委的统一领导下，建立纪检监察、风控合规、内控审计、财务等部门参与的联席工作机制，做到人员互通互补、信息相互共享、同步培训宣传，有效整合各种监督力量。健全以职工代表大会为基本形式的民主管理制度，推进司务公开、党务公开、业务公开等，落实职工群众知情权、参与权、表达权、监督权。该公司坚持和完善职工董事、职工监事制度，鼓励职工代表有序参与公司治理，在重大决策上广纳职工意见建议，涉及职工切身利益的重大问题必经职代会审议。

二是扎紧制度笼子，规范运营管理。潍坊再担保集团把制度建设作为重中之重，动态修订完善《党委议事规则》《财务管理制度》《内部审计管理办法》《尽职免责工作办法》等党建、纪检、业务、财务、人力资源、行政管理相关制度办法50余项，建立了较为完善的管理运营和容错机制，用严密的制度推动各项工作标准化、规范化。日照担保集团加强全流程风险管控机制，制定了《融资担保业务管理暂行办法》《批量化担保业务管理暂行办法》《融资担保业务风险管理暂行办法》《融资担保业务代偿追偿制度》《融资担保代偿责任认定与追究办法》等制度。四川再担保公司围绕企业治理、再担保业务、股权投资、财税管理、采购管理、劳动人事、信息安全七大重点领域，制定了《四川再担保合规手册》，编制了《四川省政府性融资担保机构合规手册》。贵州再担保公司高度重视内控工作，持续完善内控制度，强化内部监督检查，制定了《内部控制办法（试行）》《资本金监督管理暂行办法》等一系列内控管理办法，为公司规范运营提供了制度保障。

三是深化监督制约，加强风险管控。东营融资担保公司坚持监督常态化，强化主体监督职能，把监督纳入年度工作要点、党建工作要点，压实“一岗双责”。日照担保集团出台《关于建设“清廉日照担保”的实施意见》，细化任务目标，将廉洁理念向公司各领域、层面渗透，筑牢“行业清正、队伍清廉、员工清白”底线。潍坊再担保集团强化内部审计，先后 3 次对集团财务合规、业务开展、风险管理等情况进行全面审查，针对发现的问题提出审计建议并督促整改。四川再担保公司每年开展廉洁从业风险点排查，强化内部审计；加强纪检队伍建设，明确支部纪检委员必须由部门中层副职以上干部担任；制作“廉洁从业监督卡”拓宽监督渠道等。

三、主要问题

通过调研交流，对照先进经验查找自身工作中的问题，主要还存在以下短板和不足。

（一）纪检工作方面

党的十八大以后，中央纪委向纪检监察系统明确提出“转职能、转方式、转作风”要求，在原有监督、执纪、问责三大职能基础上，增加了保护、协助、教育、治本四大职能，其工作覆盖面更广、任务更重、责任更大。面对纪检工作新征程、新任务，集团公司纪检工作还存在一些问题和不足。

在全面从严治党的大背景下，构建“大监督”工作格局是贯彻落实中央精神的必然要求，也是提高企业防范风险能力的现实需要，但在具体构建“大监督”格局的工作措施上，集团公司还没有形成相对成熟的方法和机制，缺乏明确有效的协同联动机制，无法形成有效合力，导致“大监督”破题困难，影响监督质效。

在当前工作中，监督力度不够，监督措施不多，造成监督从“有形”到“有效”发挥上存在一定差距，在某些领域还存在不会监督、监督不深、监督不透的问题。在党风廉政建设、日常监督、问题线索受理、案件审查审理等方面的制度建设还比较薄弱，纪检工作宣传形式不够灵活，宣传方式方法缺乏创新。

当前，集团公司纪委队伍存在年龄结构偏大、人数不足、纪检专业能力不够扎实的问题，这与中央要求锻造堪当新时代新征程重任的高素质纪检干部队伍还有差距，集团纪检队伍建设需要持续发力。

（二）党建工作方面

集团公司开展有新意的、有特色的党建工作不多，党建和业务工作同频共振、深度融合的亮点不够。

个别支部党建工作经验还不够丰富。集团公司各党组织成立时间较短，且目前正处于集团化改革时期，党组织调整较为频繁，导致个别党组织在规范党建工作、落实组织生活等方面还有差距，依靠组织生活管理教育党员、解决实际问题的效果还不够明显，个别党支部由于工作任务比较繁重，组织生活制度落实不够到位，影响了支部整体建设水平。

党建与业务融合的措施还不够多样。党建融入集团公司改革事业、急难险重任务还不够，融入的方式还不够多样，个别党支部在“围绕中心抓党建、抓好党建促发展”上还不够积极主动。

党建品牌还不够响亮。集团公司各党支部虽然已经结合自身实际创建了支部品牌，明确了品牌标识、内涵及实施措施，但在日常工作中围绕品牌建设组织特色活动、打造品牌形象上，思考还不够深入、措施还不够有力，品牌影响力还未得到充分展现。

（三）批量担保业务风险防控方面

对省外兄弟单位的全面调研及对省内合作担保机构的深入分析发现，现阶段我省政府性担保机构多采取批量担保业务模式承保运作，批量担保业务的风险防控措施主要依靠担保代偿上限制约，风险防控体系尚未完善。这主要是担保机构在批量担保业务风险风控方面定位不准，批量担保业务风险理念不清导致。

以上存在的问题，第二调研组按照“即知即改、立行立改”的原则，组织有关部室逐一梳理问题，明确责任清单，督促任务落实、改进工作。

四、下一步工作建议

结合现有问题，第二调研组对获取的资料进行多层面、多角度、多维度的分析研究，对今后工作有了一些启发。在听取有关部室意见基础之上，集思广益、精心提炼，提出以下建议。

（一）加快构建“大监督”工作格局

一是明确指导思想。坚持以习近平新时代中国特色社会主义思想为指导，深刻把握全面从严治党和国有企业经营发展的客观规律，进一步整合监督力量，构建党建、纪检、组织人事、董监会、内控风控、财务、审计、运营管理、安全监督的联合监督体系。通过构建联合监督体系，形成“监督资源集中调度、监督职责统一行使、监督内容全面覆盖、监督信息成果共享”的综合监督模式，增强监督质效，为集团公司高质量发展提供坚强保证。

二是制定基本原则。坚持党委统一领导。充分发挥集团公司党委对监督工作的全面领导作用，认真履行主体责任，把加强党委领导和完善公司治理结合起来，支持监督体制机制创新，为监督资源整合及监督工作顺利开展提供坚强保障。坚持依法依规。牢固树立“依法监督、严格监督、协同监督、有效监督”的理念，依规依纪依法行使监督职责，公平公正开展监督工作，严格履行监督程序。坚持纵横联动。按照横向到边、纵向到底的要求，强化各种监督资源之间的协同与联动，加强监督力量之间的协同，互为支撑、互为补充、彼此借力、齐抓共管、紧扣成环。坚持高效监督。各监督主体需要加强统筹、相互协同、密切配合、不断创新工作方式方法，有效运用制度化、信息化等手段实施监督，注重开展联合监督，避免重复监督和多头监督，降低监督成本，提高监督效能。坚持服务大局。树立监督工作要高质量服务于集团公司集团化改革和跨越式高质量发展大局的理念，寓监督于服务，将监督工作融入集团公司经营管理，加强与监督对象的沟通协调，帮助查找问题不足、规避风险，改进工作、强化管理，提高效率、发挥作用。

三是推进协同监督体系建设。成立集团公司联合监督委员会，作为“大监督”工作议事协调机构，设立联合监督委员会办公室，作为联合监督委员会的办事部门，具体落实相关工作，重点做好“四个”加强。即：加强对纪律建设的监督。监督集团公司及其所属各级党组织、党员干部遵守和执行党章党规、维护党中央集中统一领导的情况。监督集团公司及其各级党组织落实全面从严治党政治责任，严明党的纪律特别是政治纪律和政治规矩，推进党风廉政建设和反腐败工作的情况。监督检查落实中央八项规定精神、反对“四风”、廉洁从业等情况。加强对企业改革发展的监督。监督集团公司贯彻执行中央、省委、省政府重大决策部署落实情况。监督集团公司发展规划、年度重点工作任务落实情况。监督董事会和经营班子履职尽责情况。监督集团公司中层领导干部和重点岗位人员是否存在形式主义、官僚主义和不担当、不作为、慢作为、乱作为等情况。加强对规范业务运营的监督。监督集团公司及权属单位贯彻执行法律法规和国资监管制度的情况，将监督重点放在进一步完善法人治理结构、加强财务监督管理、完善内部控制体系、落实业务管理责任、强化风险防控等。加强对重点领域的监督。对集团公司及各权属单位重大问题决策事项、重要人事任免事项、重大项目安排事项和大额资金运作事项等“三重一大”进行监督检查，重点对全面从严治党主体责任落实、财务管理、选人用人、业务审批、招标采购等重点岗位和关键环节进行监督。

四是做好监督工作运行机制建设。重点做好四项工作。即：制订年度监督计划。联合监督委员会每年初，根据集团公司确定的重点工作安排及各监督主体年度工作重点、计划，整合相关监督事项，研究形成《年度联合监督工作任务清单》，明确监督事项。明确工作运行机制。联合监督委员会办公室组成部门定期汇报工作情况、交流工作动态、实现监督信息交换共享。协同高效开展监督。“大监督”工作格局注重监督工作一体化推进，对于同一监督对象，根据工作实际开展联合检查，避免重复监督和多头监督。坚持激励惩治并重。坚持激励惩治并重原则，积极跟进问题整改落实的同时，对监督中发现的典型成果案例、先进经验和优秀事迹，及时进行总结推广。

（二）以高质量党建推动集团公司高质量发展

一是坚持党建引领聚合力，打造融担事业生力军。一要强化政治引领。持续不断推动学习贯彻习近平新时代中国特色社会主义思想主题教育走深走实，有力有效推动党的创新理论成果在山东省政府性融资担保体系落地生根。二要主动担当作为。锤炼处理急难险重任务的本领，面对困难，敢于亮剑，加强各种本领的学习，做到既敢于亮剑，又有亮剑的本事。三要坚守为民情怀。树立正确的权力观、政绩观、事业观，强化责任感和使命感，不断提高推动高质量发展本领、服务群众本领、防范化解风险本领，为全力保障和改善小微、“三农”实体经济发展贡献担保力量。

二是坚持党业融合求突破，推动公司发展上台阶。一要下好先手棋。制定党建融入集团公司中心工作具体实施方案，形成党建融入中心工作长效机制；推广、完善标准化党支部及支部评星定级工作，深化党建促重点工作、党建联建、“党建+”等工作；充分发挥《鲁担党建》的宣传平台作用，加大对党建成果的对外宣传力度。二要层层抓落实。推动集团公司全面从严治党常态化长效化，增强担当意识，完善工作机制，压实各级责任。三要带出好队伍。完善党建队伍能力素质培养与发展通道体系，实行党建、业务“双岗”融合，开展党群队伍能力提升行动。

三是坚持党建实效促发展，焕发组织功能新活力。一要坚持“大党建”。抓好与省内六个体系成员党建共建的落实落地，在《鲁担党建》设立《体系之声》党建板块，宣传体系成员在党建方面的先进做法。二要坚持“强体系”。探索举办体系党建业务交流研讨班，取长补短。探索建立区域化党建联盟，把支部建在支小支农产业链上。三要坚持“重质量”。探索“智慧党建”平台建设，推动党建管理水平显著提升。

（三）加强批量化担保模式下的风险防控

一是明确担保机构在银担合作中的定位。进一步优化思路理念，提升担保机构在银担合作中的主动性，加强银担互信管理，强化业务信息共享，形成银担双方产品信息互通。

二是对体系成员风控思路的引导。引导体系成员加强对批量担保业务的风险管理意识，特别是对“担保代偿上限”等核心指标的设置，避免指标出现异议，并指导担保机构对现有批量担保业务产品进行梳理，建立批量担保业务风险分散机制等。

三是对批量业务备案、代偿补偿、追偿管理工作进行优化。结合区域情况、业务产品特点、风控情况等，对体系成员批量化业务进行授信管理，进一步探讨并建立风险业务预报制度。

（第二调研组组长：侯玉华；主要成员：张立伟、倪立群、葛志强、常学博、马彦华、李文昊、蒋冰冰、李彦、邹全）

赴广东省、山东省（淄博市、滨州市）调研报告

山东担保集团第三调研组

调查研究是企业发展的谋事之基、成事之道、决策之要。为助力新形势下全省融资担保事业高质量发展，根据集团公司2023年担保工作大调研活动工作部署，第三调研组带着问题深入一线，遵循“把准脉、询经营、取真经”的调研理念，全方位洞悉省内体系成员的发展现状与问题，挖掘省外先进企业中可迁移、吸收的新发展理念与业务模式。在此基础上融会贯通、开拓创新，针对政策性担保工具与供应链、科技链的有益结合，政策性业务和市场化板块的协同发展等关键问题进行了深入探索和研究。现将调研情况报告如下。

一、调研基本情况

为聚焦重点难点、做实调研“功课”，第三调研组坚持问题导向，对省内10家体系成员、省外3家公司进行了客观、深入的调查研究。调研组收集了丰富、翔实的案例及素材，努力做到把情况摸清，把问题找准，把差距缩小，为解决瓶颈、推动集团公司高质量发展打好基础。

省内除集团公司统筹安排的淄博、滨州地区外，还对接了济南、济宁等共10个市的担保公司。调查研究发现，省内体系成员组织架构齐全，制度建设完善，在保余额较往年都有明显增长。集中诉求是建议集团公司在系统建

设、产品设计、银行资源统筹等方面，继续发挥体系龙头作用，增强体系凝聚力，助力地市直担业务发展。

省外调研聚焦广东粤财融资担保公司、深圳担保公司、深圳高新投 3 家公司。通过挖掘 3 家公司在主业为核心多业态布局、政策性与市场化业务协同发展等方面的先进经验，加快实现山东省政府性担保事业的新突破。

（一）省内调研情况

淄博鑫润担保有限公司成立于 2006 年 6 月，注册资本 14.67 亿元。公司通过开发技改专项贷担保、春风齐鑫贷担保、齐惠商户贷担保等多项业务产品，为企业量身定制融资方案，多角度、高效率解决企业融资难题。为提高辖区中小微外贸企业汇率避险能力，公司顺利开辟了中小微外贸企业办理担保业务的新渠道。

滨州市融资担保集团成立于 2016 年 10 月，前身为滨州市再担保股份有限公司，目前集团注册资本金 7 亿元。业务涵盖政策性融资担保、非政策性融资担保、应急转贷、数字化赋能及其他业务等五大板块。产融平台提供需求对接、担保公司提供融资担保、转贷公司提供过桥服务，初步形成了“智慧产融+融资担保+应急转贷”全周期全链条金融服务体系。

（二）省外调研情况

广东粤财融资担保公司（以下简称“广东粤财”）成立于 2009 年，注册资本 60.60 亿元，是全国首家获得 AAA 主体长期信用等级的省级担保机构。其业务板块包括普惠业务、信用增进、信用保函、信用管理、体系建设与信用征信。

深圳担保集团有限公司（以下简称“深圳担保集团”）成立于 1999 年，前身为深圳市中小企业信用担保中心，注册资本 114 亿元。深圳担保集团知企所需，全力培育未来“独角兽”企业，提供直接融资与间接融资相结合的创新金融服务。业务板块主要包括融资担保、金融产品担保、保证担保、创业投资、科技金融、资金业务、产业金融等。

深圳市高新投集团有限公司（以下简称“深高新投”）成立于 1994 年，实收资本 138 亿元。作为国内最早成立的担保投资机构之一，深高新投始终以解决中小微科技型企业融资难题、助力高新技术产业发展为使命，为企业提供自初创期到成熟期的全方位投融资服务，核心业务包括融资担保、创业投资、金融增信、保证担保、小额贷款、典当贷款、商业保理等。

二、经验做法

案例 1："智慧产融+融资担保+应急转贷"全周期全链条金融服务体系。

有效改变当地担保行业"散、乱、弱"的局面，破解小微、"三农"企业融资"难、慢、贵"等问题。滨州市融资担保集团坚持"政策性定位、市场化运作、可持续发展"，坚守"支小支农"主责主业，规范应急转贷业务，落实政府性融资担保体系全覆盖，逐步在县区设立分支机构，将担保业务"直通车"开到所有县区。通过产融平台提供需求对接、担保公司提供融资担保、转贷公司提供过桥服务，集团打出了智慧产融、融资担保与应急转贷的高质量组合拳。

可吸取的经验做法：一是聚焦数智赋能，一体化金融精准惠企。集团推动智慧产融平台升级改造为金融服务综合体，成功纳入全省五个地方金融科技建设试点平台之一。集团接入全国"信易贷"、省金融综合服务平台、市"惠企通"平台，实现国家、省、市平台数据互联互通；接入本地社保、公积金等 10 部门 22 项政务数据，实现企业信用"精准画像"。二是聚焦产品创新，精准服务实体经济。集团利用直担 SaaS 系统首批试点优势，推广滨州版"总对总"批量担保业务，业务占比达 89.76%；开展了四轮"粮食担保贷"，担保金额 1 亿元；助力制造强市，实现首笔"专精特新担保贷"业务落地；支持外贸出口，完成首笔"汇率避险担保"增信业务；开发余值抵押贷等特色产品。三是聚焦阳光转贷，扛牢国企责任担当。滨州市财金中小服务公司坚持低费、高效、安全的原则，转贷费率不高于 0.8‰，无任何其他费用，可以实现当日审批，当日转贷，切实减轻企业负担。

案例 2：建立"政银担"科创金融平台，助力企业科创发展。

山东同晟融资担保有限公司是济南市章丘区的政策性担保公司。该区目前科技投融资体系还不健全，专业服务机构少，社会机构分散、功能单一、

规模小、资源整合能力有限。地方政府通过与上海技术交易所的合作，以及对上海科技金融建设成果进行分析和经验借鉴，积极寻求适合章丘科技金融有效结合的发展模式。通过上线“科创企业金融服务平台”，将上海技术交易所掌握的大数据和区内相关大数据进行数据层面和模型层面的对接。同时对企业开放，科技企业可以通过“金融服务平台”的产品申请入口在线提交申请，并提供相关资料，利用金融服务平台对企业提报的数据通过模型进行评级评分及额度估算。

可吸取的经验做法：一是创新财政资金投入机制。政府投入为主的传统模式，转变为由政府通过政策性担保公司引导市场资金投入为主的模式，帮助中小科技型企业解决资金不足、融资途径有限的问题。二是创建科技金融服务平台。与上海技术交易所合作搭建科技金融服务平台，承担经费监管、咨询服务、融资对接及科技信用的功能。促进企业与金融机构对接合作，解决信息不对称问题，缩短企业融资时间、提高融资效率、降低融资成本，同时开发金融新产品以提升金融机构服务水平。三是构建科技金融创新服务方式。通过充分利用网络技术开展“线上”服务，实现“线上”与“线下”服务并举，节约成本，提高服务效率。四是建强地方风险补偿机制。建立风险补偿机制，有效减轻金融机构提供融资服务的风险压力，促使金融机构积极关注科技型企业的融资需求以及开发科技金融产品。

案例3：担保主业为核心多业态布局，推动政策性与市场化业务协同发展。

广东粤财、深圳担保集团、深高新投3家公司除政策性担保分险业务外，积极布局股权基金、融资租赁、保理、小贷等市场化经营业态，打造中小企业创新金融服务生态圈，为企业提供覆盖全生命周期的综合性普惠金融服务，强力推进政策性业务与市场化业务协同发展。在经营理念方面，3家公司将担保作为客户引流的入口，做实做强担保主业的同时，重点筛选优质担保客户，拓展服务链条，通过股权投资、发债、资金借贷等增值业务，实现超额收益。例如，深高新投作为行业内最早提出并实施“投资与担保联动”的企业，开创了“股权+债权”的融资模式，针对不同的企业类型精准定位，可以提供覆盖企业自初创期到成长期再到成熟期等“全生命周期”的投融资服务。以低风险的责任担保平衡高风险的债务担保，以创业投资、股权投资、财务顾问等服务寻求高收益，“反哺”低收益的融资担保业务。

可吸取的经验做法：一是主业为核心的多业态布局。以政策性担保业务为核心，积极布局供应链金融、科创金融、股权基金、融资租赁、保理、小贷等经营业态，打造创新金融服务生态圈。二是政策性担保与市场化业务的协同发展。依托普惠业务做大做强中小微企业的同时，利用股权投资建立自身的造血机能。针对不同的企业类型精准定位，助力各个阶段提供“全生命周期”的一揽子投融资创新链条服务。以低风险的责任担保平衡高风险的债务担保，以供应链票据、科创金融、创业投资、基金、股权投资、财务顾问等服务寻求高收益，“反哺”低收益的融资担保业务，形成政策性与市场化业务协同发展。三是先进考核理念的强力推动。3 家公司打通板块之间各自为战的壁垒，将担保、基金等作为牌照，通过绩效考核方式，让业务人员参与公司所有产品的营销与推广，效果十分显著。

三、存在问题分析

（一）省内担保体系一体化建设尚不健全

1. 政策性担保顶层制度仍需完善，亟须省、市协力健全政策扶持体系。根据调研中部分体系成员的反馈，当下缺少涉及风险补偿代偿、市县一体化改革、担保机构不良资产处置等内容的统一性融资担保政策制度。部分市、县级担保机构在开展担保业务工作时，无法得到有效指导，公司风险敞口增大。因此建议集团公司发挥龙头带动作用，协调有关部门制定出台覆盖全省政府性融资担保机构的资本金动态补充、风险代偿补偿、保费补贴和业务奖补机制的实施意见、推进山东省政府性融资担保市县一体化改革的实施意见、一体化管理山东省政府性融资担保体系“数字化”转型工作的实施意见、山东省政府性融资担保机构呆账核销指导意见、山东省政府性融资担保机构不良资产处置和核销管理办法等政策与指导意见等，顶格推进、狠抓落实，进一步推进行业规范性发展以及全省担保体系健康、可持续运行。

2. 部分市、县级机构风险管理能力较弱，亟须构建全省统一的风险管理平台。根据针对体系成员的调研情况与所获反馈，受到自身企业规模、技术实力以及资源政策的影响，市、县级担保机构大多不具备单独构建线上风控管理模型、全国行业实时分析等风控管理体系建设的能力。部分市、县级担保机构由于自身建设不齐全，缺少全面风险管理经验与风险管理体系，自身风险管理能力较弱，导致无法及时应对信息不对称风险、合规风险、业务操作风险等各类风险状况。因此需要建立以省担保为核心的一体化平台，打造省内担保行业数字化风控模型，克服政、银、企、担信息不对称问题，进一步提升市、县级担保机构的风险识别与控制能力。

3. 担保机构金融和政策资源获取难，亟须创建统一高效的信息资源共享机制。集团公司做了大量建设性工作，推动各市县政府、省分行以及地方性总行出台了一系列支持政策，但依然面临银行间资源统筹不及时、政策类资源获取难度高等问题。一方面，行业奖励与补助等政策类资源在市、县层面落实不到位。行业主管部门的支持政策与各市、县推出的政策性担保产品运营实际存在较大程度的脱节，导致政策类资源获取难度高、扶植力度不到位，甚至出现政府性担保业务做得越大、报表利润亏损越多的情况。另一方面，合作银行对担保机构要求较为苛刻，“二八分险”合作模式的落地存在困难。虽然部分省行与集团公司已签订“总对总”协议等各项政策，但是大部分银行机构对县（区）担保机构的风控水平、分险能力等方面存在担忧，在体系成员准入方面持高度谨慎的态度，造成业务落地困难，银行与担保机构“二八分险”的新型合作模式难以在短时间内得到推广并做大规模。

（二）新形势下政策性担保模式亟待转型升级

集团公司深耕普惠金融多年，通过创造性打造“新型银担合作+穿透式管理+批量化业务+小微场景金融+科技风控赋能”发展新模式，有力提升了全省体系支小支农服务水平。时势造就风险与机遇，新旧动能的加速转换、数字经济的高速发展、科创金融改革的持续推进，赋予了全省政策性担保事业全新的使命与挑战。要推进担保行业持续、高质量发展，需探索行业发展新赛道。省外调研发现，广东粤财、深圳担保集团、深高新投 3 家公司已做出新形势下担保模式的有益探索，即通过金融赋能科技，科技“反哺”金融，打造覆盖企业全生命周期“担保+投资”的一揽子金融服务，实现政策性担保模式的新突破。然而，对省内体系成员的调研发现，山东省担保体系成员展业的重点，仍聚焦于传统政策性担保业务，此类业务基于现有银担合作模式，存在以下问题：

1. 被动获客与业务路径依赖。一方面，当前的银担合作模式决定了担保机构获客的被动性。传统担保业务系银行向担保公司推送客户，担保公司进行合规性审核后予以担保。获客主动权主要在银行，银行转嫁风险、包装业务的情况时有发生，导致发生代偿的概率较高，造成担保资源的浪费。如何通过创新银担合作模式，增强担保公司获取优质客户与资源的主动权，是推进业务发展的重中之重。另一方面，部分市、县级担保机构存在传统思维桎梏和对集团公司的业务路径依赖，业务拓展与创新发展均缺乏内生动力，习惯于接受集团公司“总对总”业务投喂，一定程度上影响了政府性融资担保助力实体经济发展。如何转变市、县级担保机构发展观念，增强获客能力及自主创新意识，通过增强综合竞争力为可持续经营注入活水、增添动力，是亟待解决的重要问题。

2. 担保业务与地方特色优势产业关联度低。一方面，政策性担保工具的应用场景主要集中在普惠金融板块，以普惠经营贷、助业贷形式发放为主。由于此类业务对借款人的经营并无特殊要求、门槛较低，因此客户群体所涉行业分散、不成体系。另一方面，银行所推送的业务也较为零散，一般与当地特色或优势产业关联度较低。即使与当地特色产业集群有关联，客户质量也难以保证。

3. 担保服务科技创新存在制约短板。一方面，科创企业的资金需求与现有担保供给方式不匹配。科创企业大多涉及基础研发，具有资金投入巨大、前期风险高、成果转化周期长的特征。目前，资本市场发展尚不充分，在科技创新领域，还缺少足够的“有耐心”的长期资本。针对生命周期不同阶段、不同类型的科创企业，尚缺少能有效衔接的全覆盖金融服务，政策性担保支持也相应缺失。另一方面，科创企业特性与现有银担模式下的风险识别缓释手段不匹配。科创企业具备“轻资产、重技术”特征，技术研发、品牌效应、人才储备等无形资产是其关键生产要素，然而这类技术要素在现有风险识别手段中很难实现有效确权和精准估价，银行与担保机构仅靠企业描述与财务报表数据，难以为其提供信贷和担保服务。未来应通过继续深化与上海技术交易所的合作，搭建针对知识产权等无形资产的大数据评估模型，构建“科创企业金融服务”平台，这是助力科创企业发展的关键所在。

四、启示与建议

明者因时而变，知者随事而制。为实现政府性融资担保事业新突破，第三调研组始终坚持以习近平新时代中国特色社会主义思想为指导，认真贯彻落实集团公司关于2023年度大调研活动各项决策部署，遵循“准确识变、科学应变、主动求变”的工作方法，把解决实际问题作为工作创新的出发点，将探索如何有效平衡政策性和市场化业务的关系、如何在守正创新中实现高质量发展作为此次调研的核心议题，旨在识别并解决业务推进中的难点痛点问题，抓好调查研究成果转化，提升顶层决策的科学性、前瞻性、战略性。具体启示和建议如下。

（一）加快推进全省政策性制度顶层设计

积极与省财政厅等有关部门协调沟通，推进政府性融资担保机构资本金动态补充、风险代偿补偿、保费补贴和业务奖补机制等政府性融资担保制度的顶层设计。有效完善全省政府性融资担保制度，发挥集团公司行业龙头带动作用，促进政府性融资担保事业健康、可持续发展。同时，通过构建线上风控管理模型与风险管理体系、推广成熟化的担保产品、打造省内担保行业数字化风控模型，有效推动地方性业务规范发展，提高市、县级担保机构抗风险与风险管控能力。

（二）加强全省政府性融资担保体系的资源汇集作用

政策资源统筹方面，加强集团公司与省财政厅、科技厅、工信厅、人民银行、金融监管局、银行等部门和机构之间的联系，建立企业融资工作联席会议制度并形成长效工作机制，进一步推动行业、产业政策落地转化。同时，积极响应地方担保机构的诉求，强化与市、县级政府的交流沟通，为地方担保机构争取有利政策。引导地方出台支持政府性担保发展的产业政策、行业政策，降低市、县级担保机构的政策资源获取难度。银行间资源统筹方面，建立统一的产品方案与模式，有效降低产品风险程度。通过与国有银行、股份制银行总行与省分行对接，改善合作体制机制，增加合作银行数量，扩大银担合作覆盖面，建立统一的产品方案。推动建立省担保、省分行、地市担保机构、地市支行四方授信增信平台与合作方案，实现为地方性担保机构信用增信。

（三）积极打造创新金融服务生态圈

为加快融入山东省科创金融高质量发展大局，聚焦各地市推动实施的科创金融扶持政策，集团公司应致力于打造具备品牌效应的全流程创新金融服务生态圈。经营理念方面，优化围绕主业的业态布局，将科创金融、供应链金融作为两大拳头产品进行重点推进。一方面，全方位配套科创基金、应急转贷、股权基金、融资租赁、保理等经营业态。另一方面，深挖客户潜力，可引入供应链票据等风险缓释工具，降低风险代偿，优化调整收入结构。在技术要素体系建设方面，打造一流科技金融交易平台。依托上海技术交易所的科技能力与集团公司的业务优势，实施“平台+生态”战略。通过对知识产权确权、确价，落地科技金融服务、产业数据分析、科技项目管理三大支撑平台。基于担保业务、知识产权、绿色环境、工业和技术交易等数据，建设面向全省的科技金融智库，整合科技产业大数据，构建省内科技金融生态。

（四）着力推广“供应链+政策性担保”服务模式

供应链票据与担保进行创新性结合，具有较好的示范带动作用和良好的推广应用价值，是供应链金融的创新之举，也是担保行业摆脱传统业务模式束缚的机遇。集团公司应积极引入供应链票据等风险缓释工具，推动“供应链+担保”助力体系发展，将“供票+担保”作为提升主动获客能力、提高资产质量的途径。同时进一步完善、推广供应链金融服务平台，利用平台汇集体系成员合力，实现各行业串联协同，形成全省全产业链综合大市场，为实现担保行业高质量发展提供有效解决方案。

（五）推动建立“投担联动”的业务模式

2023 年 6 月国务院常务会议审议通过的《加大力度支持科技型企业融资行动方案》指出，金融机构要把支持初创期科技型企业作为重中之重，加快形成以股权投资为主、“股贷债保”联动的金融服务支撑体系。经过多年的发展，集团公司已搭建起全省政府性融资担保体系，获取了相对稳定的客户群体。进一步探索建立“投担联动”的业务模式，对于集团公司未来可持续发展具有十分重要的意义。对标深高新投“投资与担保联动”机制，集团公司应以市场化机制打造专业投资团队，专注于优势行业的早期投资项目，充分利用融资担保业务的独特优势，通过“股权+债权”的方式全方位服务投资企业，不断提升投资企业价值。通过直接股权投资与担保有机结合，扶持一批中小科技型企业发展壮大，在境内外资本市场公开上市。

（六）探索建立协作机制提高市场竞争力

集团公司内部应根据实际情况及未来发展需求，将业务板块细分提升至战略发展层面。在谋篇布局、聚焦主责主业的同时，积极拓展市场化业务，在各个板块或部门之间建立良好的沟通和协作机制，推动各个板块或部门之间的协作和资源共享。确保集团公司服务实体经济的决策部署令出一门、一贯到底，提高集团公司市场竞争力。同时集团公司应发挥“抓总”作用，强化部门与业务板块间的理念协同，确保集团公司全员心往一处想、智往一处谋、劲往一处使，下好守正创新一盘棋。在考核与成果共享层面，由集团公司指定牵头部门，发挥考核的指挥棒作用，参考广东模式，将科创担保、非融资性担保、投资公司市场化业务、资产清收等盈利性业务纳入考核。在人才队伍建设层面，对标深圳担保集团、深高新投，开发博士后流动站等研究机构，进一步引进博士，提升硕士员工占比；着重引进跨学科背景的复合型人才与各类产业人才，丰富集团公司人才队伍的专业背景与知识结构；大力支持员工培训与进修，提升政策和业务研究能力。

（七）协力打造全省担保新业态

一要强化独立自主的经营理念。集团公司主业聚焦再担保业务，对财政资金与国家担保基金的依赖性较强，自身造血能力较弱。集团公司应发挥引领作用，在全省体系内牢固树立独立自主的发展理念，提升全省内担保体系的造血意识。二要以市场化为切入点，推进集团公司与体系成员多级联动，打造全省担保新业态。在政策性担保业务的展业过程中，各体系成员之间“单打独斗、各自为政”，与集团公司联系较弱，产生了一定程度的资源浪费。集团公司应进一步发挥资源统筹与调度能力，在拓展政策性担保业务的同时，以推广市场化业务为契机，加强与体系成员的多级联动。集团公司在打造实质性帮扶机制，为体系成员统筹资源的同时，应输出集团公司的市场化理念、模式、平台与方案，帮助其实现业务转型与多元化发展，提升造血能力；真正加强体系成员对集团公司的理念认可，实现全省担保一盘棋、省市县担保一体化；打造以政策性担保为“骨骼”，以市场化业务为“血液”的全省担保新业态，有效增强山东省政策性融资担保体系成员的凝聚力、综合竞争力与可持续发展能力。

（第三调研组组长：靖树军；主要成员：陈璇、范华磊、季磊、赵振鲁、郭景华、胡世雄）

赴浙江省、上海市、山东省（德州市、聊城市）等地区调研报告

山东担保集团第四调研组

根据集团公司党委大调研活动安排，第四调研组对省内德州、聊城，省外浙江、上海等地区通过现场座谈、实地考察、个别交流等形式，对调研对象基本情况、经验做法、发现的问题、对标查找的不足、下一步重点方向以及相关建议进行了专题研究。现将有关情况汇报如下。

一、调研对象基本情况

本次主要面向省内德州、聊城，省外安徽、湖北、江苏、浙江、北京、上海、广东（广州、深圳）开展了调查研究。

（一）安徽情况

安徽省科技融资担保有限公司，2018 年 12 月成立，注册资本 7 亿元，是安徽省信用融资担保集团全资子公司，隶属财政，现有员工 42 人，5 个部门，3 个县级分公司。科技担保业务采用省市机构分保、联保模式，费率 0.05%～0.1%，代偿率不到 2%。截至 2022 年末，全省科技担保业务累计规模达 652 亿元。

（二）湖北情况

湖北省科技融资担保有限公司，2022 年 5 月成立，注册资本 5 亿元，是湖北省融资再担保集团的全资子公司，隶属财政，现有员工 42 人，4 个部门。

科技担保业务采用政银担风险池基金合作模式和省市分保、联保模式，费率 0.05%~0.1%。截至 2022 年末，在保余额达 5 亿元。

（三）江苏情况

江苏省信用再担保集团有限公司，2009 年 12 月成立，注册资本 111.69 亿元，隶属财政，现有员工 700 余人，12 个部门、20 家子公司，提供“总包”模式综合金融解决方案。截至 2022 年末，新增比例再担保业务规模 2016 亿元。

（四）浙江情况

浙江省担保集团有限公司，2011 年 12 月成立，注册资本 100 亿元，隶属财政，下设 9 个部门、2 家全资子公司。截至 2022 年末，在保余额 1134 亿元（不含宁波）。再担保费率 0.12%，代偿率 0.73%。

（五）北京情况

北京中关村科技融资担保有限公司，1999 年 12 月成立，注册资本 49.63 亿元，隶属国资，现有员工 232 人，18 个部门（事业部和子公司）。截至 2022 年末，在保余额 550 亿元，代偿率 0.55%。

（六）上海情况

1. 上海市中小微企业政策性融资担保基金管理中心，2016 年 6 月成立，隶属财政，下设 5 个部门，管理各类担保基金 104 亿元。截至 2022 年末，担保规模 831 亿元，代偿率小于 0.7%。

2. 上海浦东科技融资担保有限公司，2013 年 12 月成立，注册资本为 3.27 亿元，隶属国资。截至 2022 年末，累计担保 71 亿元，费率 1.78%，代偿率 0.27%。

（七）广东情况

广东粤财融资担保集团有限公司，2009 年 2 月成立，是广东粤财投资控股有限公司全资公司，隶属省政府，本部 15 个部门，控股 10 家担保公司，员工 235 人。截至 2022 年末，在保规模 1157 亿元，累计代偿率为 0.4%，费率小于 1%。

深圳担保集团有限公司，1999 年 12 月成立，注册资本 114 亿元，隶属国资，现有 10 家分公司、10 家办事处、11 家子公司。截至 2022 年末，累计担保 9588 亿元，费率约 1%，代偿率 0.1%。

深圳市高新投集团有限公司，1994 年 12 月成立，实收资本 138 亿元，隶属国资，现有 8 家分公司、25 个办事处，员工 678 人。截至 2022 年末，融资担保业务代偿率为 0.02%，非融资担保业务代偿率为 0.14%。

（八）山东情况

德州市融资担保有限公司，2016 年 1 月成立，注册资本金 5.05 亿元，隶属市财政局，现有员工 23 人，5 个部门。截至 2022 年末，累计担保 107 亿元，在保 63.6 亿元，平均费率 0.63%、代偿率 0.3%。

聊城昌信融资担保有限公司，2017 年 2 月成立，注册资本 10.2 亿元，隶属国资，现有员工 16 人，4 个部门。截至 2022 年末，在保 13.05 亿元，费率 1%，无代偿。

二、调研对象经验做法

调研发现，江苏、安徽、浙江、深圳、北京、湖北等外省地区政府性融资担保工作起步较早、机构规模大、资本实力强、支持政策足、业务品类全、服务对象准、数字化转型深、市场化运作效率高。

（一）顶层设计科学，配套政策到位

江苏省构建了较为完善的政府配套支持政策以及再担保分险体系。一是资本金补充方面，江苏省政府办公厅印发《省政府办公厅关于充分发挥融资担保体系作用大力支持小微企业和“三农”发展若干措施的通知》，要求完善资本金补充机制。二是代偿风险补偿方面，江苏省财政厅建立 3 亿元代偿补偿资金池，资金池按照再担保机构分担代偿责任部分的 60%予以补偿，2022 年末，资金池累计补偿全省融资担保业务代偿风险 1.6 亿元。三是保费补贴方面。省政府办公厅出台措施，规定对于单户担保金额 1000 万元以下且担保费率不高于 1.5%的融资担保业务，省财政按其担保金额给予不超过年化 1%的担保费补贴；省财政厅对再担保机构开展的单户不高于 1000 万元的再担保业务，按不高于再担保业务季均在保余额的 3‰给予保费补贴，保费补贴上限

1000 万元。四是尽职免责方面。省财政厅和省地方金融监管局建立“能担、愿担、敢担”的制度激励措施，进一步提升了政府性融资担保机构对小微企业和“三农”融资主体服务的积极性。

湖北省委、省政府自 2017 年以来共印发 17 份重要文件，明确提出要做实做优融资担保体系，探索可持续发展模式；湖北省财政厅先后出台包括体系建设、尽职免责、反担保设置指引、“四补”机制、再担保风险补偿资金办法、业务奖补资金办法等多项制度。其中，对湖北省科技融资担保有限公司担保费率不超过 1%的业务，由业务所在地市、县政府给予保费补助，补助后的费率不超过 3%。

（二）政银担模式成熟，定制化产品丰富

江苏省最大程度发挥普惠金融风险补偿基金的杠杆作用，按照“1+N”的运作模式，在基金项下设推出“小微贷”“苏科贷”等4 个子产品，聚焦支小、支科、支农。“小微贷”凭借覆盖面广、贷款门槛低、抵质押要求少、风险分担方多等特点，自 2021 年底推出以来，共有 22 家银行、76 家合作担保机构参与，平均每月新增业务规模近 100 亿元，累计业务规模超 1700 亿元。深圳担保探索就业促进金融产品服务，打造线下产品“创新担保贷”，业务规模 52 亿元，受惠企业 1200 家，占全市小微企业总量的 75%，带动新增就业岗位 2 万个。

（三）科创担保发展迅猛，体系建设卓有成效

一是科创担保体系建设方面。安徽省出台《安徽省科技融资担保机构建设方案》，明确要求构建覆盖全省、上下联动的专业化科技融资担保体系。省级层面，由省信用担保集团设立省科技融资担保公司，首期注册资本 1 亿元，以后连续 3 年每年增资 2 亿元。同时，政府财政出资建立专项科技融资担保风险补偿基金，对符合条件的政银担业务提供 10%的风险责任分担，各地市再给予 0. 5%~1. 5%的保费补贴和金额不等的业务奖补资金。截至 2022 年末，安徽省已累计开展“科技融资担保”业务 652. 23 亿元、8088 户（次）。湖北省出台《湖北省科技融资担保体系建设实施方案》，省财政厅出资 5 亿元设立湖北省科技融资担保公司，对省科技担保公司名单内的企业担保提供 1%~3%

的保费补助。对于新型政银担合作的科技融资担保业务，省再担保集团、担保机构、合作银行和市县政府按 4：3：2：1 比例分担风险责任，武汉等地市风险分担比例提升到 20%。湖北省科技融资担保体系于 2022 年建立，当年便与 44 家合作担保机构实现科技融资担保业务落地，截至当年末，共落地业务 1128 笔，合计金额 31.72 亿元。上海市财政部门主动降费让利，免收创业担保费，并将市对区级机构的再担保费率减半按 0.125%~0.2%收取。区级财政主动贴费贴息，出台中小微企业融资担保贴费贴息政策，对市融资担保中心承做的中小微企业担保贷款给予 100%的保费补贴。特别是对纳入“园区批次贷”的企业，财政部门另外给予 20%~70%的利息补贴，贴息贴费后的企业实际融资成本仅为 1.8%左右。

二是科创担保业务产品方面。上海以服务科技型企业为主，着力构建覆盖企业各个成长阶段的担保产品服务体系，大力推进“专精特新贷”“科技小巨人贷”“无还本续贷”“信保+担保”业务等专项产品；与上海银行共建“银担联合创新实验室”，推出“科创专新贷”“医疗机构结算贷”“担保票易贷”等系列专项产品。安徽依托省再担保补偿机制，对科技担保业务进行联动分保，省科技担保公司为直保机构再分险，分保比例为体系成员承担责任的 30%，进一步降低了科技担保体系成员公司支持科技企业的风险度，提升支持科技企业的积极性。

（四）数字科技赋能效果显著

浙江省推进“数智浙担”全省政府性融资担保综合信息管理平台建设，实现行业整体智能化提升。“数智浙担”项目已纳入全省数字化改革重大应用目录，“一网一库三大应用体系”（一网是基于政务资源网构建全省担保机构资源网；一库是担保大数据库；三大应用体系：全省一体化业务管理体系、内嵌于“浙里办”的“浙里担保”体系、智能风控体系）建设加快推进。在 2022 年底推动市级担保机构全部接入和应用全省一体化业务管理系统的基础上，加大系统应用，基本实现业务准入、操作流程、风险管控规则的集约化管理，逐渐加快推进“浙里担保”和智能风控体系建设。湖北省推进银担互联互通，将担保产品嵌入银行线上信贷产品，与重点银行开展流程交互、数据共享；创设线上服务品牌，在 2022 年底推出湖北省融资担保线上服务小程序“荆楚融担码”获客，建立直担公司大数据风控，推进数据共享工作。

（五）市场化运作高效整合资源，实现集团化发展

深圳市担保集团和深圳高新投建立“投保联动”和集团内部各板块之间的“横向业务沟通”机制，成为两家担保机构在深圳高度市场竞争环境中的生存发展之道。“融资担保业务引流、投资业务补损”的思路，使融资担保板块成为两家集团的“前台”，在为科创类企业解决前期融资的同时，建立“客户资源池”，识别、挖掘担保客户价值，从中筛选优质客户，长期关注、培养和投资目标客户，靠后期的投资收益来弥补担保业务的损失。基于“投保联动”机制的建立，集团内各板块之间（尤其是融资担保和投资板块），形成横向沟通和业务办理机制，最大程度整合各板块以及全体员工资源，释放各板块职能。

（六）不断完善风险评价体系，建立切实有效的风控机制

上海市融资担保中心借助上海市财政资金的“话语权”，支持担保工作开展，让担保业务的风控前置成为合作银行的风控管理。一是建立合作银行合规检查机制。加强监督管理，积极推进对合作银行合规管理的专项检查和评估，防范银行不尽职或风险转嫁。二是建立风险分析机制。充分利用信息化平台数据，定期对整体业务和风险发生情况开展全面的统计分析，并形成风险分析报告，引导业务部门关注高风险银行渠道、业务品种、行业客户。三是建立风险预警和暂停机制。对各合作银行进行风险动态监测，并将风险指标下沉至经办支行。四是严把代偿审核关，依法依规开展代偿追偿。始终严把代偿审核关，对银行擅自对敞口部分增加增信等操作，根据规则和合同约定不予代偿，积极维护企业利益。

三、发现的问题和差距

（一）省内调研发现的问题

1. 地方政府重视程度不够，担保事业发展举措不足，导致地市发展不平衡。有的市高度重视政策性担保的作用，市委、市政府召开专题会议，由市财政局牵头，将担保事业的发展纳入政府的绩效考核指标，极大调动了县（市）区的积极性，区域的政策性担保业务起势快、发展快、效果好。有的地市担保机构作为市属国企二级公司，历史遗留问题较多，包袱较重，虽然市委书记、市长多次批示，要求加大普惠金融工作力度，但相关部门对担保机构的重视和支持力度不够，未从能力、体制等根源上解决政策性担保发展的问题，导致担保事业发展不平衡。

2. 地市机构在体制机制和隶属关系方面各有不同，需在省级层面进行顶层设计。一是在体制机制方面，省内处于第一方阵的担保机构，大部分为市属一级公司。有的地市担保机构属于市属二级公司，制约了其职能作用的发挥，阻碍其做大做强。二是担保机构在隶属关系上需要进一步理顺。隶属关系应上下对应，国家融资担保基金隶属于财政部，相应地，政府性融资担保机构应该隶属于财政部门管理。如此更有利于金融企业经营发展、政策获取。

3. 数字化转型方面实力较弱，发展程度差距较大。在数字化转型方面，有的担保机构数字化程度不高，在银担系统直连，以及与省担保集团及地市相关部门之间的互联互通方面存在问题，未能实现对沉淀数据的有效利用，也未实现与市大数据局、工商、税务等部门数据互通。

4. 地市政府部门对科创担保发展的重视程度有待提高，多部门协同支持科创企业融资的机制需要进一步完善。一是在调研中发现，部分地市政府对科技融资担保体系的建设不够重视，市、县政府对科创担保作用不够了解，政府部门工作主体责任不够清晰，一定程度上阻碍了科创担保体系的建立以及科技企业成长。二是我省各级财政、科技、工信、金融监管等政府部门以及银行、担保公司等金融机构之间，缺乏长效的联动工作机制，省、市、县各级尚未形成科创企业融资工作联席会议等相关沟通渠道，不能充分发挥科创担保支持科创企业融资和发展的作用。

（二）省外对标查找的不足

1. 我省省级直担机构综合实力偏弱。先进省份对省级直担机构的重视程度高、支持力度大，直担板块发展好，带动体系效应好。江苏省有 13 个设区市，除苏州、无锡等 5 地区有较大注册资本的市级担保机构外，江苏信保集团在其余地市均设有分公司或子公司。浙江省融资担保有限公司注册资本 50 亿元。与之相比，普惠担保公司注册资本规模小，担保功能发挥受限。

2. 我省省级直担板块作用发挥不足。所调研省份省级直担机构发展都比较好，成绩突出。江苏、浙江、安徽等地多年的发展经验表明，直担是再开发能力、创新能力方面的集中体现。江苏省高度重视省级直担机构的示范、引领、协同作用，积极协助体系成员解决发展中的困难。省普惠担保公司尚未纳入政府性融资担保机构名单制管理，也未给予省普惠公司代偿补偿、保费补贴、业务奖补等应有的配套支持政策，影响作用发挥。

3. 我省科创担保的职能发挥有待提升。部分外省地区（如北京、广州、深圳等），科创担保专营机构已经成立 20 余年，累计扶持众多中小微科创型企业，效果显著。安徽省单独设立省级科技担保子公司，牵头建立覆盖全省的科技融资担保体系，稳步推进科技融资担保业务发展。相比之下我省科创担保体系建设还不够完善，科创担保作用发挥不够明显。

4. 我省综合金融服务平台建设有待完善。江苏信保集团逐步形成了涵盖再担保、担保、融资租赁、科技小贷、基金投资、金融科技、典当以及资产管理等相互支撑、协同发展的综合性、多元化金融服务体系，提供担保征信、项目申报、债券发行的全流程融资管理服务，对客户经营管理和转型升级等提供顾问、咨询等增值服务，打造出独具特色的“政策性引领、市场化运作、集团化协同、综合化服务”江苏信保模式。相比之下，我省集团各板块之间尚未共享资金方、客户方和需求信息，资金调配、服务链条未匹配。

四、启示

（一）省委、省政府高度重视和政策支持是行业发展的关键

政府性融资担保作为重要的地方金融组织，承担重要的政治责任、经济责任和社会责任，发挥着经济逆周期调节作用和引导优化金融资源配置作用。江苏、安徽、浙江等地，省委、省政府、财政部门对行业发展高度重视，文件多、政策多、资金多，在资本金补充、代偿风险补偿、保费补贴、体系建设、尽职免责等方面均有政策文件支持。江苏、安徽、浙江、深圳等省级机

构资本实力均在百亿元规模以上，安徽累计担保规模 1.3 万亿，江苏突破 1 万亿元，深圳 9588 亿元，由此引发的金融集聚效应，将引流大企业、新产业链入驻，担保效能的提升对普惠金融和当地经济发展拉动作用不言而喻。

（二）做好做优省级直担机构是提升集团综合实力的根本

江苏、深圳、安徽省级直担机构经营近十年，逐步发展壮大，对集团其他板块具有积极的带动效应。江苏的直担业务在全国做的好、规模大、影响大，风险控制好，“园区贷”模式和风险分担机制，构建了“商业可持续、风险可分担”的长效机制。做优做好直担机构，首先资本实力要雄厚。融资担保是资金密集型行业，直担机构只有具备充足的流动性，强劲的资本实力，才能充分发挥担保效能、抵御金融风险。其次通过直担业务板块，引流客户和金融机构，逐步打造“一个客户、全产业链全生命周期赋能，一站式综合金融服务”模式，提升集团综合实力。

（三）围绕地方经济聚焦产业发展是政府性融资担保事业发展的方向

调研中发现，全国有些地区专注于扩大“总对总”批量化业务规模，依靠国担政策和代偿熔断机制，认为做好算数平衡即可躺平享受业务规模增长，最终会导致“政银”模式取代“政银担”模式。2023 年上半年新增备案业务中，江苏“总对总”业务占全量业务比重仅为 0.8%，浙江为 5%。园区是各地产业发展的重要载体，江苏省重点支持园区内产业经济发展，通过直担、银行、省市风险补偿基金、省级再担保按 1∶2∶3∶4 的比例承担风险的多方风险分担机制，提供综合金融解决方案，成为破题政府、银行、融资担保机构三方合作分担风险的创新尝试。目前江苏再担保集团已与省内 72 个园区合作（其中国家级园区 17 家），在保余额超 500 亿元（其中服务民营企业规模占比 77%），累计服务企业近万户，担保贷款规模近千亿元。

（四）财政金融联动、担保体系联动、银担合作联动是政府性融资担保事业发展的手段

上海担保中心依托强有力的财政话语权，托管财政资金近百亿元（占市财政资金总规模 10%），包括政策性农业信贷担保资金、创业就业资金等财政专项资金。结合银担合作、体系建设发展需求，上海担保中心统筹安排存款银行，充分调研银行合作积极性，增强银行谈判话语权。财政金融联动，担保机构在支持实体经济发展的同时实现可持续发展；担保体系联动，形成合力与银行金融机构高效合作，解决“不敢担、不愿担”“抽贷压贷”；银担合作联动，更好地释放担保能力、提升风险管控水平，引导银行贷款向普惠小微领域市场化投放。

（五）数字化转型持续发力是政府性融资担保事业高质量发展的基础

融资担保行业在发展中日益显现获客难、业务操作效率低、风控能力较难匹配担保承担的风险责任等问题。而通过金融科技手段进行数字化转型，是融资担保行业拓宽客户渠道、降低运营成本、推进风险管理智能化标准化、增加金融服务可得性的关键。目前普惠公司数字化转型工作未取得长效进步，原因一是直担板块数字化转型工作未取得显著成效，缺乏顶层设计，缺少金融科技人才等资源支持。二是存在“外部不连、内部不通”的发展瓶颈。外部数据如税务、不动产、工商等政务公共数据资源尚未对接；集团内部业务信息需要打通。以上情况制约数字化转型走深走实。

（六）集团化改革和高质量发展是集团成为金融综合服务商的必由之路

江苏“总包”综合金融解决方案，通过整合金融资源、融合服务手段，为企业转型升级提供多元化融资指导和综合金融解决方案。集团化改革推进中，走创新路、吃改革饭、夯党建基、称百姓心，高质量发展路径愈加清晰。一是坚持集团扁平化管理方式，尊重市场发展规律，完善现代法人治理结构。二是坚持做大做强思路，扩充资本、提升信用评级。三是强化绩效理念，始终以增强小微企业获得感为首要目标，扩大业务规模，降低融资成本。四是业务发展方面，在担保供给端，明确普惠市场主体支持对象和服务方式，以及如何形成更加有效的体系发展合力；在资金合作端，调动银行等金融机构聚焦集团支持的普惠市场主体，推动银行信贷资金投放，逐渐引导资本市场资金加入；在市场需求端，企业将通过集团综合金融服务平台，获得便捷性、高效性、低成本的一揽子综合金融服务。

五、重点发展方向

站在高质量发展的新起点，百年未有之大变局加速演进，经济下行压力依然存在，政府性融资担保事业战略机遇和风险挑战并存。面对新形势新任务新要求，坚持政策性、普惠性和小额分散经营原则，聚焦支小、支农、支科主责主业，助力我省政府性融资担保事业高质量发展。

（一）坚持战略谋划，精准定位

一是坚定战略定位。普惠公司的定位是不以盈利为目的，坚持政策性、普惠性和小额分散经营原则，聚焦支小、支农、支科主责主业，面向全省开展直担业务。普惠公司是集团直担板块，既要发挥示范、引领、创新作用，又要起到协同补短、服务的功能。二是坚定发展思路。普惠公司聚焦我省重大战略、重点领域，坚持“一体两翼”，即坚持新版国担“总对总”业务整体大盘，重点突破科创担保业务，发力普惠领域产业集群，打造核心竞争力。

（二）坚持重点突出，量质齐升

“一体两翼”发展思路，实现三项突破：突破新版国担“总对总”业务落地，突破科创担保政策和业务新模式落地，突破普惠领域产业集群业务落地。一是推进新版“总对总”业务和地方版批量业务齐头并进。二是产业集群方面，针对2023年度山东省35家特色产业集群，试点部分县域产业制定专属服务产品，围绕产品做平台，围绕平台做生态，将普惠公司打造为县域产业“链主”。三是科创担保方面，争取科技支持政策，开展科创试点业务，与体系成员联动，加强合作。

（三）坚持风险强基，毫不放松

风险防范是融资担保行业的永恒主题，也是担保从业者的基本功。在银担合作方面，推进银行动态分级管理。集团公司对银行按照一年内新增代偿设置平均不良率横向坐标动态管理；按照代偿率情况，划分为积极合作类、维持份额类、谨慎合作类，采取重点加强管控、压缩合作份额、积极收回贷款等措施。在数字化风险管理方面，以满足国担备案需要的通用风控模型为基准，针对具体业务产品设计有针对性的风控模型、额度测算模型，形成公司模型库。加强团队风控能力，形成业务一线把控、风险管理前移，构建全员风控链条的格局。

（四）坚持数字赋能，破题链接

一是布局全省体系成员政务数据合作。通过体系成员对接地市大数据局，打通与体系成员的链接，间接获得、使用各地市政务数据，普惠公司承办直担业务，可以实现政府数据初审、预审系统筛选、银行系统直连后的信息校对。二是完善全省涉企大数据平台，与体系成员开展更广泛的合作，形成全省全量数据库，共享客户资源，为集团综合服务平台发展做好资源储备。

（五）坚持作风建设，铸造铁军

坚持战略落地，体系扎根，改革强身，管理赋能，党建铸魂。一是坚持党对国有企业的领导不动摇，把党的建设摆在首位，开展“6100”党建工作法，把全体员工思想、认识、行动统一到集团党委要求上来。二是抓好团队作风建设，从思想上、能力上、作风上，培养更多领域的“行家里手”，不断提高应对重大挑战、抵御重大风险、攻克重大难关的本领。三是抓好廉政建设，筑牢防线，层层压实主体责任，打造清廉普惠品牌，以过硬的队伍、过硬的作风、过硬的纪律保障公司高质量发展。

六、相关建议

（一）建议增加普惠担保公司资本金

目前省普惠担保公司注册资本7亿元，部分银行特别是国有大行在授信合作中提出资本金偏弱、放大倍数较高。建议集团公司统筹考虑，争取公司资本金达到10亿元以上。

（二）建议尽快将普惠公司纳入我省政府性融资担保名单制管理，给予相应的支持政策

普惠担保公司作为集团公司出资设立的省级直担机构，其职能定位就是作为政府性融资担保机构，发挥对全省体系成员的示范引领作用，助力我省实体经济高质量发展。目前，省财政厅、省金融监管局已发布三批共76家名单制管理的政府性融资担保机构，省普惠担保公司在功能定位、资本实力、业务占比、担保费率、风险防控、代偿能力等各方面均符合文件要求，建议集团向省财政厅申请尽快将省普惠担保公司纳入政府性融资担保机构名单制

管理，给予省普惠公司代偿补偿、保费补贴、业务奖补等应有的配套支持政策，使其能够更好地、持续地发挥作用。

（三）建议加快构建覆盖全省的科创担保体系

目前，山东省科技金融生态圈服务平台“2611”模型正在建设，两大核心功能就是增信和融担。为推进科创担保事业发展，一是建议集团面向全省体系成员指导构建科创担保体系，明确要求各体系成员在科创人员、机构和业务开展上做好各项准备，促进全省科创融资担保业务的开展。二是尽快完成省级科创担保专营机构和团队的建设，负责开展建立省级科创担保体系工作。三是建立新型“政银担”科创担保合作模式。在现有国担基金、省市再担保和银行分险机制的基础上，推动省、市、县各级分别设立专项资金，为科创担保业务进行分险、保费补贴和业务奖补。

（第四调研组组长：王志华；主要成员：周东波、任德志、王安、范尚建、郭景华、高成成）

赴山西省、河南省、山东省（烟台市、日照市）调研报告

山东担保集团第五调研组

根据集团公司 2023 年担保工作大调研活动方案有关部署要求，现将第五调研组有关工作开展情况汇报如下。

一、调研工作开展情况

（一）调研组成人员

第五调研组由集团公司副总经理石广超带队，办公室、计划财务部、创新发展部主要负责同志及有关人员参加了调研。其间，人力资源部参与了烟台市调研活动，战略发展部参与了河南、山西两省的调研。

（二）调研课题情况

除办公室承担的《如何打造高水平集团化综合服务中心》《如何打造全省一体化的信息宣传互联机制》，计划财务部承担的《集团化财务管理及资金运作情况调研》，创新发展部承担的《数字化风控在担保行业的应用探索》相关课题调研之外，按照集团公司调研活动有关部署要求，调研组重点就一体化建设、数字化建设、财务管理、运营管理等方面进行深入考察交流。同时在调研基础上，调研组通过分析当前集团公司及全省体系的现状与特点，力求找到制约发展的突出问题和短板，提出推动全省政府性融资担保事业改革发展的对策建议。

（三）调研行程安排

5 月 18 日到 19 日，调研组赴烟台担保集团进行调研，同时集团公司第一党支部与其结对共建；5 月 30 日至 31 日，赴河南省中原再担保集团及其安阳担保公司进行调研；6 月 1 日至 2 日，赴山西再担保集团及临汾市融资担保公司进行调研；6 月 13 日至 14 日，赴日照担保集团进行调研。

二、调研对象基本情况

（一）河南省中原再担保集团

该集团于 2019 年 11 月由河南省中小企业担保集团股份有限公司更名组建，是河南省管骨干金融企业。公司注册资本 130 亿元，主体长期信用等级 AAA，下设 4 家控股子公司。截至 2023 年 4 月末，集团新增担保和再担保业务 297.43 亿元，同比增长 47.57%；全部业务在保余额 578.59 亿元，较年初增长 19.83%，支小、支农业务占比 93.66%；向国担基金备案业务在保余额 509.47 亿元，新增备案业务 4.73 万笔、282.76 亿元，新增业务规模全国排名第 12 位，较 2022 年末提升 3 个位次。目前，集团的 87 家合作担保机构中，政府性融资担保机构有 61 家。

（二）山西再担保集团

该集团是于 2000 年 7 月由山西省财政厅出资设立的省级政策性担保机构。2015 年 11 月，山西省政府赋予其省级政策性再担保职能。公司注册资本 35.95 亿元，下设全资子公司 1 家，参股市级担保机构 2 家。截至 2023 年 6 月末，集团为 7.16 万户企业提供融资担保 302.59 亿元，同比增长 53%；在保余额 13.4 万户，534.85 亿元，同比增长 85.26%；支小、支农业务占比达到 99.63%，单户 500 万元以下业务占比达到 81.49%，“5080”持续达标；向国担基金备案 253.71 亿元。

（三）烟台担保集团

该集团成立于 2020 年 12 月，为市属一级国有金融企业，烟台市财政局根据市政府授权履行市级国有金融资本出资人职责并实施监管。集团注册资本 10.606 亿元，下设烟台兴融中小企业应急转贷基金有限公司、烟台兴邦资产管理有限公司 2 家全资子公司，新设龙口分公司、科技担保分公司、非融资担保分公司 3 家分公司。截至 2023 年 6 月末，集团新增业务规模 60.65 亿元、在保 123.32 亿元。

（四）日照担保集团

该集团前身系日照市岚山融资担保有限公司，2021 年 4 月正式组建为市级政府性融资担保龙头机构，日照市财金投资集团代市财政局履行管理职责。集团注册资本 3 亿元，现有员工 17 人；目前主要开展直担业务，对东港区开展融资再担保业务。截至 2023 年 6 月末，集团新增业务规模 3.70 亿元、在保 19.42 亿元。

三、典型经验及问题反馈

（一）有关典型经验

在调研中，相关省市担保机构，尤其是河南、山西的省级担保机构都有一些典型的经验做法值得学习借鉴，主要集中在一体化建设、数字化转型、财务管理方面。

1. 一体化建设是增强融担体系力量的有力举措

首先，山西省政府性融资担保体系建设已走在全国前列，在山西省委、省政府主导下，于 2022 年 7 月完成了山西省融资再担保集团、11 家市级政府性融资担保机构的整合，实现了以“吸收合并、减量提质、市县一体化运营”为核心的市县一体化建设，达到了以下效果：一是精兵简政。经过这次改革，山西省政府性融资担保机构数量从 81 家减少至 20 家。通过吸收合并县级机构、市县两级财政注资等方式，11 家市级政府性融资担保机构资本实力显著增强，资本金规模合计达 60 亿元，比改革前增长 50%。山西省 20 家政府性融资担保机构净资本金超过 110 亿元。二是号令一致。山西再担保集团出台了涵盖 6 个方面、35 项的“九统一”制度，即统一组织机构、统一股权管理、统一资本管理、统一公司治理、统一业务流程、统一管理制度、统一风险管理、统一政策支持标准、统一信息化支撑的方式，对全省政府性担保机构进行标准化建设，有效解决了管理不规范、治理不健全等问题。三是政策到位。山西省、市两级财政部门完善落实风险补偿、保费补贴、资本补充等财政资金投入机制，将风险补偿标准从1‰提高至2‰，保费补贴按2.5%的盈亏平衡点给予担保费率补差，拨付机制从事后拨付改为事前预拨，绩效考核突出放大倍数和支小、支农占比，资本补充明确了放大倍数到5即触发增资的长效机制，为山西再担保集团发展提供了坚强保障。山西省财政已在2023年初拨付到位资本金增资11亿元，并明确在2025年前将山西再担保集团资本金增加到50亿元。

其次，河南省虽然尚未完成市县一体化管理，但在省、市、县一体化建设上已有实质性进展。一是在结构上，实行“提质减量、一体多线”工作思路。一体是省、市/县一体的区域担保机构，多线是省级层面按照产业条线打造的科技类、涉农类专业性担保机构。在此基础上，打造形成了纵向多层次、横向多维度、覆盖全省、贴近基层、数量合理且功能互补的网络化政府性融资担保体系。二是在运营上，吸取以往体系建设“重组建、轻扶持”“重机构建设、轻机制配套”等教训，实施“精机构、重机制、创模式、强管控”策略，分批次、有步骤地在具备条件的区域推进担保体系重塑工作。省里分别与安阳市、新乡市、鹤壁市等政府合作建立了注册资本金5亿元的市级担保机构，由中原再担保集团控股并完全控制，在所辖区县设立若干跨区县的办事机构，在部分地市实现了省、市、县一体化管理；与郑州市高新区合作建立了全省首家科技类专业担保机构——中原科技担保，在科技担保领域探索一体化管理、专业性担保与区域性担保互补的新格局；三是在政策支持上，一方面，河南省政府和省财政相继出台资本金补充、代偿补偿、保费补贴、尽职免责政策、绩效评价政策等支持措施，每年10亿元持续对中原再担保集团增资，到2025年注册资本金将达到150亿元；设立首期规模2亿元的代偿补偿资金池，按照省级再担保机构实际承担代偿责任的50%和20%，对省级再担保机构予以补偿等；在省级层面明确了担保机构注册资本金目标（市级5亿元，县级2亿元）、担保机构配套机制、银担分险等要求，明确了担保支持政策的框架。另一方面，郑州、开封、商丘、濮阳、驻马店、济源、三门峡等市先后出台加强政府性融资担保体系建设支持小微、“三农”发展的实施意见，郑州、商丘等部分地市同时配套出台发展奖补资金管理暂行办法。

最后，烟台、日照担保公司也在努力推进市县一体化建设工作，但普遍面临县（市）区级担保机构资本金偏少或缺位，增资工作进展缓慢等问题。同时，仍有部分存量担保机构失能、失责、失位，不具备整合条件。调研期间，日照担保集团负责同志多次表示，希望省担保集团在日照进行省市一体化试点，设立山东担保集团日照公司，实行条条管理。由省担保集团统一制定市级担保公司业务、风险、财务、人员等系列运营管理制度，实现政策有效传导、业务穿透管理和风险全面管控，为山东省市一体化破题做出有益探索。

2. 数字化转型是推动融担业务提质增效的关键抓手

从山西、河南两省调研情况看，数字化建设工作尚未形成整体设计，但部分经验值得我们学习、借鉴。如山西再担保集团与微众银行合作，依托微众银行的大数据风控能力提升线上担保覆盖面。双方联合开发线上担保产品“科创贷”，已为山西 723 户企业提供融资 6. 16 亿元。同时，通过建设“三晋贷款码”平台，积极参与省级融资平台建设，集团与太原征信公司及山西银行、邮储银行等多家金融机构实现了系统对接和数据共享。河南省中原再担保集团大力探索数字化担保发展模式，构建“中原数智再担”数字化平台，加速打通与全国政府性融资担保数字化平台、金融监管部门系统、融资担保机构系统、参控股机构系统、合作银行信贷系统之间的数据壁垒，实现各项业务数据实时在线传输，融资担保业务全流程线上办理，推进解决业务信息重复录入及跨机构、跨部门、跨系统间的信息共享效率低下等问题。

3. 集中统一的财务管理是防风险增收益的关键环节

从山西、河南调研情况看，实行集中和统一的财务管理模式是基本共识。在人员管理方面：中原再担保集团新设市级担保公司以集团出资为主，在治理层面掌握控股权，主要管理人员由集团委派（人事关系在集团、工资在子公司发放、标准由集团确定），使用统一的会计核算信息系统，子公司银行开户、资金存放均需报集团备案。山西再担保集团在市县一体化改革中提出统

一组织机构、统一资本管理等“九统一”制度，对参股公司派驻总经理和财务总监，为实现统一会计核算打下基础。在资金管理方面：在资金管理模式上，烟台担保、日照担保、山西再担保集团均实行统一管理，中原再担保集团因子公司独立设置财务部门、配置财务人员，资金未统一管理，但子公司银行开户、资金存放均需报集团备案。在资金配置上，山西再担保集团和日照担保公司采取全部存放银行的方式，山西再担保集团设专人专岗负责资金运作；烟台、潍坊担保和中原再担保集团探索开展了应急转贷基金、发债业务，提高了资金收益。

（二）有关问题反馈

在调研中，我们也收到了省内担保机构的一些问题反馈。

1. 关于市县一体化整合工作存在堵点卡点问题

烟台反馈：在拟吸收合并的6家区（市）担保机构中，只有福山区、长岛综试区2家机构资金、运营情况良好，其他基本不具备条件，并且除龙口外，其他地区未出资或者出资不到位，希望集团公司协助推动解决。日照反馈：现有4家区县（功能区）属国有融资担保机构，除五莲国信融资担保之外，其余3家亟待实现业务破局，希望将信达融资担保、高晟融资担保整合到市公司，并积极争创担保体系共建先行县（区）；希望集团公司帮助协调市财政部门和区县功能区，落实2020年市政府第69次常务会议关于“2020年底前，公司注册资本金增资至8.5亿元”的决议。

以上问题，调研组已反馈相关部室并及时给予回复，同时建议再担保公司筹备组、战略发展部予以持续关注，在我省一体化建设中通盘考虑。

2. 关于数字化转型遇到的难点堵点问题

烟台希望集团公司参考银行信用评级等方式，通过定量和定性分析建设客户评级模型，实现等级评定，为客户准入提供切实可靠的参考标准，同时希望利用大数据对存量客户进行风险预警；因烟台农商行立项程序复杂，进展缓慢，且烟台市各家农商行的产品不互通，需与县级农商行逐一沟通协调，费时费力，银担直连难度较大，希望集团公司从省级层面协调支持。同时，烟台、日照都反映，缺乏技术和人才推动自身数字化转型，希望集团公司予以支持。

以上问题，调研组给予了现场回复，创新发展部拟从人才、技术、数据等方面全面支持体系成员数字化转型。一是派专人参加体系成员与当地城商行的系统对接会，参与产品设计和对接方案制定。二是制定《省市担保体系数据共享方案》，将以临沂、烟台为试点，逐步实现省市数据资源共享，持续提升全省担保体系数字化转型质效，增强自主获客和风险防控能力。三是加大与省农信联社合作力度，共同推进省农商行体系与全省担保体系的直联工作，推动银担系统直联、提升银担合作效率。两个体系的银担系统全面对接后，集团公司近 50%业务将实现线上化运行，大幅降低人工操作成本。

四、相关调研启示及建议

（一）加快推进一体化建设

从山西、河南两省的调研以及从其他省市兄弟单位了解来看，一体化建设有利于全面增强政府性融资担保体系的资本金实力、风险防控能力、业务拓展质效、可持续发展能力，达到精兵简政、强筋壮骨、号令一致的良好效果，也是解决“小散弱”和区域发展不平衡问题的有力举措，代表了未来发展的方向。

调研组建议：一是在长远策略上，由集团公司成立强有力的工作专班，从顶层设计层面深入研究，提出切实可行的工作方案，积极争取省财政支持，并向省委、省政府汇报，由省政府推动相关工作。二是在试点思路上，坚持两条腿走路，一方面借鉴山西思路，先推市县一体化，由历史遗留问题较多、县区机构较为分散的市先行整合市县资源，待整合完毕之后，再加入省担保集团；另一方面学习河南经验，先将日照等意愿较强的市以及济宁等已经基本完成市县一体化的市级机构纳入省担保集团，再推动成立较晚、负担较轻的市级担保机构纳入省担保集团。待整合 3~5 个市级担保机构之后，再向中游地区推动整合，逐步实现省市一体化。三是在体制建设和治理结构设计上，建议省市一体化应采用母子公司制，市县一体化以总、分公司或办事处为宜。四是在政策支持方面，建议推动各级政府和财政部门，尽快出台针对政府性

融资担保机构长效的资本金补充、动态的风险补偿、必需的保费补贴和适当的业务奖补等政策，保障全省政府性融资担保体系有效发挥作用和可持续运行。

（二）加快推动全省数字化建设

从省内外调研情况来看，各业界同行普遍认识到了数字化转型的重要意义，同时在人才、数据、系统、思路方面的短板也十分突出，尤其是省内各市亟须集团公司加大支持力度。

调研组建议：一是建立全省数字化转型工作指导委员会，由创新发展部牵头，针对各市特点协助制定数字化转型方案，统筹全省数字化转型进程；二是加快整合省级数据资源，推动省市资源共建共享，确保《省市担保体系数据共享方案》落实落地。

（三）加快建立全面的财务统一管理模式

从此次调研的情况来看，全面、科学、精准的财务统一管理是集团化改革的关键一环，也是提升全省体系防控风险、提升效益、科学运营的核心举措。

调研组建议：一方面，集团公司要在借鉴兄弟省市经验基础上，从会计核算信息系统、制度体系、预算管理、决算审计、人才队伍建设等方面进行细化升级，形成适合我们实际的财务集中统一管理模式。一是明确专人负责资金运作；二是借鉴烟台、潍坊和中原再担保集团经验，结合集团公司市场化业务，探索提高资金收益的新路子；三是拓宽渠道，探索配置债券等业务品种；四是稳妥做好银行存款管理，在分散风险基础上努力提高收益。另一方面，各市级担保机构要将财务统一管理作为市县一体化的关键抓手，以确保人财物的统一调配和完全整合，实现风险防控和资金收益的最优化。

（四）加快建立科学有效的运营管理机制

调研中发现，河南、山西等省级担保机构均在加强运营管理、实现降本增效方面做了很多工作。近期，省财政厅不断加大省属金融企业及权属企业亏损专项整治工作力度，要求政策性亏损企业积极争取政策支持，加强运营管理，降本增效。鉴于集团改革工作尚未完成，各项业务稳定运行不满一个会计年度，成本费用基础数据不完整等实际情况，调研组建议从以下方面加强运营管理工作。

一要建立全员、全要素、全过程考核机制。首先，收集整理各部门、单位及业务条线各项成本费用数据，力争年底前形成相对准确、完善的数据资料，为制定年度内部考核制度创造条件。其次，针对各部门、各业务板块业务运营管理特点，确定部门、公司的考核指标，研究制定考核办法，加强过程管控。最后，实行工资分配与部门、单位运营成果及成本费用控制指标挂钩、与员工个人工作实绩挂钩，在年终结算兑现。

二要加强可控成本费用支出项目管理。一是强化预算管理的统筹作用。落实省财政厅“过紧日子”的要求，对费用支出严格执行“事前申请、控制标准、事后报销”和分类分级审批的管理程序，各层级审批责任人切实履行审核责任，严控预算外、超预算或低效支出。二是压缩中介费用支出。充分发挥集团入库专家作用，为集团发展提供咨询指导和智力支持。提升员工能力，降低中介依赖，能够由集团员工完成的工作，不得外聘中介或外委外包。三是减少日常办公费用支出。控制办公用品消耗，进一步完善“OA”、企业微信等信息化管理工具功能，实现无纸化办公；践行智慧楼宇理念，加强水、电、冷、暖等能耗管理，进一步节能降耗；完善差旅、接待、用车等相关制度，落实部门、单位节支降耗主体责任，本着非必要不发生的原则，加强差旅费、会议费、业务招待费、用车费用等部门主导费用管理。四是严把采购关口。特别是对专业性强、单笔金额较大的采购项目，实施部门、单位要强化项目费用支出必要性审查责任，在预算范围内合理确定采购支出上限，并通过公开招标、竞争性谈判等方式压减费用金额。

三要加强各项收入管理。由计划财务部牵头，对理财收益、服务收益、管理费用收益等方面的收入进行统筹调度，按时、足额确认收入，确保颗粒归仓；由战略发展部会同再担保公司筹备组加快政策资金、代偿补偿资金、奖励资金的申请，确保应得尽得；由投资公司做好办公楼资产的盘活使用，进一步增加公司固定资产收益。

（五）加快推进担保模式创新

在烟台京航创业孵化器有限公司（北航产业园区）实地调研时，针对园区管理方提出以其自身资质、资产为园区内企业提供反担保，解决园区企业融资问题的担保模式，烟台担保集团进行了持续跟进。目前烟台担保集团先后与国有银行、农商行、村镇银行逐一对接，针对园区方担保能力不足、银行系统暂不支持一家企业为多家企业关联担保等问题，正在寻求解决方案。建议在管理方具备担保能力的园区或市场内进一步探索这一模式。

调研组建议：我们目前推出的“园区贷”项目主要服务的是政府主办的高新区或者经济开发区，对于大量存在的由企业、高校、科研院所以及其他四不像机构成立的园区，缺少针对性的产品模式。建议由再担保公司筹备组牵头，会同有关部门加强调研，指导部分市开展试点，探索开发“非政府园区贷”产品；同时在现有产品模式之外，积极探索产业链、产业集群相关项目，尽最大可能提升主动服务“四新经济”“十强产业”的能力。

（第五调研组组长：石广超；主要成员：刘振强、王玉洲、石林、王海祥、袁媛、郝娟、李爱玲、马丽、马超、胡滨）

赴安徽省、湖北省、山东省（枣庄市、临沂市）等地区调研报告

山东担保集团第六调研组

按照集团大调研活动安排，第六调研组对非融业务的基本情况、调研过程中学习的好经验好做法好产品、发现的问题及下一步工作打算进行了梳理，报告如下。

一、基本情况

根据集团公司党委的统筹规划，融资担保公司确立了“以非融资性担保业务为主”的发展方向，积极对接省内外优秀企业，先后前往青岛、潍坊、烟台、枣庄、临沂等省内地区，北京、安徽、湖北、广东等省外地区，赴当地和各担保公司调研座谈，详细了解各地市担保公司非融资性担保业务开展情况，对该项工作有了更加清晰的认识。

（一）非融资性担保社会意义重大

调研中发现，地区经济发展程度、信用体系建设程度、政府性政策支持度是决定当地非融资性担保业务市场规模的重要因素，地区经济越发达，信用体系越完善，非融资性担保的重要性就越显著。非融资性担保作为政策性融资担保业务的补充工具，在政策性融资担保业务为小微企业、“三农”服务的同时，通过投保联动、为企业内部金融链条赋能等市场化运作，有助于解决政策性融资担保存在的局限性问题，纾解企业资金压力，为优质企业及政

府工程增信赋能，推动社会信用体系建设高质量发展。广东省、深圳市都设立了信用协会，并对诚实守信的企业予以排名和对应政策奖励。

（二）非融资性担保发展前景广阔

一是非融资担保业务有助于小微和“三农”企业降低交易成本，降低资金占用，在企业破解短贷长投问题方面有较大发展空间。二是工程类担保业务市场潜力巨大，在农民工工资支付担保、工程履约担保、保函替代保单方面业务体量可观。三是随着社会经济发展和信用体系的健全，企业的信用履约将逐渐体现实际价值，非融履约类市场展现出广阔的发展前景。

（三）非融业务板块是担保公司的重要组成部分

调研发现，各地优秀的担保公司均将非融担保业务作为立足当下、着眼长远、规划未来的重要举措。非融担保业务不仅是政策性担保的有效补充，可以通过市场化手段，树立公司信用品牌，用履约担保方式盘活企业信用价值，帮助企业完成自身资源之间的相互对接，减轻企业对银行贷款的依赖，实现担保公司的信用放大作用。担保公司在助推企业提高资金使用效率的同时，开辟了非融担保业务的新市场！

二、好经验好做法好产品

调研发现，国内非融担保业务呈现“南北两极化”发展态势。南方以粤财集团和深高新投为引领，深耕市场化非融业务，形成“百家争鸣”的市场化特征，并不断进军国内市场。北方以中投保为首，专注国内大型工程和重点项目，深耕债券类业务，实现“借船出海”。总结可借鉴经验如下。

（一）激活非融信用，为集团资金链赋能

青岛海发融资担保有限公司是青岛海发国有资产投资运营集团公司的三级子公司，自 2016 年以来开展非融业务 149 笔，担保发生额 17.65 亿元，在保余额 2.57 亿元。青岛海发融资担保有限公司围绕青岛海发集团业务板块，通过自身担保放大倍数，以工程预付款担保、工程履约担保、农民工工资支付担保等非融资性担保业务进行业务协同，提供产业链全流程非融担保业务，放大青岛海发集团资金使用规模，为集团资金链赋能。

（二）借力政策支持，助推非融业务发展

广东粤财融资担保集团有限公司是广东粤财投资控股有限公司的子公司，注册资本金 60 亿元，系广东省财政厅体系成员。该公司目前以国有投资类标准保函业务为主、电子投标保函业务为重要补充，诉讼保全担保等非融资性担保业务，推动广东省财政厅体系成员协同发展。广东省财政体系成员在广东省公共资源交易中心及政府采购平台上的电子投标保函均由该公司出具，以公司保函替代保险公司保单，累计金额超 114 亿元，有效为体系成员释放保证金，减轻资金压力，满足广东省财政厅体系成员对非融性担保业务的多元化需求。

（三）市场化运营，管理机制推动非融发展

深圳高新投担保有限公司，非融板块注册资本金 30 亿元，在全国设立 32 家分公司及办事处，是目前国内最大的工程保证担保机构。该公司依托雄厚的资本实力、强大的银行信用及集团牌照优势，为工程建设及相关领域提供保函业务和配套金融服务，规模体量达 500 亿元。以“投保联动”“股权加债权”的市场化管理机制，全方位服务优质企业，实现非融资性担保业务的市场化运作。同时，以员工跟投项目机制激发员工干事创业积极性。

三、发现的问题

本次调研，发现公司非融业务发展面临的主要问题如下。

（一）信用体系建设不健全

相比于南方发达省市市场，山东省内的信用体系建设并不健全，失信、违约成本较低，在社会领域存在相当数量的市场主体诚信缺失问题，有些政府部门的失信、违约情况，加速了省内非融担保市场日趋缩小的局面。

（二）省内大环境相对保守

一是省内区域性银行相对保守。银行认为非融资性担保业务不属于主营业务，将该业务流程归为普通融资担保业务审批流程，而非融资性担保业务在风险前置的前提下要争分夺秒，做到当天或隔天出函，一些银行低下的审批效率不能满足非融业务市场化需求。二是省内政府部门对担保公司保函的

重视度不够，未将担保公司保函明确写入相关实施办法等法规文件，从而造成市场对担保公司保函认可度不高。

（三）公司本身存在的问题

截至2022年末，融担公司所有者权益9036.02万元，货币资金1173.27万元，近3年累计主营业务收入49.29万元，资金匮乏、流动性不足、业务停摆等问题直接左右公司非融工作破局的进展。一是银行授信困难。目前公司仅齐鲁银行同意授信1亿元，无法满足开展非融业务的需求。二是公司股权结构比较分散，内部流程相对复杂，公司决策体制与对接市场的能力不匹配，与深圳高新投、深圳担保等南方担保公司的决策效率还存在一定差距，在市场上明显竞争力不足。三是开拓市场的运营机制灵活性不足。目前相关激励制度暂时还无法满足高端市场营销人才需求，公司拟推行的项目负责人运行机制还未找到落地的有效途径，在面对激烈的市场竞争时，人才激励机制处于劣势地位。

四、下一步工作建议

（一）加强团队建设，用效率赢得市场竞争力

立足融担公司实际，进一步统一思想，树立信心，坚定破局思维，以市场需求为中心，探索项目负责人经营机制，优化公司内部流程建设，以提升资源使用效率来打造企业核心竞争力。总体工作思路是：夯实公司内部管理，提升资源使用效率，通过向外部“借”资源、向市场要效益来打开非融市场新局面。带领、培养一支诚实、可靠、高效的运营队伍，以一切围着工作转、一切顺着业务走、一心为公的工作作风，以“谁说的对按谁的意见办”的公开、透明、民主、高效决策程序，以“言必行，行必果”严格的工作执行标准，不折不扣贯彻落实集团党委决策部署，坚决推动非融工作高质量发展。

（二）联合产业集团，找准业务链切入口

进一步研究青岛海发融资担保有限公司金融赋能加担保模式，通过与省环保集团、健康集团等产业集团合作，摸索产业集团业务链在非融资担保业务上的需求，通过融担公司自身授信额度，切入产业集团业务链，实现产业

集团资金放大作用，为产业资金链赋能，实现业务合作共赢。

（三）保函替代保单，实现业务批量化发展

广东粤财融资担保集团有限公司以公司保函替代保险公司保单，为广东省财政厅体系成员在公共资源交易中心和政府采购平台提供投标保函。融担公司目前借鉴该业务模式，正在与银行探讨合作“公司银行保函替代保险公司保单”的产品，对接各类有投标保证、诉讼保全类业务的企业，通过为企业提供上门服务，推广“保函换保单”业务。下一步，公司积极协调财政、住建部门支持，争取公共资源交易中心和政府采购平台准入政策，实现批量化业务发展。

（四）精心筹措准备，拓展工程履约担保

融担公司双措并举，一方面，积极储备业务资源，搭建驻济特级建筑企业档案，同时加强与中铁四局、中建八局等知名国企在工程履约方面的合作；积极联系省内各大型产业集团，跟踪建立企业拟投资项目库。另一方面，公司借鉴深圳高新投成功经验，制定融担公司完整的工程履约担保业务流程与风控流程。目前，公司在工程履约、工程预付金、农民工工资支付等非融业务，在授信范围内，能够满足市场需求。

（五）助力乡村振兴，打造乡村振兴沂源样板

针对农业项目投资大、周期长、见效慢的特点，公司试点联合省农担淄博中心、淄博市农业农村局、沂源县政府，梳理“沂源红”苹果项目的产业链，通过非融资担保引入股权长期投资切入项目运作。借助省农担乡村振兴成熟经验，公司设计“引入外部投资、组建三方持股公司、公司化运作监控风险、股东方以股权质押来保证项目安全、政府项目公司回购投资方股权、融担公司提供履约担保、县农业发展公司提供反担保实现项目闭环”的方式破解短贷长投问题，助力打造乡村振兴沂源样板。

（六）深挖客户需求，助力农担、集团公司体系成员拓展非融新业务

公司借助集团各部门系统支持，积极对接农担公司、集团公司各体系成员单位，挖掘原有客户在非融方面的业务需求。通过市场化运作，延伸非融服务，引入外部资源，在原农担、集团公司业绩规模上取得非融业务新突破，实现公司发展新局面。

我们相信，在集团公司的坚强领导下，在各部门的支持帮助下，在融担公司全体人员的共同努力下，以“走创新路、吃改革饭”为思想指引，试点破解股权分散、权责不一难题，激活企业内部运营机制，在激烈的市场竞争中，占据一席之地，为集团高质量发展做出应有的贡献。

（第六调研组组长：王京利；主要成员：季磊、魏国玉、张航）

赴湖南省、广西自治区、山东省（济宁市、菏泽市）调研报告

山东担保集团第七调研组

根据集团公司党委2023年担保工作大调研活动安排部署，第七调研组由首席风险官赵成凤同志带队，成员主要由风控合规部、审计稽核部、再担保公司筹备组以及与被调研地区关联度较高的课题组人员组成，于5~6月期间分别到省内的济宁市、菏泽市，以及省外的湖南省、广西壮族自治区开展了实地调研。调研组按照“把情况摸清、把经验学好、把问题找准、把对策落实”的思路，通过座谈交流、实地考察、现场咨询等形式，分别与济宁市财信融资担保集团股份有限公司、菏泽市菏信融资担保有限公司、湖南省融资担保集团有限公司、广西融资担保集团有限公司有关负责同志、相关部室负责人，就体系建设、集团化管理、风控合规、审计稽核、数字化转型等方面的工作进行了深入交流，共同探索政府性融资担保高质量发展之路。现将有关情况报告如下。

一、基本情况

（一）省内被调研单位基本情况

1. 济宁市财信融资担保集团股份有限公司（以下简称“济宁财信担保”）隶属于济宁市国有资产投资控股有限公司，注册资本15.47亿元，全部为国有资本。其中，最大股东为济宁市国有资产投资控股有限公司，持股

比例为21.53%，该公司属济宁市国资委管理；其他股东为济宁各县（市）区财政及国资企业。公司本部内设办公室、市场开发部、风险控制部等10个部室，下辖财信普惠担保、邹城融鑫担保等6家子公司，在兖州、曲阜、微山、金乡分别设有分公司。该公司现有员工90余人。截至2023年6月末，济宁财信担保当年新增备案金额95.59亿元，同比增长12.96%，列全省第2位；在保规模204.85亿元，同比增长38.07%，列全省第3位；平均担保费率0.18%；累计代偿1504.77万元，代偿率0.23%。

2. 菏泽市菏信融资担保有限公司（以下简称“菏泽菏信担保”）隶属于菏泽城投控股集团有限公司，注册资本1亿元，由菏泽城投控股集团联合10家县（区）国有公司共同出资，主管部门为市财政局。该公司内设综合管理部、担保业务部、财务管理部、风控审计部4个部室，现有员工12人。自2022年末成立以来，菏泽菏信担保积极推进市县一体化建设，现已与辖内3区7县达成全面合作意向，大力发展各县（区）业务拓展服务站，重点推介批量获客模式，并启动辖内各县（区）战略合作签约工作。目前已完成市农商行、莱商银行菏泽分行、青岛银行菏泽分行等9家驻菏银行准入，预计年末驻菏银行合作覆盖率将达到85%。截至2023年6月末，该公司新增备案及在保规模均为0.78亿元；平均担保费率1.36%；目前尚未发生代偿业务。

（二）省外被调研单位基本情况

1. 湖南省融资担保集团有限公司（以下简称“湖南担保集团”）成立于2017年4月，成立之初，湖南省委、省政府将原省中小担保等省级担保资源整合并入，注册资本60亿元，由湖南省财政厅100%持股。该集团为湖南唯一一家拥有AAA信用等级的省级融资担保机构。湖南担保集团本部设立11个部室，下辖湖南省融资再担保有限公司、湖南省中小企业融资担保有限公司、湖南省湘诚融资担保有限责任公司、湖南经济建设融资担保有限公司等子公司。该集团以政策性再担保业务为主、市场化业务为辅，形成了再担保、政策性直保、住房公积金贷款担保、债券担保等业务板块。截至2023年6月末，湖南担保集团当年新增国担基金备案业务369.31亿元，同比增长33.84%，列全国第7位；服务户数22102户，户均规模167.09万元。

2. 广西融资担保集团有限公司（以下简称“广西担保集团”）成立于 2020 年 6 月，注册资本 42.5 亿元，由广西壮族自治区财政厅 100%持股。该集团 2022 年首次获评 AAA 信用等级。广西担保集团本部设有 8 个部室，下辖广西融资再担保有限公司、广西桂惠融资担保有限公司、广西广担工创融资担保有限公司等子公司。该集团坚守政策性定位，坚持小额、分散、普惠的业务发展方向，聚焦服务小微、“三农”、战略性新兴产业等领域，形成了再担保、政策性直保、工业创新担保等业务板块。截至 2023 年 6 月末，广西担保集团当年新增国担基金备案业务 219.03 亿元，同比增长 23.19%，列全国第 15 位；服务户数 15224 户，户均规模 143.87 万元。

二、经验做法

（一）集团化改革方面

1. 集团总部为战略投资控股型总部。湖南担保集团总部设立财务资金部、战略与投资部、债券业务部、风险合规部（法律事务部）、审计稽核部、科技创新部等 11 个部室；广西担保集团总部设有计划财务部、业务发展部、风控法务部（审计部）、渠道科技部等 8 个部室。两集团均将党建、人力、财务、法务、审计、大额业务审批等工作归口于集团总部管理，可更好地保证决策的统一性，降低财务、管理成本，保障集团整体的高质量、可持续发展。

2. 子公司组织架构根据精简高效原则设置。湖南担保集团及广西担保集团各子公司以推动所负责的业务板块发展为目标，只设置综合管理部、业务管理部、风险管理部三个基础性部门，轻装上阵，减少机构臃肿、层级过多带来的效率低下，各部门围绕主责主业通力配合，保障了经营目标的实现。

（二）政府支持政策方面

1. 财政资金以“拨改担”方式支持省级担保机构。广西创新财政支持政策，推进“拨改担”方式发挥作用，将政府各相关部门原直接拨付给小微企业的财政性资金，通过设立专项融资担保基金模式，广西担保集团按不低于 1∶1 配资，联合自治区行政主管部门设立“创新驱动发展政府性融资担保专项基金”“园区企业政府性融资担保专项基金”等，撬动数倍金融资源服务小微企业，以充分发挥担保的杠杆效应。

2. 银担合作情况纳入财政资金存放考评体系。为推动各家银行与担保体系加强合作，湖南省财政厅将风险分担、银担“总对总”批量担保业务规模、平均贷款利率、免收保证金等银担合作开展情况纳入省财政国库社保资金存放的考评指标体系，通过发挥省财政厅专管资金协调引导作用，调动银行与政府性融资担保机构开展合作的积极性。

（三）体系建设方面

1. 业务合作和股权投资两条纽带推进体系建设。湖南担保集团以子公司省融资再担保公司为主体，承接国担基金股权投资 9667.55 万元，完成向省内 10 家市级政府性融资担保机构股权投资合计 2.15 亿元，推动以股权为纽带的省市两级担保体系在湖南实现市（州）全覆盖。目前，湖南省已在省内全部 13 个市（州）和部分县（区）设立了政府性融资担保机构。到 2023 年底前，力求实现股权投资市（州）级政府性融资担保机构全面落实落地。广西担保集团联合自治区内 14 市共同组建市级政府性融资担保机构并纳入体系，以股权投资的形式向 14 家市级体系成员注入资金合计 6.91 亿元，形成股权投资和再担保业务两条纽带，协同推进全区再担保体系建设。

2. 济宁市县一体化改革成绩凸显。根据济宁市政府深化政府性融资担保机构市县一体化改革要求，济宁市地方金融监管局积极推动组建市级融资担保集团，将 5 家县级政府性融资担保机构整合到市财信融资担保集团，同时鼓励其他县（市）区增资入股市担保集团；新设 1 家担保子公司，重点承办战略性新兴产业担保业务；根据工作实际，逐步在县（市）区设立分公司。目前，济宁市财信融资担保集团已有 4 家县级子公司、4 家分公司，全市“集团+分公司+子公司”一体化运营模式已经形成，资源整合的协同效应逐步显现。

（四）风险管理方面

1. “1+2+N”风险管理制度体系。湖南担保集团运用“1+2+N”的风险管理制度建设思路，即一部基础文件，两条建设脉络，覆盖全方位、全流程、全链条的“N”部配套规章制度。一是制定《全面风险管理暂行办法》作为纲领性文件。清晰搭建起全面风险管理体系基础框架，为实现风险管理的总体目标提供保障和根据。二是强化两条制度建设脉络。集团层面，剖析各项经营管理工作，从防范风险角度优化各项工作流程；体系层面，通过制定标准的风控管理模式，科学、合理设置关键风控指标，防止体系系统性风险的发生。三是推动全方位风控制度落地。陆续制定了 40 余部风险管理类制度，内容涵盖了经营管理、业务发展、体系合作等多个方面，特别是《风险分担稽核审计管理办法》《业务风险分担呆账核销管理办法》，为再担保业务的审计和处置提供了遵循，值得学习借鉴。

2. “双分类”保后评价机制。湖南担保集团对合作担保机构、再担保备案业务实施“双分类”评价机制，动态管理体系风险。自成立以来，每半年为一个周期，运用线上与线下相结合的方式，共组织完成对 56 家体系成员的风险分类（四级）6 次，对再担保业务的风险分类（五级）4 次。通过出具《体系成员风险分类认定报告》《再担保业务风险分类认定报告》，全面分析各家机构的风控水平和业务质量，客观评价机构风控等级，真实反映业务风险，并对潜在的风险信号提出风控和保后管理建议，有效提升了合作机构防范化解风险的能力。

3. 动态监测反向控制准入机制。广西担保集团由原来的针对单笔业务进行审核，调整为批量备案、宽进严出，逐步从管业务调整为管机构，加强合作业务风险整体监测，从担保代偿率、担保代偿风险变动情况等维度对合作担保机构业务风险进行动态监测，并依据监测情况，采取相应风险管控措施。例如，设置单笔单户备案金额上限，限制合作业务的行业，暂停业务备案，暂停代偿分担，解除业务合作关系等反向约束措施。

4. 债券担保收入助力解决历史遗留问题。湖南担保集团组建之初，将省中小企业融担公司纳入集团管理，该公司代偿资金超 15 亿元，且存量项目中仍有较大代偿风险。集团在省政府的支持下，获取债券担保资质，运用债券担保业务实现的收入弥补代偿资金损失。3 年来，集团实现债券担保收入 17. 2 亿元，以此冲抵代偿资金 11. 36 亿元。目前，省中小担保公司不良资产问题基本化解完成。

（五）内部审计方面

1. “纪—巡—审”联动工作机制。基于纪检、人事、风险、审计等部门均有监督职能的特性，广西担保集团建立了内审与纪检监察、人事等内部监督力量的贯通联动，与驻集团纪检组联合完成审计工作，各自发挥专业优势，形成更大监督合力。对内部审计查出的重大问题，相关部门及时汇报公司党委和纪委。该集团成立由董事长、审计委员会、纪委及相关部门负责人组成的专项小组，确定被审计事项所涉机构、人员的尽职履职情况，研究讨论最终处理意见。通过对审计发现问题的问责追责，规范公司各项工作运行和人员操作，达到审计促发展的目的。

2. 统筹调动内部审计力量。湖南担保集团和广西担保集团面对专职审计人员数量有限问题，统筹安排内部审计工作。一是两集团紧盯公司重点领域风险点，有针对性地开展审计。如湖南担保集团主要针对集团的风险项目、呆坏账进行审计，广西担保集团主要针对廉政风险较大的采购、财务等领域，以及再担保公司开展内部审计。二是基于代偿补偿稽核审计是对代偿补偿业务全面合规性进行稽核复查的特殊性，两集团均将此业务交再担保子公司承担，子公司将稽核审计结果报集团审计稽核部。

3. 内审部门采取差异化考核方式。由于内审工作的特殊性，为保证工作独立、有效开展，湖南担保集团对内审部门与纪检部门采取有别于其他部门的差异化考核方式，即主要由集团公司领导进行考核评价，被审计单位及相关部门不参与对审计部门的考核评价。

三、问题分析

（一）省内部分机构资本金规模较小

从全省担保体系情况看，目前 60 家合作机构中资本金规模低于 3 亿元的有 49 家，占比 63.64%。部分市级担保机构资本金规模还未达到 5 亿元，最少的仅 1 亿元，资本金规模均偏小。山东担保集团自身也存在同样问题，目前已到位资本金 32.75 亿元，仅列全国第 17 位，远低于全国各省级担保机构平均 55 亿元的资本金规模水平，仅为湖南担保集团的 54.58%，广西担保集团的 77.06%。

（二）合作银行结构不够均衡

省内部分国有大型银行及全国性股份制商业银行的分支机构授信设置条件多，“二八分险”业务合作意愿不强，致使业务规模始终难以上量。以省内某业务规模较大的市级担保机构为例，截至 2023 年 6 月末，在国有大型银行及全国性股份制商业银行本年度合计新增备案业务规模占比为 10.62%，合计在保业务规模占比为 7.89%。从全省担保体系看，截至 2023 年 6 月末，两类银行本年度合计新增备案业务规模占比为 20.79%，合计在保业务规模占比为 17.72%，同样显现出占比偏低的问题。

（三）数字化系统覆盖不够全面

面对政府性融资担保业务规模提升迅速和日趋复杂的风险管控压力，集团公司开发的预审小程序等全流程大数据风控系统应用情况较为不足，业务覆盖面不够广，某些市级担保机构完全未使用该系统。究其原因是未能与数字化平台和直担 SaaS 系统等常规业务操作系统进行有效的互联互通，系统的独立性明显，融合性较差，无法实现直连的交叉检验功能。

（四）风险管理建设不够深入

一是制度建设方面。菏泽菏信担保在遵循“业务办理、制度先行”的原则上，所做工作不足，其风险管理类制度多为公司成立时按监管要求制定的部分制度，与实际业务结合度不高。二是保后管理方面。从全省担保体系看，由于涉及的客户数量较多、工作人员较少，保后管理压力较大，依赖银行保后管理明显。

（五）内部审计工作处于初级阶段

集团审计稽核工作尚处初始阶段。一是审计成果以点带面作用未得到充分发挥，代偿补偿稽核审计发现的问题，仅与涉及的体系成员沟通反馈，未将共性问题提示到其他体系成员；二是未能与集团公司监督、监察机构形成合力，集团目前也存在审计人员紧张的问题，一人同时参与多个审计项目，且未能实现内部资源的统筹。

四、有关启示与工作建议

（一）加强省级部门合作，积极争取支持政策

借鉴广西部分省级行政主管单位与广西担保集团“拨改担”的合作模式，通过多方配资、成立基金、纳入考评、形成“白名单”等多种组合方式，实现政策支持到位、资本金实力增强、业务规模扩大等方面的突破；着力加强与财政、工信、科技、商务、农业农村以及文旅等部门的协同联动，聚焦“担保+商务”“担保+科创”“担保+绿色”“担保+创业就业”等重点领域和关键环节，加快整合省级政策、金融、产业和数据资源。

（二）合理调整合作银行结构，扩大国有大行合作业务规模

集团充分调研和收集银担合作中的堵点难点，进一步规范体系与银行的合作模式，特别是银担批量化合作模式的标准化与规范化；大力拓展国有大行合作。集团重点加强与国有大行战略合作，在做好工行、邮储新版“总对总”业务推广落地基础上，持续推动农行、中行、交行等更多国担“总对总”线上试点落地。

（三）深化数字化转型，提升合作机构使用率

集团推进横向联通，推进与政府部门、金融机构、功能性核心企业的数据互联互通，丰富数据维度和规模，特别要加速推进银担系统直连，获取多维度、深层次的客户信息，拓宽银担线上合作通道；推进纵向贯通，实现客户直通小程序、银担对接平台、预审系统与国担基金直担 SaaS 系统、再担保业务系统的互联互通，做到一套系统业务线上通办，深入挖掘数据价值，提升客户体验，精准支持地方经济发展。

（四）推进全省风控一体化建设，增强体系成员风险防控能力

一是全面推进合规、内控、风险管理一体化建设，积极探索法治框架下的多方协同路径，完善全面风险管理制度体系和工作机制建设，减少交叉重复，有效提升管理效能。二是持续做好各类业务的全链条风险管理。集团建立事前防控、事中审查、事后纠偏机制，特别要对保后管理提高要求，借鉴湖南的经验，建立分类分级等保后管理机制，进一步提升业务风险分析和防

控指导能力。同时，要加大对已代偿项目追偿力度，最大限度降低代偿损失。三是加强对体系成员的风险管控指导。集团通过专项监督检查、定期风控会议等手段，推动建立合作担保机构信用风险评价、代偿风险监测评价，协助其建立合作银行准入和退出机制，不断压实主体责任，确保体系成员的健康、稳定发展。

（五）深入开展内部审计工作，不断提高稽核监督质效

一是探索内部审计与纪检、风控等部门的联动机制。针对必要审计项目，内审部门开展专项审计工作，纪检部门开展廉政风险检查，风控部门开展风控、合规方面检查，及时沟通联动，形成强大合力。二是加强审计成果的研究和运用。对审计发现的典型性、普遍性、倾向性问题进行综合分析，做好审计发现问题“深加工”，揭示问题、剖析原因、提出建议，为集团和体系成员提供参考；针对审计发现的担保、再担保业务共性问题，在体系成员内进行广泛提示。三是统筹内部和外部审计力量。从集团相关单位抽调人员或聘请外部专家参与部分审计项目，作为审计力量的补充；或外聘第三方机构联合组成审计组。四是探索对内审部门采取差异化考核，建立内部审计激励保障机制。可参考湖南担保集团做法，对审计采取与纪检同样的考核方式，由相关集团领导进行考核评价。

（第七调研组组长：赵成凤；主要成员：葛志强、张立伟、倪立群、杨莉、李文昊、祝晓旭）

赴江苏省、北京市、山东省（青岛市、威海市）调研报告

山东担保集团第八调研组

根据主题教育调查研究工作要求，按照集团公司2023年担保工作大调研活动安排部署，第八调研组围绕通过调研学习先进经验、发现问题、解决问题从而推动工作的思路，结合工作实际精心选取调研机构和区域，省外兄弟机构选择了业务规模“最大”的江苏信保集团和经营时间“最长”的北京再担保，省内则本着深入调研、把脉问诊的原则选择了青岛市和威海市，认真开展了实地调研，现将调研情况报告如下。

一、基本情况

（一）江苏省信用再担保集团有限公司

江苏省信用再担保集团有限公司（以下简称“江苏信保集团”）是目前全国政府性融资担保体系龙头机构，业务规模始终位居全国首位。集团成立于2009年，注册资本115.6亿元，控股股东为江苏省财政厅，持股比例为26.8%，其余股东为江苏省属、地市国有企业。截至2022年末，集团总资产328.21亿元，净资产190.31亿元，营业收入33.25亿元，净利润9.2亿元，准备金余额37.01亿元，再担保业务规模2411.22亿元，市场化担保业务（含债券增信）余额951亿元，再担保业务代偿补偿2.5亿元，追回756万元，累计代偿补偿14.4亿元，累计与国担基金合作规模达到5400亿元，占

国担基金全国份额的 20%。目前集团共有体系担保机构 143 家，其中政府性担保机构 75 家，体系机构注册资本总额约 610 亿元。

江苏信保集团围绕担保、再担保业务主业，搭建起了涵盖融资租赁、小贷、投资、资产管理、科技金融、典当等众多板块的综合性融资服务平台，在全省 13 个设区市均设立了分支机构，与全省 37 个县（市）区建立了股权合作关系，拥有 20 家全资、控股子公司和 6 家参股公司。2019 年集团根据“省长办公会精神”设立了江苏省融资再担保有限责任公司（以下简称“江苏再担保”），专门负责全省政策性再担保业务，2021 年集团完成与国担基金的合作主体换签工作，由江苏再担保专职承接国担基金再担保业务。

集团本部有 16 个部室，分别是党委组织部（人力资源部、党群工作部）、纪律监察室党委巡察办、工会、团委、办公室、发展规划部（研究室）、审计部（监事会办公室）、计划财务部、风险管理部（律师事务部）、金融信息部、再担保业务部、区域金融部、产业金融部（旅游担保业务部）、普惠金融部、资金运营部、行政保障部，现有员工 700 余人。

（二）北京中小企业融资再担保有限公司

北京中小企业融资再担保有限公司（以下简称“北京再担保”）是经工信部与北京市政府批准，在北京国资公司主导和组织实施下设立的全国首家省级再担保机构，成立于 2008 年 11 月，注册资本 31 亿元，控股股东为北京市国有资产经营有限责任公司，持股比例为 50. 63%，其余股东为北京融资担保基金、北京中关村担保、北京首创担保、国担基金。截至 2022 年末，北京再担保营业收入 2. 67 亿元，净利润 174. 55 万元，再担保业务规模 349. 63 亿元，直保业务在保余额 85. 2 亿元，其中非融业务 66. 61 亿元，再担保业务代偿补偿 1. 6 亿元，追回 5442 万元，累计代偿超 13 亿元，目前有体系担保机构 17 家，注册资本金合计 246. 07 亿元。

北京再担保投资企业有 6 家，其中，北京国华文科融资担保有限公司、北京石创同盛融资担保有限公司为政策性担保公司，主要围绕为北京市文创科技企业提供专业担保服务。其他投资公司主要涉及小额贷款、信用管理、融资租赁和创业创新投资等业务板块。北京再担保本部设有 13 个部室，分别是党群工作部、纪检审计部、再担保业务部、工程担保业务部、科创业务部、创投业务部、风险管理部、法律合规部、金融科技部、研究发展部、综合管理部、人力资源部、财务管理部，现有员工 160 余人。

（三）青岛市融资再担保有限责任公司

青岛市融资再担保有限责任公司（以下简称“青岛再担保”）成立于 2021 年 7 月，由青岛财通集团发起、市区两级财政共同出资成立，注册资本 10 亿元，控股股东为青岛财通集团有限公司，持股比例 50%，主管部门为青岛市财政局。青岛再担保成立后立即加入全省政府性融资担保体系。截至 6 月末，本年新增业务规模 25.55 亿元，新增备案业务规模 23 亿元，在保规模 43.43 亿元，排在全省第 8 位。公司加入体系以来累计备案 66.96 亿元，累计代偿 1425.57 万元，累计代偿率 0.66%。青岛再担保下设 6 个部门，分别是综合部、财务部、风控部、机构合作部、业务一部和业务二部，现有员工 22 人，业务范围包括直保、再担保和履约保函。

青岛市目前有 29 家融资担保机构，其中国有独资或控股的有 19 家，纳入全省政府性融资担保体系有 9 家，注册资本金合计 34.2 亿元，覆盖 3 市 4 区。青岛市于 2021 年 9 月出台了《关于充分发挥政府性融资担保作用支持小微企业和“三农”主体发展的实施意见》（青政办发〔2021〕12 号），对政府性融资担保业务开展提供支持，建立了资本金补充、再担保风险补偿、担保费补贴、业务奖补等补偿和激励机制。

（四）威海齐东融资担保有限公司

威海齐东融资担保有限公司（以下简称“威海齐东担保”）成立于 2014 年 12 月，注册资本 5 亿元，唯一股东为威海产业投资集团有限公司，上级主管部门为威海市国资委。威海齐东担保于 2021 年加入全省政府性融资担保体系，截至 6 月末，本年新增业务规模 11.41 亿元，新增备案业务规模 10.57 亿元，在保规模 16.55 亿元，排在全省第 13 位，累计备案业务规模 29.58 亿元，备案业务没有发生过代偿。威海齐东担保只运作直保业务，且大部分业务为威海市财政局主导的“信财银保基金”业务。威海齐东担保现有员工 5 人，全部为业务人员，组织架构不够完善，没有独立的风控、法务和财务，由威海产投集团统一管理。

威海市目前有 8 家融资担保机构，其中国有独资或控股的有 5 家，纳入全省政府性融资担保体系有 1 家，辖内所有担保机构注册资本金合计 21.025 亿元，该市尚未建立市级政府性融资担保体系。

二、经验做法

一是坚持政策性业务与市场化业务齐头并进，实现长期可持续发展。江苏信保集团和北京再担保作为最早一批成立的省级再担保机构，能够长期稳定发展，与其政策性业务与市场化业务协同发展的战略密不可分。江苏信保集团通过再担保业务发挥政策性职能，通过运作直保业务尤其是债券增信类业务获取利润，其资本金也主要用于购买自身担保的、高信用级别债券，收益率达到 6.5%，从而实现了总体平衡可持续发展。比如北京再担保成立 15 年以来，在行业代偿高发、没有政府代偿补偿和保费补贴政策支持的情况下，累计为 22 家担保公司 650 余个代偿项目提供了超过 13 亿元的补偿，其拨备覆盖率每年仍能维持在 100%以上。北京再担保主要依靠其创新业务和非融资性担保业务取得突破性进展，业务结构不断优化，创收能力持续增强，有效平衡政策性再担保主业的收益不足，为公司可持续发展创造条件。

二是以股权为纽带，建立紧密的、稳固的体系网络。江苏信保集团除了在全省 13 个设区市均设立了直担机构或分公司外，还将国担基金对江苏再担保 3.6 亿元的股权投资全额转投至 4 家地市担保机构，通过省市共建、指定转型、择优收购等方式，在省内控股了 7 家政府性融资担保机构，这 7 家机构的放大倍数均达到 7 倍以上，各项指标远优于行业平均水平，同时与省内 37 个县（市）区建立了股权合作关系，从而建立起覆盖全省的稳固的信用再担保体系网络，成为其政策性业务与市场化业务发展的重要基石。北京再担保直投的北京国华文科担保、北京石创同盛担保以及与其存在股权关系的中关村担保、首创担保也是目前北京再担保政策性业务的主要来源。

三是深化政担协同，形成政策合力打造拳头产品。江苏再担保近年来推出的“小微贷”“园区保”“环保担”等产品为其业务迅速上量、实现社会效

益起到了至关重要的作用，同时体现了政担协同在产品开发中的重要作用。北京再担保紧扣首都“四个中心建设”，与政府相关部门、金融机构和中介机构建立了顺畅的合作关系，自主培育了一批资质相对较好且具有一定准入门槛的优质客户资源，协同下属担保公司开发了“原创贷”“科创加速贷”“文创普惠贷”“演出贷”“影视贷”等支持科技、文化领域的担保产品。

以江苏再担保的“小微贷”产品为例，江苏省财政厅牵头组织将原本分散在各政银合作产品中的贷款风险补偿资金整合为一个资金池——江苏普惠金融发展风险补偿基金，统一为各类政银、政银担合作产品提供不超过贷款本金损失 80%的风险补偿，最大程度发挥财政资金的杠杆作用。省普惠金融发展风险补偿基金按照“1+N”的运作模式，在基金项下设立了多个子产品，首期推出“小微贷”“苏科贷”等 4 个子产品，聚焦支小、支科、支农，实行批量化运作的模式，针对贷款额度在 1000 万以内的小微企业，融资担保机构、银行、省市风险补偿基金、再担保机构分别按照 1∶2∶3∶4 的比例承担风险，通过设置 3%的代偿上限锁定风险，对银行和担保机构实行“白名单”准入制，有融资需求的小微企业必须通过普惠金融专版申请“小微贷”，线上实现申贷主体与合作银行、担保机构的融资对接。该产品自 2021 年底推出以来，平均每月新增业务规模近 100 亿元，累计业务规模超 1700 亿元。

四是搭建伙伴金融生态圈，构建合作机构“朋友圈”。江苏信保集团提出的“朋友圈”战略，先建立朋友关系，再成为好朋友，然后成为紧密的朋友，将各级政府、金融机构、企业等都纳入自己的“朋友圈”范围内，通过自身的平台资源与合作伙伴互利共赢。常州高新担保充分利用园区资源，结合常州高新技术企业比较多的特点，为园区内企业提供综合融资服务，并由当地政府提供代偿补偿，自身承担的最终风险仅为 10%。常州高新担保与银行建立了良好的合作关系，与部分银行的分险比例达到“64”甚至“55”，同时设立 3%的代偿上限，不需缴纳备付金。

五是狠抓人才队伍专业化建设，打造特色鲜明的企业文化。融资担保行业具有低收益、高风险的特征，对经营管理的专业化要求较高，通过与江苏信保集团和北京再担保经营管理团队的接触，调研组能够感受到两个团队的专业素养高、对行业认知深刻、经营管理的精细化水平高，营造的企业文化既贴近市场又务实高效。作为全国最早成立的一批省级再担保机构，江苏信保集团和北京再担保在专业人才培养和企业文化建设方面独树一帜。江苏信保集团始终坚持以高薪引进高素质专业人才，持续从银行、证券等机构引进优秀专业人才。北京再担保则始终坚持严格的风控理念，注重员工的能力培养，从单户单做、逐户尽调做起，坚持从基层培养专业干部，历经多年培养出一大批经营管理骨干，构建了能够保障公司战略实施的人才梯队，形成了具有北京再担保特色的企业文化，成为公司穿越周期仍能可持续发展的有力支撑。

三、问题分析

通过实地调研，直观地学习同行业省级机构的先进经验，对标对表，调研组对于企业自身存在的问题和发展中的短板有更加清醒的认识。

一是缺乏利润增长点，尚难以实现保本微利运营。集团公司始终坚持政策性定位，充分发挥财政资金杠杆作用，政策性业务量屡创新高，而作为国有企业，保持长期稳定可持续发展同样也是重中之重。2022 年，全国政府性融资担保机构净资产收益率为 0.8%，继续保持保本微利运行，而集团公司由于政策性业务的低收费及计提准备金的要求，导致年底报表始终显示企业处于亏损状态。市场化板块 2023 年刚起步，尚处于摸索阶段，对集团公司的利润贡献还没有得到显著体现，相较外省机构而言，集团公司资本金运作的利息收入还有一定的差距，资本金收益率较低，资本金未能得到充分利用。

二是集团各板块间协同作用有待进一步发挥。在过去的两年时间内，集团公司通过整合省级机构、探索改革发展路径，不断完善业务板块，从融资担保、非融资担保、科创担保到供应链票据，向集团化发展的目标不断迈进。但是目前集团各板块之间协同作用尚未得到充分发挥，各自为战情况明显，在战略定位和行动上尚未达成统一步调。江苏再担保推出的“园区保”综合金融模式，是其各板块充分融合、协同作战的典型案例，主要经验是：以担保作为切入点，将科技小贷、融资租赁、股权投资全部纳入服务方案内，结合园区内科创企业较多的特点，为企业提供全链条金融服务。

三是产品创新中政担协同作用发挥不足，缺乏爆款产品。目前集团公司的产品体系中不乏“专精特新贷”“电商贷”“进口贷”等符合政府部门支持产业发展导向的产品，但是政府对于产品的支持仅仅是对外公开的“白名单”，在贴息、风险补偿、保费补贴等方面均没有相应的支持政策，导致产品推广难度大，落地效果达不到预期，没有政担协同的爆款产品。

四是体系基础不牢固，缺乏有力抓手。目前我省体系建设主要还是采取了地市对省出资入股的模式，集团公司尚未向下对地市进行股权投资，仅以再担保业务分险作为纽带，在业务协同、风险防控、利益协调等方面缺乏强有力的抓手，体系基础比较薄弱，无法充分发挥体系合力。

五是体制机制不顺极大制约地方政府性融资担保功能的发挥。以本次调研的青岛和威海地区为例，青岛再担保的股东财通集团目前对于其业务拓展的主要顾虑在于，作为新设立的市级平台机构，还承担着很重要的融资功能，如果再担保业务规模增长过快，计提两项准备金后会影响其合并报表利润，从而影响其融资能力，因此对青岛再担保的要求是实现盈亏平衡。从青岛体系成员来看，目前青岛市 19 家国有融资担保公司中，国资系统控股的有 15 家，财政系统控股的仅 3 家，都受制于国有资产保值增值的考核要求。威海齐东担保隶属的产发集团归国资系统管理，要求担保公司“零代偿”，国资系统对国有资产保值增值的要求和政府性融资担保体系支小、支农准公共产品定位存在制度错配，不利于政策性担保业务扩面上量，政策性工具作用无法充分发挥。

六是风险防控能力有待进一步提升。当前，宏观经济发展内外部环境日趋复杂严峻，全球经济正在经历百年未有之大变局，不稳定不确定因素增多，经济衰退风险上升。虽然目前再担保业务代偿补偿率保持较低水平，但是随着业务陆续到期，代偿压力会逐渐加大。目前集团公司开展的再担保业务和直保业务以批量担保业务为主，而对批量担保业务的风险管控主要靠银行端把控，担保机构处于被动地位，对于批量担保业务风险的主动管理能力和手段有待进一步提升。以威海的“信财银保基金”业务为例，该业务累保规模近 30 亿元，未曾发生过代偿，得益于威海市财政局搭建的“信财银保”平台，该平台通过接入工商、税务、社保、水利、电力等部门的数据形成风控模型，通过系统打分分级的模式，匹配相应的授信额度以及银担分险比例。

四、有关启示和工作建议

一是建议集团公司加强顶层设计和战略规划，发挥各板块协作合力。目前集团公司的再担保业务、直保业务、非融业务、市场化业务等板块已建立，人员已配备到位，下一步各板块如何相互融合、相互配合协作、充分发挥各板块的优势，亟须从集团公司战略层面做好统一研判和规划，制定出清晰的发展路径。

二是建议加强与政府部门沟通，形成政担合力，打造爆款产品。目前集团公司与省科技厅正就科技担保产品风险补偿和保费补贴政策进行沟通，已取得突破性进展，建议以此为契机与省级相关部门加强沟通，对省级财政给予金融机构的小微企业贷款风险补偿政策进行统筹，效仿江苏模式推出相应产品，依托政府性融资担保体系放大财政金融效能。

三是建议加快推动对地市机构的股权投资工作，构建紧密型担保体系。为提高体系的向心力和凝聚力，增强体系成员的合作信心，结合国担基金股权投资要求，建议集团公司尽快制定股权投资方案，选择部分地市试点开展股权投资，放大股权的杠杆作用，持续夯实全省政府性融资担保体系基石。

四是从全省政府性融资担保事业发展层面，建议统　全省政府性融资担保机构归口，发挥财政资金杠杆作用。目前省级担保机构和大部分市级担保机构已归财政部门管理，且运行效果良好，结合国家对国有金融资本管理要求，建议由省财政厅出台相应的政府性融资担保机构管理指引，对市县级担保机构的归口做出统一要求，充分发挥政府性融资担保财政资金“放大器”功能。

五是持续推动数字化转型工作，进一步提高数字化平台的兼容度。根据省、市担保机构主管部门、监管部门要求，担保公司在开展补贴申请、年审等工作时需要提供相关的业务资料，因此建议在数字化平台尤其是银担直连的情况下，能够实现相关资料的推送。根据体系成员对数字化平台提出的需求，集团公司应对系统进行进一步更新和迭代，比如威海齐东担保提出，希望“信财银保”融资服务平台能够实现与直担业务系统的直连，业务全流程都实现线上操作。

（第八调研组组长：韩法才；主要成员：许可、周东波、孙超、陈璇、李鹏、吴昊、马彦华）

第二部分　“鲁担杯”“新时代新担保　新作为”主题征文活动获奖作品汇编

论文类

尊重规律、善立政策，科学构建新时代政府性融资担保体系

广东省融资担保业协会　张德本

我国担保行业发展30年，经历了20世纪90年代政府推动、本世纪初10多年市场化发展和2015年后政府性融资担保体系发展的三个周期，其中政府有形之手和市场无形之手交替发挥主导作用，充分体现了融资担保准公共产品属性的不可或缺。国务院“国发〔2015〕43号”文件《关于促进融资担保行业加快发展的意见》正式明确融资担保的“准公共产品属性”，首次提出“政府性融资担保机构”概念，为新时代政府性融资担保体系建设指明了基本方向。

近年来，各级政府在建设政府性融资担保体系过程中，采取了一系列有效措施，有力地促进了融资担保行业发展；但这些发展成果对比“国发〔2015〕43号”文件目标要求，仍然存在较大差距。主要表现为：没有充分尊重担保市场规律，原担保机构的“市场主导”基本原则没有充分体现，再担保机构的“政府主导”定位的思路不够清晰，财政有限投入难以满足担保市场的巨大需求，担保财税政策缺乏长期稳定性等。这些问题都对构建新时代政府性融资担保体系及其可持续长期发展产生较大的制约作用。笔者试图围绕上述目标和问题做一些深度分析探讨，旨在抛砖引玉，激发同行批评与共鸣。

一、只有充分尊重担保规律，才能保障新时代政府性融资担保机构可持续发展

近几年，各级政府在贯彻国务院“融资担保准公共产品”战略实践中，投入了大量公共资源，包括财政资金、人才队伍、担保政策等，政府主导在初期发挥着重要的积极作用。但同时，在尊重担保专业技术和担保客观规律方面相对不足，导致担保机构一方面对未来可持续独立发展信心不足，另一方面对政府财政支持产生强烈的依赖；一旦财政有限政策支持不能满足担保行业持续发展时，便对未来产生一些困惑和茫然。

（一）尊重担保市场需求规律，树立担保行业长期稳定发展预期并精准服务三类担保需求

1. 担保市场需求规律

担保市场需求产生的根本原因是市场经济条件下商品价值和使用价值在时空上客观分离。因此，产生三类担保需求：商品交易义务方需要增信、商品交易权利方需要分险、市场管理方政策工具需要提效。

在市场经济条件下，商品生产者提前投入的成本价值在未来能否交易收回，存在不确定风险，往往需要购买者提供定金担保；同样，商品购买者所购买的商品使用价值，在未来能否完整享有，也存在不确定风险，也需要生产者提供商品质量担保，即使是钱货两清的商品交易也不例外。因此，市场交易风险不仅是市场主体信誉、道德方面的主观风险，更是商品价值和使用价值内在的时空矛盾所决定的客观风险，是市场买卖双方都客观存在的交易风险。所以，市场主体客观上必然需要一种规避市场交易信用风险的金融工具——担保，来增信或分险。

2. 担保市场需求具有长期性和广泛性特征

担保市场需求，源自商品经济制度。我国已明确将在相当长的时期内实行社会主义市场经济制度，必然会产生长久而广泛的担保市场需求。

从时间上看，担保市场需求不是短期的历史产物，而将伴随着商品经济制度而长期存在。但社会各界将担保市场产生的原因归结为社会信用体系不

完善、银行信贷体制机制落后等，这一错误认识影响担保行业的可持续发展。据中担协《中国融资担保业发展报告》抽样分析：担保机构经营年限 10 年以上的占 18.4%、5~10 年的占 36.35%、5 年以内的占 45.25%，在一定程度上反映了担保各相关者对担保机构经营短期理念及其行为的结果，甚至导致众多担保机构破产倒闭，造成无数财产损失和人才浪费。因此，尊重担保市场需求规律，就必须建立担保机构长期行为目标机制，必须维持担保政策的长期性和稳定性。

从空间上看，有商品交易的地方就有交易信用风险存在，交易者为规避风险必然产生对担保增信和分险的需求。可见，担保市场需求空间具有广泛性。融资担保需求之所以优先出现并成为主要担保产品需求，是因为融资产品的价值和使用价值在时空上分离程度更大，交易时间多为一年，甚至几十年；交易空间多为国内，甚至全球。交易特征是交易价值非对价的单向转移，其交易信用风险远大于一般商品交易，更需要一些风险管理工具——担保，来对冲融资交易的高风险。担保需求种类除融资担保需求以外，还有更广泛的担保市场需求空间，包括：商品购销担保、工程担保（履约、支付、预付、分包、房地产预售资金、旧改、PPP、BOT 等）、诉讼担保、投标担保、质量担保、工资担保、关税担保、预售电担保、电费担保、其他担保等。非融资类担保的主交易单一且风险低，担保置换保证金产生的融资效用更大、融资成本更低。因此，尊重担保市场需求规律，在做好市场最迫切的融资担保需求服务的同时，也必须看到非融资类担保的更高融资价值，根据担保市场需求创新各类担保服务产品。

3. 担保市场的三类基本需求

任何市场交易合约从法律关系看，总是一些权利和义务的交换，而且这些权利和义务交换在时点上往往不同步，从而出现权利和义务时间错配，需要担保来为“义务”主体提供增信、为“权利”主体提供分险。同时，促进市场交易和经济发展，是市场管理者——政府的一项“天然”职能义务，世界各国政府都为此提供一系列的公共服务来履行自己的“天职”，以促进经济发展、增加财政收入和就业机会。而担保产品的主要“使用价值”就是解决商品价值与使用价值时空分离的风险问题而促进市场交易成功，因此，担保“天然”地具有“公共产品性质”。所以，担保市场客观存在三大基本需求。

担保增信需求。市场交易的义务履行者，为让交易对手相信自己的履约信用能力，促成相互间市场交易，一般有两方面的具体信用增级需求：一是信用咨询评级服务。中小企业如何加工整合自身信用资源，使之成为专业化的金融产品或半成品，能够对冲部分交易风险，希望获得金融机构认可。包括：信用咨询、信用评级。二是信用担保服务。中小企业希望专业的担保机构运用担保机构独有的信用品牌、资本实力以及个性化的担保产品服务，直接为其提供信用增级的担保服务，对冲其在今后交易义务履行中可能出现的信用风险，并且使交易对手完全相信该合同交易不会带来风险损失。

担保分险需求。市场交易中的权利拥有者，为保障自己权利的有效行使，控制交易风险，放心进行市场交易，一般也有两方面降风险需求：一是管理风险需求。希望专业担保机构能够帮助其识别风险、评估风险、监控风险、处置风险等，拥有系统的、专业的、有效的风险管理技术方法，来控制降低其交易风险，扩大其主营产品的交易规模。二是对冲风险需求。希望专业担保机构拥有雄厚的资本实力、风险准备金和代偿能力，以担保代偿等法律合约形式，为其提供对冲或降低交易风险的担保，增强其交易资产流动性，保障其交易资产安全。

政策增效需求。市场交易管理者——政府，在降低交易成本、促进市场交易和经济发展中设计公共政策服务，需要动用一定的公共资源；公共政策效果与公共资源投入的比较，是政府追求的公共政策效率。政府运用有限的公共财政资金作为担保基金，缓解中小企业融资难的问题，为大企业发展提供供应链配套，推动技术进步，间接增加就业机会和财政收入，是一项“四两拨千斤”的高效公共政策，已成为各国政府的共识。

尊重担保市场需求规律，担保机构一是充分了解中小企业增信需求本质，熟练掌握担保增信两种服务的专业技巧；二是充分了解信用风险变化规律，熟练掌握两类风险管控的专业技术和技巧；三是充分了解政府政策资源、目标和方法，帮助和参与各级政府担保政策工具设计，包括：免税政策、担保基金、担保费补贴、担保风险补偿等。

（二）尊重担保市场供给规律，进一步完善担保产品业务模式

1. 担保市场供给规律

担保市场供给的担保产品，是一种非标准化的信用衍生产品，可用来分离和转移市场交易中的信用风险，具有信用产品四大特征，服从信用变化正反馈机制，遵循期权交易模式及其风险定价模型。

在国外，标准化信用衍生产品发展非常迅速，如信用违约互换（CDS）；在国内，标准化信用衍生产品发展开始起步，近十年来人民银行在银行间交易市场试行“信用风险缓释工具（CRM）”，预期将来必有广阔的应用前景。作为担保市场供给的主要产品——融资担保，“是破解小微企业和‘三农’融资难融资贵问题的重要手段和关键环节，对于稳增长、调结构、惠民生具有重要作用”（国发〔2015〕43号），已成为金融体系下“一个有活力的独立行业”（原银监会“银监办发〔2009〕57号）。著名金融学专家巴曙松在“2004中国担保论坛”演讲指出：“专业担保是管理信用风险的有效手段和重要支撑之一，是降低金融市场交易成本、促成有效的市场交易完成的重要金融工具之一。专业担保机构应有更大的机会在未来我国金融创新产品中成为担保服务提供的主力军，成为一系列金融创新重要的参与主体和推动者之一。”

2. 担保产品具有信用产品四大特征

信用产品本质包含哪些要素？我国古代有此说法：“人之道德，有诚笃不欺，有约必践，夙为人所信任者，谓之信用”，这是从道德规范方面定义信用，即说话算数，履行诺言。经济学从一般特征上认为，信用是债权债务关系的总和，信用是一种以还本付息为条件的特殊价值运动，其特殊在于“还本付息条件”和“价值单向让渡”。上述的理论和经验对信用产品的描述，较多的是描述信用产品概念的外延特征和商品价值交换形式的特殊性，没有充分揭示信用产品价值交换的基础——使用价值的本质特征，因而具有一定的局限性。

信用产品的本质，是一种他人认可的未来的履约意愿和履约能力，是一种无形资产商品，具有价值和使用价值。价值包含需要信用主体投入的被社

会认可的管理成本、信息成本和风险成本。使用价值包括：分离和转移信用风险、信用增级、政策工具增效。因此，信用产品本质包括以下四个特征。

第一，信用产品是由“他人认可”，由使用者决定，而不是信用主体自己说了算。这与商品价值以使用价值为物质基础的经济学原理是一致的。尊重此规律特征，就要求信用主体应充分披露自身信用信息，避免由于信息不对称带来的交易双方认知的矛盾。

第二，信用产品交易一般都是一种远期交易，信用产品的使用价值作用时点在“未来”，在信用交易签约时刻之前不能完全准确地检验信用产品的使用价值是否存在。尊重此规律特征，担保从业人员应认识到：信用调查客户历史信用信息，只是作为对信用产品“未来的”使用价值的判断参考，信用信息不对称对“未来”具有绝对性。尽职调查只是尽可能了解历史信息的真实性，即使是应用“区块链”信息技术还原历史信息真实性，也无法解决信用风险的未来“信息不对称”问题，故信用风险永恒存在。

第三，信用产品包含着信用主体的主观“履约意愿”，它是最难被认识的，也是多变的，但这又是决定信用产品使用价值的关键所在。尊重此规律特征，就要看到这是信用商品与一般商品相比最大的特点，专业担保人员还要精细地看到担保与保险的根本区别：保险业务模式是“最大诚信原则”、主观风险免责、不存在反保险对冲、赔偿客观风险损失；而担保业务模式则是“最小诚信原则”、评估主观风险、设置反担保对冲、代偿主客观风险损失且追偿。

第四，信用产品的物质要素，是信用主体投入在信用产品上的一种客观的、可计量的物质条件，包括有形的物质要素，如财富积累、财产价值等；以及无形的物质要素，如创造财富能力、所处客观环境等。这些物质要素，既决定信用主体的“履约能力”，也是反担保追偿权行使的物质基础。尊重此规律特征，应看到信用担保不是一个“纯精神”产品，是包含“物质要素”的信用产品，更不能违反规律、不考虑物质条件就开展担保业务，更不能取消信用保证反担保要求。

3. 信用变化规律是一个持续正反馈机制过程

信用的形成，需要大量的信息和时间，要一点一滴地积累，是一个信用价值和使用价值不断互动增长的正反馈良性循环过程；信用的破坏，只要很少的信息和时间，而且是“雪崩式”急剧破坏，是一个信用价值和使用价值不断互动急剧衰减的正反馈恶性循环过程。

良好的信用价值投入记录，能增加信用使用价值，增加的信用使用价值又促进信用主体更加自律约束、价值投入记录更加良好，这是一个良性循环的持续正反馈机制过程；不良的价值投入记录，会降低其信用使用价值，降低的信用使用价值又会造成个别用信者恐慌，进而会传染更多的用信者恐慌，从而急剧降低信用主体的履约能力和履约意愿，导致履约记录恶化，这是一个恶性循环的持续正反馈机制过程。

尊重信用变化正反馈机制规律，一方面，担保机构经营信用产品，要坚持谨慎性原则和严格自律原则，树立信用“无小事”意识，管理担保机构员工行为和形象，注意担保机构信息披露和一系列经营行为对用信者的影响，政府性担保机构特别要防止行政干预；另一方面，担保机构要按照及时性原则，实时掌握和维护客户信用风险保持在良性循环的信用增值状态，如果发现客户信用风险变化进入恶性循环的急剧衰减状态，则应及时采取断然措施控制风险，丝毫容不得半点懈怠和犹豫。

4. 担保产品交易模式是一种定向的期权互换

融资担保期权是担保机构为了保障银行贷款债权安全，以贷款债权和担保人信用为基础资产的一种衍生金融产品，是担保机构定向对银行出售的一种贷款债权或“卖权”。银行之所以需要购买或要求借款人购买这种贷款债权的或有卖权合约给自己，是因为担心贷款债权价值到期出现风险而“跌价”。因此，担保期权属于一种非标准化的“看跌期权”。担保机构之所以能够出售这种“卖权”，是因为其具有相适应的担保资本和风险控制能力等信用无形资产作为“备用”基础资产，优质担保机构的这种“卖权”，即担保产品，尤如一根“钢绳”帮助银行控制和对冲贷款风险。

反担保期权与担保期权类似，是为对冲担保风险，以担保期权和反担保人信用为基础资产的一种衍生金融产品，是被担保人及其相关反担保人对担保机构定向出售担保期权的一种可选择“卖权”。不过，反担保期权比较复杂，其重要物质基础是被担保人的信用资源，如一台设备、一笔应收账款或一项个人保证等，一般表现为多项合同期权组合。每一项合同期权尤如一根“麻绳”，多股“麻绳”的期权组合，基本接近担保期权“钢绳”强度，可控制和对冲担保期权的大部分风险。

银、企、保三方的担保期权互换的交易模式。被担保人提供的反担保期权比较分散，相对价值较低，需要组合起来并交纳一定担保费和政府补贴补偿作为期权费，才能交换到担保机构出售的担保期权，再加上利息支付，去交换银行的贷款。在利率完全市场化条件下：担保期权费应当由期权受益人——银行支付，来购买担保期权，对冲转移其过高的贷款风险；担保机构对反担保期权也应当购买，对冲其过高的担保风险。这样，银、企、保三方的担保期权互换关系才属正常市场交易关系。因此，担保费本质就是担保机构买卖两种期权的价差。

尊重担保期权交易规律，首先，应尊重担保产品按期权定价原理对担保费进行风险定价，只有担保费（含政府付费）覆盖风险成本和运营成本，才能保障担保机构可持续发展；同时应纠正担保费的习惯错误计价时间“主债务期限”，参照银行和保险的担保业务正确计价时间，调整担保费计价时间为“担保责任存续时间”，恢复“担保费”本来客观面目。其次，应认为反担保措施不可或缺，这是担保法律赋予担保人的对冲担保风险的法定权利，也是分散担保风险的主要途径，更是担保前风险测试的重要方法。

（三）尊重担保机构无形资产运作规律，突出担保风控专业技术核心作用，通过政策增效平衡担保机构风险与收益

1. 融资担保机构无形资产运作规律

融资担保机构专司资金风险价值管理，其核心竞争力是风控技术及专业人才经验所构成的表外无形资产，而非资本金；决定担保机构无形资产经营平衡状态的重点因素也在表外：或有资产的有效价值+风险准备金=或有负债的有效债务。

任何投资所占用的资金，一般有两个基本价值回报：一是资金时间价值，即无风险回报，如存款、国债等，按占用时间计价；二是资金风险价值，即超过无风险回报的风险溢价回报，如担保产品、信用违约互换（CDS）、信用风险缓释工具（CRM）以及债券和股票的风险溢价等，按风险大小计价。随着金融产品创新和金融市场分工细化，资金的风险价值管理日益脱离时间价值管理而独立存在，担保机构正是适应这种规律发展需要而成为专门从事资金风险价值管理的金融机构。

担保业务运作，通常不需要资本或营运资金的直接参与，是围绕被担保人风险的识别、评价、测试、控制和处理等一系列的风险管控工作，核心是风控技术和人才经验等无形资产，资本金处于不周转的“休眠”货币形态。担保业务经营流转表现为“流出”大量担保合约所承担的或有负债，“流进”大量反担保合约所控制的或有资产，二者均为无形的权益或义务；“无形的”或有负债和或有资产，转化为“有形的”代偿和追偿的流转资金比例，一般在5%以内，即业务流转中无形资产约占95%。依照担保法律和实际情况，担保机构的或有资产不会大于或有负债，通常表现有风险敞口，需要通过计提风险准备金加以平衡。

尊重担保机构无形资产运作规律，决定着担保机构从经营理念、企业文化到管理制度、业务模式及具体的经营行为，都与以有形资产运作为主的一般工商企业有着本质的区别。虽然担保机构初期，由于无形资产积累尚未完成，货币资本是主要的，但从长期来看，则人力资本及其风控技术为第一核心资本，企业文化要突出“以人为本”，业务考核方式要适应风险责任和高等人才的特征。

2. 担保机构风险具有矢量特征，按矢量组合可显著降低风险

担保风险虽然是无形的、难以认知，但根据马科维茨资产组合理论可推论出：担保风险特征不仅有大小，而且有方向，具有“矢量”特征。

从最简单的两项担保资产（反担保亦然）开始分析，设A、B两个担保项目资产矢量夹角 θ，形成组合担保资产矢量为 P，σ 表示相应担保资产的风险（标准差），X 代表相应单项担保资产的持有金额权重，$X_A+X_B=1$。设A、B相关系数为 ρ_{AB}，根据马科维茨资产组合理论和数理统计原理可知：

$$\sigma_P^2=X_A^2\sigma_A^2+X_B^2\sigma_B^2+2X_AX_B\sigma_A\sigma_B\rho_{AB} \tag{1}$$

由于ρ_{AB}连续取值范围在-1与+1之间，$\cos\theta$亦然，且二者一一对应，故可设

$$\rho_{AB}=\cos\theta \tag{2}$$

将（2）代入（1）有：

$$\sigma_P^2=X_A^2\sigma_A^2+X_B^2\sigma_B^2+2X_AX_B\sigma_A\sigma_B\cdot\cos\theta$$

再根据三角函数理论恒等变形有：

$$\sigma_P^2=X_A^2\sigma_A^2+X_B^2\sigma_B^2-2X_AX_B\sigma_A\sigma_B\cdot\cos(\pi-\theta) \tag{3}$$

结合下列图1、图2、图3，观察（3）式，完全符合图2、图3按几何学余弦定理公式，这充分说明风险矢量的几何运算与现代资产组合理论的数理运算完全一致。故“担保风险的矢量特征”成立。矢量夹角θ几何意义与相关系数ρ_{AB}实际意义，通过以下分析也是一一对应的。

从矢量求和的几何原理看，设A、B两个风险矢量方向差异，可用平面上夹角θ［0，π］来衡量。如图1。

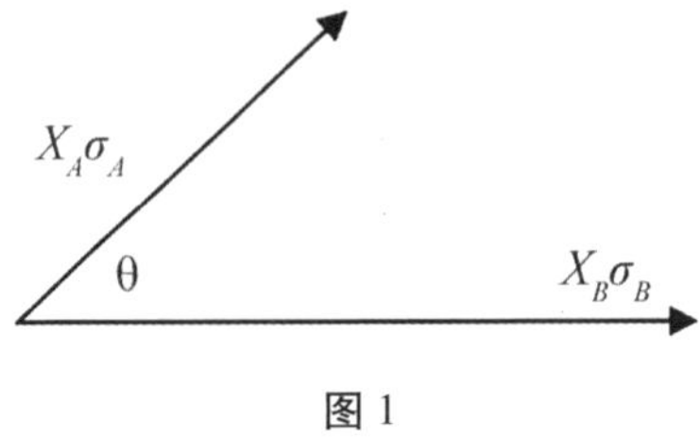

图1

平移$X_A\sigma_A$矢量后几何相加有：$\sigma_\rho=X_A\sigma_A+X_B\sigma_B$（矢量式）。如图2。

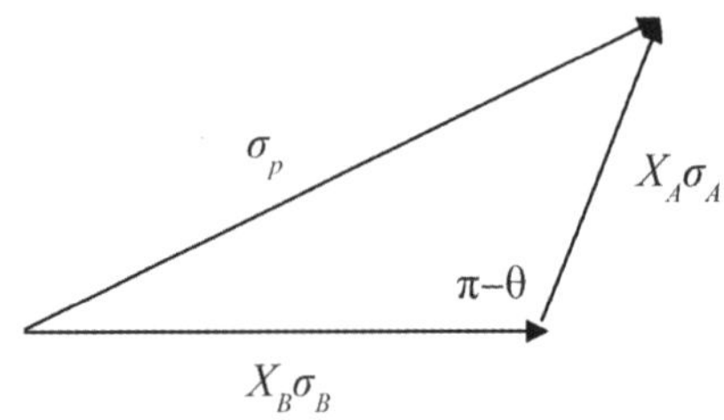

图2

显然组合资产风险σ_ρ得到降低。根据三角形原理，σ_ρ大小总是小于两个

单项资产风险大小之和，即 $|\sigma_\rho| \leqslant |X_A\sigma_A| + |X_B\sigma_B|$。

当 $\theta=0$ 时，$\rho_{AB}=1$，两风险矢量同向重合，相互叠加，完全正相关；$|\sigma_\rho| = |X_A\sigma_A| + |X_B\sigma_B|$，如对同一企业的同时两笔担保业务情形，$\sigma_A$ 在 σ_B 方向上有同方向完全投影，没有任何分散和降低，犹如选择被担保人股权质押的无效反担保措施。

当 $0<\theta<\pi/2$ 时，$0<\rho_{AB}<1$，两风险矢量有同向投影，一般正相关；$|\sigma_\rho| < |X_A\sigma_A| + |X_B\sigma_B|$，如对关联企业的两笔担保业务情形，$\sigma_A$ 在 σ_A 方向上仍然有同向投影，故风险有分散，但没有充分分散，这就是担保监管部门关于担保集中度规定的理论依据。

当 $\theta=\pi/2$ 时，$\rho_{AB}=0$，两风险矢量只有点投影，相互独立，不相关；$|\sigma_\rho|^2 = |X_A\sigma_A|^2 + |X_B\sigma_B|^2$，如对相互独立企业间的两笔担保业务情形，$\sigma_A$ 在 σ_B 方向上没有同方向投影，故风险得到充分分散。

当 $\pi/2<\theta<\pi$ 时，$-1<\rho_{AB}<0$，两风险矢量有反向投影，一般负相关；$|\sigma_\rho| < |X_A\sigma_A| + |X_B\sigma_B|$，如对有一定“此长彼消”负相关企业间的两笔担保业务情形，σ_A 在 σ_B 方向上有一定的反方向投影，故此时两个风险有一定的对冲作用。如图 3。

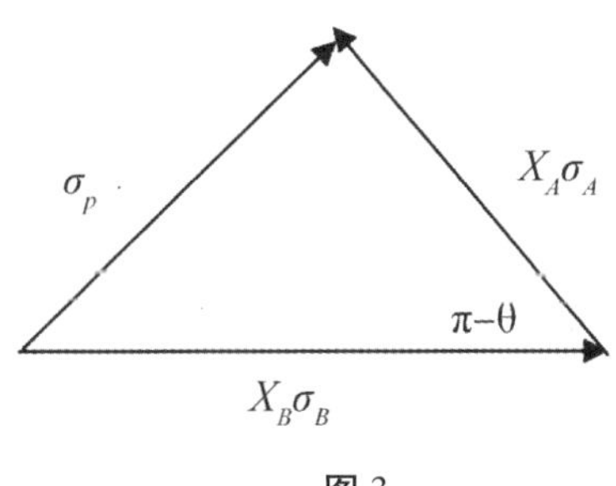

图 3

当 $\theta=\pi$ 时，$\rho_{AB}=-1$，两个风险矢量反向重合，相互对冲，完全负相关；$||X_A\sigma_A| - |X_B\sigma_B|| = |\sigma_\rho|$，如担保与反担保，具有完全的反方向投影，故此时两个风险有直接对冲作用。

多项资产组合证明的推广，可通过 A、B、C 三项资产组合证明，只要用 C 与 P（A+B）两项资产再组合，重复上述过程，即可得到证明。如此类推，可得到 n 项资产的组合证明。

“风险的矢量特征”，运用几何原理可形象地反映两个风险变量的“同向叠加”“异向分散降低”“反向对冲”及其连续变化的特点，完全符合担保组合风险的实际变化规律。

尊重担保风险矢量规律，从理论上反映担保机构是可科学运用风险管理技术实现控制和降低风险目标的；同时看到担保机构的核心竞争力不在于资本金，而在于人才和风控技术；反之，如果担保机构依靠资本金承当风险损失，就会出现投资悖论，因为无论是政府投资者还是民间投资者，其投资目标都是保值或增值。所以，担保机构必然是依靠风控技术，通过分散和调整担保风险方向、分散和调整反担保风险方向等风控技术措施，实现有效控制和降低担保业务风险，从而达到担保资本保值增值的经营目标。

风险矢量组合理论还告诉我们一条重要理论原理：担保机构的担保总风险充分分散后会显著降低，但总收益在风险充分分散后却没有相应减少。这就是担保机构存在及其盈利模式的理论依据之一，特别是当前批量担保风控模式的重要理论依据。如图 4。

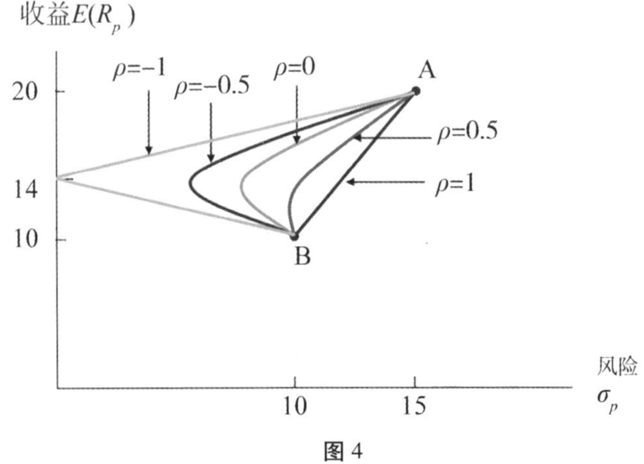

图 4

3. 担保机构风险与收益，在政策增效“反哺”支持下实现平衡

担保机构风险与收益关系，在社会广义上是高风险对称于高收益，但在担保机构狭义上是高风险不对称于低收益。

为分析担保机构的风险与收益关系，把利息和担保费看作担保贷款整体的收益来分析。如图5。

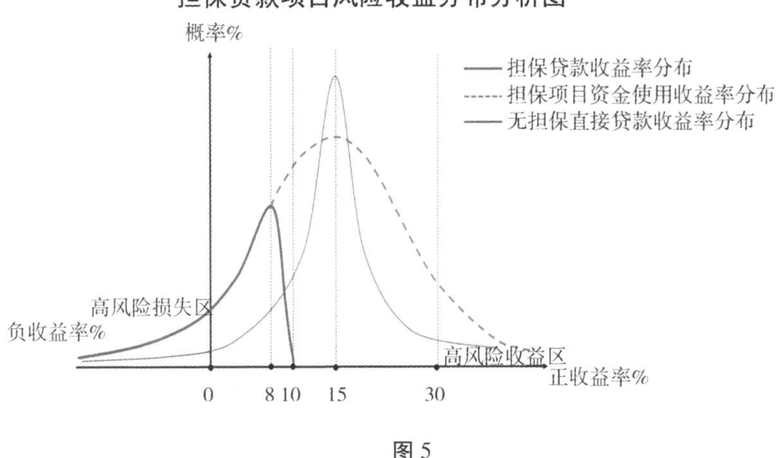

图 5

粗实线，表示担保贷款的收益与风险分布，从担保机构的狭义角度看，显然它的风险与收益分布严重不对称，表现为损失的单边分布；左边“高风险损失区”表示少数中小微企业经营失败而导致该部分担保风险可能达100%贷款损失，而担保贷款的利息与担保费之和，即收益一般在8%左右，最高不超过10%，其中贷款利息率约6%、担保费率约2%。

虚线，表示中小微企业获得担保贷款资金使用的收益与风险分布，它与粗实线表示担保贷款的收益与风险分布的左部分，构成一条完整的正态分布曲线，从广义上体现了“高风险、高收益”的普遍原理。中小微企业担保贷款资金的收益率大部分在15%左右，少数部分可能达到30%以上。总之，大部分中小微企业在担保贷款支持下实现高成长、高收益的社会效果，具体表现为中小微企业上缴税金增长、就业增加和利润增长等。从担保商业化角度看，担保机构也可在“高风险收益区”创新担保产品，如担保换期权、担保加分红等方式，以平衡担保风险与收益的敞口。

细实线，表示没有担保机构担保的银行直接贷款的资金使用收益与风险分布，显然它的风险波动性（标准差宽度）小得多，因为银行受“储蓄资金风险偏好”本能约束，按照资金时间价值管理模式必然要求贷款选择优质客户或具有风险完全对冲的抵质押担保措施。虽然银行直接贷款资金使用在“高风险损失区”也有一小部分损失面积，但比担保贷款资金使用的损失面积要小得多。从理论上充分说明各地实践中“政银担合作模式”比“政银合作模式”更科学合理，担保机构比银行应拥有更多政策扶持。

从担保风险与收益分布规律看，中小微企业担保贷款资金使用，在广义上体现了“高风险、高收益”原理特征，这就是世界各国政府都把中小企业融资担保视为公共产品或准公共产品的理论原因，也是财政政策对担保机构给予风险补偿补助和免税的理论依据。因此，融资担保可作为政府管理经济，特别是支持中小微企业发展的高效政策工具。地方各级政府可充分利用担保政策杠杆，引导金融资金多流向中小微企业，流到符合地方产业政策的方向上，促进地方产业结构优化升级，促进经济增长、就业增加和财政收入提高。

融资担保作为促进中小微企业发展的高效政策工具，理论上是能够可靠计量的。《广东省融资担保行业发展调研报告》（2022 年）反映：根据广东省公布的统计年鉴计算得出私营工业中小微企业相关财务指标，流动资金年周转 1. 96 次、上缴税金占营业收入比例 3. 58%、利润总额占营业收入比例 4. 65%、员工人均占用资金 66. 54 万元。据此保守测算，每年增加 100 万元担保融资，可增加企业营业收入 196 万元、可增加上缴税金 7. 02 万元、可增加企业利润总额 9. 11 万元、可增加企业就业人数 1. 5 人。同时，还促进中小微企业与地方支柱产业大中型企业供应链配套和技术进步，降低政府对社会失业救济的财政支出。

仅从广东案例融资担保财政贡献率 7. 02%看，各级财政合计如果拿出其中 2%左右作为担保费奖补是完全可行的，“反哺”担保机构以平衡担保机构风险与收益，促进担保机构可持续发展；即使这样，政府通过融资担保准公共政策所获得的社会效益仍然巨大。所以，各国政府都利用担保政策，既可保障政府财政有限责任，屏蔽政府财政风险，又可放大政府扶持中小微企业专项资金的政策工具效用，引导社会资金流向中小微企业。

二、只有按照准公共产品战略定位，科学设计担保政策并制度化、法治化，才能保障新时代政府性融资担保体系长期稳健运行

近几年各级政府在贯彻落实国务院“融资担保准公共产品”战略过程中，通过设立国家融资担保基金，完善各省再担保机制，充实地市担保机构资本金，建立政银担风险分担机制等一系列措施，初步建立了政府性融资担保体系。但在体系建设方面，存在一些亟待落实和解决的问题，相关政策也没有形成制度，在一定程度上制约了政府性融资担保体系的长期稳健运行，需要科学系统地设计融资担保准公共产品的相关政策。

(一)参照PPP模式财政政策，吸引社会担保资本专业经营，完善省级以下政府性融资担保机构资本结构

1. 政策分析

一是PPP模式有成熟政策和显著优势。中国及世界大多数国家政府，在向社会提供一般公共产品服务时，多采用PPP模式。国务院及财政部等部门就在社会公共产品领域大力发展PPP模式而下发了一系列政策文件，规范我国PPP模式健康发展，拓展了融资担保政策空间和想象力。PPP模式既可弥补政府资本有限性，又可提高公共产品服务效率；既可依托政府资本公共信用背景规范运作，也可发挥社会担保资本专业优势，扬长避短，集优发展。

二是融资担保准公共产品定位适合PPP模式。国务院“国发〔2015〕43号”文件将我国融资担保定位为“准公共产品”，政府部门按照“政策扶持与市场主导相结合”的基本原则给予大力支持，“培育一批有较强实力和影响力的融资担保机构”作为主力军，开展兼并重组，发挥资本、人才、风险管理、业务经验、品牌等方面的优势，做精做强，引领担保行业发展，充分体现了PPP模式的思想。“准公共产品”比“公共产品”更应考虑利用市场机制和社会专业资本，担保行业“主力军”品牌担保机构，按PPP政策要求参与异地PPP担保机构的专业担保社会资本竞争，不仅可行而且能避免垄断与低效问题。

三是融资担保风险责任特征需要PPP模式的市场化机制。担保机构资本

结构反映资本组织文化的人格化，而资本人格化特征决定着担保机构的经营理念和经营方向。担保机构是“经营信用、管控风险”的专业机构，风险责任很大，不同于一般无风险的政府公共服务机构，没有一定的分配激励机制和责任约束机制，很难保证担保员工积极性和风险责任担当机制，进而很难保证担保机构可持续发展。

四是担保行业实践案例已经体现了 PPP 模式思想的应用。相关省份在实践中已经自发应用 PPP 原理组建了许多“准 PPP 型”政府性融资担保机构，大都运作较好。如广东省的中山银达担保公司、中山中盈盛达担保公司、云浮普惠担保公司、粤财普惠担保公司等，都是充分运用专业担保社会资本的专业人才和专业经验的实践案例，主要经营指标超过全省担保机构平均水平。国内许多省份正在推进市县一体化融资担保体系建设，也是充分利用市级优秀担保机构专业技术和专业经验，而不是资本金的简单合并，这些实践探索都包含 PPP 模式原理和思想。

五是各级政府投入担保资本金来源有法律法规保障。《中华人民共和国中小企业促进法》规定：“县级以上人民政府应当建立中小企业政策性信用担保体系，鼓励各类担保机构为中小企业融资提供信用担保”。国务院令第 683 号《融资担保公司监督管理条例》规定：“各级人民政府财政部门通过资本金投入、建立风险分担机制等方式，对主要为小微企业和农业、农村、农民服务的融资担保公司提供财政支持”。国务院国发〔2015〕43 号文件规定：“落实财税支持政策。落实好融资担保机构免征营业税和准备金税前扣除等相关政策。综合运用资本投入、代偿补偿等方式，加大对主要服务小微企业和‘三农’的融资担保机构的财政支持力度”。

2. 政策思路建议

一是按照国家 PPP 政策精神和原理，结合担保运营规律和实际，创新政府性融资担保机构的资本组织模式，完善现有部分“准 PPP 型”政府性融资担保机构；新设政府性融资担保机构，一律采用公开招标机制，优选非本级政府直接隶属的社会专业担保资本。按担保资本 PPP 模式设立或重组政府性融资担保机构（SPV），作为落实融资担保“准公共产品”战略中担保资本的主要实现形式。

二是规范稳定PPP型政府性融资担保机构的财政政策，如政府财政投资的股权占比一般在30%左右，参照广东省政府相关文件规定的政府资本作为优先股让渡分红政策，明确担保收费标准及其财政担保费补贴标准、担保风险补偿机制政策等，并在招投标竞争中形成稳定的担保政策。

三是科学制定PPP型政府性融资担保机构的绩效考核机制，社会效益指标包括：新增中小微企业的营业收入、净利润、上缴税金、就业人数等，具体计算参数以当地政府统计年鉴数据为准。担保机构（SPV）考核指标包括：担保融资规模、相关产业政策担保指标、收费标准有无超限、国有资本安全情况、风控指标情况等。担保人才考核指标包括：业务绩效考核、担保合伙人担责收益考核。

四是科学选择专业担保社会资本及其团队，按照国务院国发〔2015〕43号文件要求，选择资本人才综合实力较强、业务风控影响力较大的品牌担保机构，特别是在担保专业人才上应具有显著优势的。因为担保机构以无形资产为主，人才是最核心的竞争力，风控技术和业务经验都凝聚在担保专业人才身上。选派的职业经理团队核心成员，必须具有10年以上担保从业经验并担任过融资担保机构中高层管理者。如果专业团队能够出资10%股权作为优先承担经营风险责任的财产基础，则可考虑让专业团队作为独立社会专业资本代表参与PPP型担保机构投标竞争，同时配套建设适度的激励机制和约束机制。

(二)建立科学合理的担保费补贴政策及其稳定长效机制，调节担保机构经营预期，提高担保政策效率

1. 政策分析

一是融资担保作为准公共产品，政府目标收益巨大，应明确给予担保费补贴的稳定政策支持，国家相关政策虽然也有规定，但需要明确稳定才能产生政策预期效果。

二是担保风险与担保收益，在担保机构层面是不对称的，但在社会层面是对称的，而且是高风险、高收益；担保费财政补贴，只是取之于担保推动经济发展所带来社会效益之一的税收增量一部分，“反哺”担保机构以平衡其风险与收益不对称的一部分敞口。

三是当前担保费补贴政策不仅不稳定、不完善，而且各级财政之间担保费补贴政策没有联动，从而造成各地区政策很不均衡、不稳定；不能对担保机构经营行为给予明确预期，不能事前调动其拓展融资担保业务积极性；担保机构视其为意外事件，故政策调节效率很低。

四是当前担保费计价标准很不规范，既没有反映风险定价，也没有做到科学合理计价，担保费计价时间与担保合同的担保责任期间严重脱节，长期错误采用了银行贷款合同的贷款期限，造成担保费计价时间大大缩短及其担保费计算结果人为虚高。

2. 政策思路建议

一是科学测算全国担保行业担保业务平均成本，包括风险成本、人力成本、经营成本和资本成本，科学确定能够覆盖成本的担保费合理水平。

二是明确财政对政府性融资担保机构担保费补贴的总标准及其各级财政分摊比例的补贴标准，对经济相对落后地区可提高担保费补贴标准，可参照农业担保机构标准设定，务必形成担保机构经营稳定预期，然后再要求担保机构担保费收费减费让利的幅度。

三是各级财政要按照担保规模计划，测算各级财政担保费补贴资金预算，地方财政对服务不同地方产业的中小微企业可制定差异化的补贴标准，按月或按季依据担保实际业绩兑现担保费补贴资金，支持担保机构在适度竞争下进一步降低担保收费标准。

四是规范担保费计价模型，年化担保费率＝担保费金额/［担保责任金额×担保期间（年）］，保障担保费计费时间与担保责任实际时间一致，防止担保费标准被人为计算高估，规范担保机构收费标准。

五是明确担保费补贴用途是补充担保机构风险准备金，增强担保机构抗风险能力，不允许进入当年利润分红，也不能对担保费补贴再次征税。

（三）发挥政府主导作用，构建科学合理的再担保体系，制定担保风险补偿政策，发挥“再担保稳定器”作用

1. 政策分析

一是融资担保作为准公共产品，考虑融资担保机构的收益与风险不对称，其不对称部分的收益需要补偿才能可持续发展，因此担保机构必须是“油灯”持续型而非“蜡烛”燃缩型，政府作为市场管理人，按科学合理的“油耗定额”给“油灯”定期“加油”。

二是需要进一步落实国务院国发〔2015〕43 号文件要求：发挥政府主导作用，推进再担保体系建设……构建国家融资担保基金、省级再担保机构、辖内融资担保机构的三层组织体系……鼓励有条件的地方设立政府性担保基金，实现小微企业和“三农”融资担保风险在政府、银行业金融机构和融资担保机构之间的合理分担。

三是当前再担保机构大多数“政府主导”定位思路不够清晰，没有按照国发〔2015〕43 号文件要求充分“发挥再担保稳定器作用”，没有把“有效分散融资担保机构风险”作为主要职能；同时也没有完全“取消盈利要求”考核，没有充分落实再担保风险补偿政策；从而导致部分再担保机构通过直接担保业务盈利来实现自身盈利目标，造成担保市场“虹吸现象”严重，与直接担保机构产生业务冲突。

四是地市和县区的担保风险补偿政策发展不平衡，有些地市或县区已经建立担保风险补偿资金或融资担保基金，分散融资担保机构风险。很多地区还没有完全贯彻落实《中华人民共和国中小企业促进法》规定“县级以上人民政府应当建立中小企业政策性信用担保体系，鼓励各类担保机构为中小企业融资提供信用担保”和国务院令第 683 号《融资担保公司监督管理条例》规定“各级人民政府财政部门通过资本金投入、建立风险分担机制等方式，对主要为小微企业和农业、农村、农民服务的融资担保公司提供财政支持”，造成担保风险补偿政策地区发展不平衡。

2. 政策思路建议

一是各省财政要求尚未建立担保风险补偿政策的部分地级市和县区，尽

快向先进地区学习，建立融资担保基金或担保风险补偿资金，对政府性融资担保补偿 10%~20%风险，确保各级政府的再担保补偿或风险补偿资金的分险总比例不低于 70%，担保机构自担风险比例 20%左右，银行自担风险不低于 10%。

二是各省财政可梳理本省各地市和县区当前扶持中小微企业的各类政策专项资金，对效率较低的地市或县区要求整合设立融资担保基金或担保风险补偿资金，委托当地政府性融资担保机构运作，弥补和完善地市或县区级融资担保风险补偿政策。

三是严格落实对各省再担保机构“取消盈利要求”考核，发挥再担保稳定器作用，把“有效分散融资担保机构风险”作为再担保机构的主要职能；限制再担保机构的直接担保业务，杜绝担保市场“虹吸现象”，防止再担保机构与直接担保机构产生业务冲突。

（四）参照国际惯例对政府性融资担保机构免征所有税收，降低政府对担保税收征收及返还的操作成本和融资担保机构的内部管理成本

1. 政策分析

一是作为准公共产品的融资担保，政府已经在法规政策上明确要通过财政政策支持并已经实施，再征收其税金与财政政策支持在行为上相悖，而且增加不合理社会成本。

二是从过去的担保机构营业税免征到目前明确的增值税免征政策的理论依据看，更应免征担保机构所得税，因为在税收理论上流转税的税种强制性大于收益税的所得税税种强制性。

三是世界上多个国家，如德国对担保机构基于公共产品考虑，担保机构所有税收全部减免，值得我国借鉴和参考。

四是当前担保机构的税收优惠政策，都是阶段性地有效，而且设置比较复杂的税收优惠条件，不利于担保机构长期经营理念形成，影响担保税收政策效率。

2. 政策建议

一是明确完善增值税免征政策的长期性和稳定性，简化增值税免征条件，取消阶段性做法并制度化、法治化，才能稳定担保机构及其投资者的经营心理的长期预期。

二是进一步优化担保机构所得税政策。当前担保风险准备金在所得税前扣除政策，只是起到税收缓缴作用，不是实际税收优惠政策。不如明确政府性融资担保机构所得税免征政策，同时适度降低财政对担保费补贴水平；这样既降低政府对担保税收征收及返还的操作成本，又降低担保机构的内部管理成本。

参考文献

[1] 宋逢明. 金融工程原理 [M]. 北京：清华大学出版社，1999.

[2] 陈忠阳. 金融风险分析与管理研究 [M]. 北京：中国人民大学出版社，2001.

[3] 狄娜，张利胜. 信用担保机构经营管理 [M]. 北京：经济科学出版社.

[4] 梁宝忠. 担保体系的构筑与全动态风险管理 [M]. 北京：中国经济出版社.

[5] 中国融资担保业协会. 中国融资担保业发展报告：1993-2014 [M]. 北京：中国金融出版社，2015.

山东省政府性融资担保体系搭建思路及发展对策研究

山东省鲁财融资再担保有限公司　孙雨萌

一、引言

改革开放以来，以小微、“三农”为代表的民营经济主体蓬勃发展，在促进就业、支持发展、科技创新和贡献税收方面，起到了主力军作用。然而，小微、“三农”经营主体由于自身存在弱质性，如生命周期短、抗风险能力差、规模不大、风险溢价高、抵质押物缺乏等，在市场化条件下达不到金融机构的准入门槛，长期面临“融资难、融资贵”问题。这就需要有为政府和有效市场有机结合，主动发挥政府支小、支农功能，为小微、“三农”发展提供强有力的金融要素支撑。2018 年，国家财政部牵头成立了国家融资担保基金，构建起“国家融资担保基金—省担保集团—市担保机构—县担保机构—银行”五级分险体系。为承接国家融资担保基金分险政策，我省于 2019 年 2 月成立山东省投融资担保集团有限公司（以下简称“山东担保集团”），定位于不以盈利为目的、准公益性的政策性担保机构，负责在全省推动建立政府性融资担保体系，开展支小、支农再担保分险服务。

山东担保集团成立之初，面对我省担保行业失信、失能、失位现象，以及银行全面“去担保化”等严峻形势，山东担保集团把重塑我省政府性融资担保生态作为首要任务，全面建成包含所有 16 市、成员达 60 家的全省政府性融资担保体系，推动全省融担事业实现了快速发展，在此过程中有很多宝贵经验值得总结。但目前，我省政府性融资担保体系还存在区域发展不平衡、一体化建设不完善、政策支持不够或实施与预期存在差距等问题，本文通过分析山东省政府性融资担保体系建设情况及体系发展中存在的问题，提出推动体系可持续发展的对策建议，具有前瞻性意义，同时也将为兄弟省份再担保机构在体系建设方面提供有益借鉴。

二、相关文献综述

（一）中小企业信用担保体系研究

Macmillan（1931）提出“麦克米伦缺口”，即中小微企业由于金融供给不足长期处于融资短缺的状态，影响了中小微企业可持续发展。John Geanuraeo（1991）以麦克米伦缺口为背景进一步研究了缺口产生的原因，提出真正能够解决中小微企业融资困难问题的办法是构建一个由政府、银行、企业共同参与的信用担保体系。1999 年，原国家经贸委提出了“一体两翼四层”的信用担保体系架构，即建立以政策性担保机构为主体，商业性担保机构与互助性担保机构为两翼，形成中央、省、市、县四级担保体系。张利胜（2001）提出融资担保机构应坚持准公共产品属性，充分发挥好政策放大器作用。黄澜（2008）提出政策性中小企业信用担保体系可以采用“政府扶持、市场运作”的模式。朱海、吴晓玲（2018）等人提出中小企业还款风险应由担保机构和银行共同承担，建立由银行、政府、担保机构、再担保机构共同参与的分险机制，政府应建立风险补偿机制及给予适当业务补贴。周宏梅（2020）提出要持续增强融资担保机构资本金实力，注重专业人才培养，设计完善创新产品与风控体系，提升担保机构核心竞争力。王景一（2020）提出政府应牵头成立区域内龙头担保机构，以此为核心搭建政府性融资担保体系，设置准入标准，对体系内规模小、成立时间短的担保机构提供再担保增信服务。

（二）国内外政府性融资担保模式研究

美国早在 1953 年就成立了美国小企业管理局（SBA），资金来源全部来自财政支持，由联邦政府和各个州的财政部门共同承担，具有以下特点：一是政府参与制定担保贷款标准。二是主要为初创期的小企业提供贷款担保与咨询服务。三是建立规范的业务操作流程。四是建立完整的风险分担机制，要求被担保企业提供主要经营者个人财产作为抵押，有效分散风险。同时，SBA 有权在代偿后对被担保人开展代偿款的追偿工作。

日本中小企业信用担保体系分为两个层面，国家层面成立小企业信用保险公库，地方层面成立信用保证协会。其具有以下特点：一是建立担保、再担保体系。各地的信用保证协会为符合条件的中小企业直接提供融资担保服务，信用保险公库为小企业信用保证协会提供再担保分险。二是建立多级分险机制。银行至少承担20%~30%的风险，且代偿损失部分的70%可向信用保险公库申请补偿。三是采用以政府为主导、市场化运作模式发挥杠杆撬动作用，日本中小企业信用担保放大倍数达到了60 倍，远高于世界平均水平，担保的“放大器”作用得到了充分发挥。

德国采用的是“地方担保银行+政府代偿补偿”模式，具有以下特点：一是地方担保银行定位于非营利性担保机构，主要服务对象为初创期、成长期中小企业，每个州设立一家担保银行。二是设置担保额度上限且担保费率根据信用评级情况进行定价，一般情况下评级越高，需要缴纳的担保费率越低。三是建立风险分担机制，担保银行与承办银行按照 8：2 比例进行风险分担，联邦政府、州政府、担保银行各自按照代偿损失的39%、26%、35%进行风险分担。

我国政府性融资担保工作起步较晚，国外担保行业在发展过程中创新试点也为我们搭建政府性融资担保体系提供了宝贵经验。安徽率先推行“4321”模式，即担保机构、省级再担保机构、银行、当地政府按照 40%、30%、20%、10%比例共担风险，同时省级再担保机构通过股权投资、党建共建、信息技术支持等方式全面推动政府性融资担保体系建设。安徽建立了省、市、县各级风险补偿资金，为政府性融资担保体系稳健运营提供了强有力的支持。广东再担保模式除了建立了银行、担保、再担保风险共担机制外，还设立了针对担保行业的“天使计划”，联合信用评级机构为省内担保机构提供免费的、独立的信用评级服务，根据评级结果分层分类给予不同程度的再担保支持。同时，他们还通过入股参股的方式加强与担保机构的合作。北京再担保模式则是围绕产品发力，聚焦高新技术企业和文化产业集群项目，设计推出专项再担保产品，为重点领域项目提供融资担保支持。江苏再担保模式是建立集团化公司，实现多元化发展，建立了担保、再担保业、融资租赁、科技小贷、资产管理、基金投资、典当等多元化业务板块。同时，他们通过与区县担保机构建立股权关系、设立分支机构等方式形成了覆盖全省的再担保网络体系。山西在全省范围内推进市县一体化运营改革，市级担保机构通过吸收合并、控股参股、托管等方式将区县级担保机构整合进来，由省级再担保机构牵头建立全省统一的制度体系，对省内担保机构进行统一管理，通过市县一体化改革增强了市级担保机构资本金实力，提高了小微、“三农”服务质效，扩大了普惠金融覆盖面。

（三）再担保机构相关研究

吕薇（2002）提出应在借鉴国际上其他国家先进经验的基础上，建立再担保机构，通过再担保的模式形成担保体系统一的运作规则，进一步发挥财政杠杆作用。但由于各地区所处的经济环境不同，担保机构体制机制也不尽相同，要结合当地实际情况探索再担保运营模式。陈革章、季建奎（2006）提出可成立再担保机构来实现对担保机构的监督管理。随着担保行业的快速发展，部分担保机构出现了经营困难、信用缺失等问题，逐渐丧失担保能力，这与缺乏对担保行业的监管机制有关，而再担保机构的设立，一方面可以为担保机构分散一部分风险，另一方面在开展再担保业务合作中也会加强对担保机构的监督管理。吴建成、黄健（2014）提出再担保机构具有准公共品属性，应通过市场化运作将政府资源有效配置，解决银担信息不对称问题和逆向选择问题。再担保机构在中小企业信用担保体系中应该发挥其政策引导作用、信用增进作用、风险分担作用以及行业规范作用。马松、潘珊等人（2014）提出再担保机构虽然能够为担保机构进行风险分担，但也有可能出现因为有这层分险保障担保机构将风险转嫁给再担保机构的情况，因此需谨慎开展再担保业务。吴晓冀（2020）提出国家融资担保体系发挥了积极作用，主要包括体系的建立有利于制定统一的标准，实行统一化管理，通过再担保层层分险降低了担保代偿风险，有利于担保、再担保机构持续运营，建立银担分险机制也使担保机构拥有更多话语权，银行由于参与了风险分担会对业务趋严管理。程欣欣、刘少军（2021）提出要加大国担基金银担“总对总”批量担保产品的推广，需要政府建立对担保、再担保机构的容错机制，出台尽职免责制度，消除银行和担保机构顾虑。同时，通过整合业务规模小、担保实力弱的区县担保机构做大做强市级担保机构实力，对推动政府性融资担保体系建设以及提升业务质量和运作效率具有重要意义。

综上所述，国外对于融资担保理论的研究开始时间较早也相对完善，美国、日本、德国等国家在 20 世纪 50 年代就已经开始搭建自上而下的担保体系，我国担保体系建设较国外相对较晚，在这 20 多年的发展历程中，国外先进经验也为我国担保体系搭建提供了有益支持。自 2018 年国家融资担保基金成立以来，我国政府性融资担保体系日渐完善，政府性融资担保机构准公共产品属性更加凸显，近年来对于政府性融资担保体系的研究主要集中在政府作用提升方面，对于政府性融资担保系统地研究还需进一步完善。

三、山东省政府性融资担保体系搭建思路及现状

（一）搭建政府性融资担保体系的初衷或目的

山东担保集团成立之初，受上一轮经济周期等因素影响，我省担保行业失信、失能、失位现象严重，银行全面“去担保化”，银担分险更无从谈起。2020 年上半年，几乎没有收到各级担保机构提报的再担保业务，面临“无米下锅”的窘境，在全面调研、反复论证、征求意见、试点推动基础上，山东担保集团把重塑我省政府性融资担保生态作为首要任务，在全省范围内牵头搭建政府性融资担保体系。搭建政府性融资担保体系的初衷或目的主要包括以下四个方面：一是发挥协同作用提升担保实力。通过搭建担保体系能够使各级担保机构享受到国家政策红利，层层分险机制使担保机构风险承受能力进一步增强，担保实力逐步提升，能够撬动更多金融资本支持小微企业、“三农”主体及战略性新兴产业发展。二是提高银担合作话语权。担保机构相对于银行端来说长期处于合作被动的一方，采用体系作战的方式与合作银行统

一磋商合作模式、合作政策，能够提高整个担保行业的话语权，重塑银行对担保行业的信心。三是实现各自资源共享。体系内省、市、县三级机构建立信息交流和资源共享机制，互学互鉴，推动全省体系机构协同发展。四是提升业务运作效率。体系内机构通过采用统一的业务政策、统一的业务流程、统一的业务系统，能够有效提升业务运作效率。

（二）山东省政府性融资担保体系建设现状

山东担保集团充分发挥龙头引领作用，全力推动全省政府性融资担保体系建设，着力构建“国担基金—山东担保集团—市县担保机构”一盘棋格局，最大限度发挥好融担“放大器”“稳定器”作用。截至目前，已全面建成包含所有16市、成员达60家的全省政府性融资担保体系，实现政府性融资担保机构16市全覆盖、担保业务136个县级行政区全覆盖。

1. 政策支持方面。省级层面：（1）资本金补充。山东省财政厅在首期出资10亿元基础上，于2022年再向山东担保集团注入资本金1.2亿元，同时协调推动各市向山东担保集团增资，目前已到位资本金32.75亿元。（2）风险代偿补偿政策。2019年，山东省财政厅出台了针对山东担保集团的再担保代偿补偿机制，对再担保业务发生的代偿分级分档予以补偿（对山东担保集团发生的代偿扣除国担基金承担部分后，1%以内部分给予全额补偿，1%~3%部分、3%~5%部分、5%~8%部分，分别按照80%、60%和50%的比例给予补偿），截至目前，山东担保集团已收到省财政厅对2021年业务风险补偿资金59.12万元。（3）保费补贴与业务奖补政策。目前，已向山东省财政厅申请对山东担保集团和省级直保机构建立保费补贴机制，正在审核研究过程中，有望随着工作的推进于近期出台。（4）中央降费奖补资金。近年来，山东省财政厅和省工信厅在中央财政小微企业融资担保降费奖补资金分配政策上对山东担保集团给予了大力支持，先后拨付小微企业降费奖补资金9100万元（其中2000万元用于充实省级再担保代偿补偿资金）。（5）尽职免责机制。2020年，山东省金融监管局、省委组织部、省财政厅、省国资委四部门联合印发《山东省政府性融资担保机构小微企业和“三农”融资担保业务尽职免责工作指引》，规定政府性融资担保机构开展小微企业和“三农”融资担保业

务年度代偿率未超过5%（含）的，在不违反有关法律法规和内部规章的前提下，该年度发生的代偿，不追究机构负责人的领导责任和相关部门管理人员的管理责任。市级层面：为推动全省政府性融资担保体系重构，自成立以来，山东担保集团与各市逐一对接，讲清政府性融资担保的政策要求，以及对各市经济发展的重要作用，取得各市的理解支持。集团推动全省16市参照省级代偿补偿政策出台本地区代偿补偿政策，淄博、潍坊、烟台、东营、济宁、德州、日照等市还相继出台了保费补贴政策，其中，潍坊、烟台、日照出台了政策性业务免担保费政策；淄博市财政对符合条件的单户担保金额1000万元以下且年化担保费率不超过0.5%的融资担保业务，财政给予年化担保费率0.5%的担保费补贴；济宁市、县两级财政按照备案业务金额分别给予不高于1%、0.5%的担保费补贴；东营对担保机构收取担保费率低于1.5%的给予差额补助；德州在对2022年新增备案业务实行免担保费政策基础上，自2023年起，对市、县两级政府性融资担保机构单户担保金额1000万元以下且年化担保费率不超过1%的业务，市、县两级财政分别给予本级政府性融资担保机构年化担保费率0.5%的担保费补贴。

2. 银担合作方面。山东担保集团立足破解银担合作地位不对等的现实难题，出台办法建立倒逼机制，坚持将银担“二八分险”作为开展再担保业务合作的前提条件，大力推动银行与体系成员建立协作互信、风险共担的新型银担合作模式。截至目前，山东省担保集团已与40家驻鲁金融机构签订战略合作协议，授信合作额度1700亿元。一是推动“二八分险”向基层延伸。发挥体系协同优势，积极协助担保机构与合作银行开展授信合作，全部落实银担“二八”比例分险、免交保证金和90天代偿宽限期等优惠合作条件。二是建立“统一授信、批量准入”新模式。山东担保集团发挥体系龙头优势，牵头与合作银行逐一谈判，实施名单制集体授信准入，先后与山东省农村信用联社、齐鲁银行、恒丰银行、北京银行等10家银行联合发文，将新型银担合作要求下发至银行各分支机构和担保体系各成员，解决了部分担保机构授信难问题。三是构建财政金融担保政策融合机制。2021年，山东省财政厅会同人民银行济南分行印发《关于加强财政金融政策联动发挥政府性融资担保机构作用的通知》，强化财政金融政策联动，高位推动构建银担合作长效机制；同年，山东担保集团与人民银行济南分行联合发文，建立人行再贷款资金与政策性担保精准对接机制，借助人行全额再贷款支持，引导地方法人银行、城商行加强与体系成员的业务合作，对体系机构支小支农业务开展、降费让利提供强有力的支持。

3. *产品创新方面*。近年来，山东担保集团认真贯彻落实中央、省委重大战略部署，紧盯“十强产业”和“四新经济”，持续优化业务模式，创新开发了批量化普惠类、创业创新类、场景定制类和乡村振兴类四大系列、二十款创新担保产品。一是全面推动国担“总对总”银担合作模式在我省落地见效。依托国担基金与国有大行总行达成的协议，在全国率先实现了与工商银行山东分行的系统直连，并在全国首批试点开展地方法人银行线上版“总对总”业务，推动银担分险业务规模快速增长，在全省合作银行中形成了示范带动效应。二是创新产品服务全省实体经济高质量发展。山东担保集团牵头开发产品，并在全省范围内推广复制，其中聚焦工业强省建设，推出“鲁担技改贷”“鲁担园区贷”等产品，累计为各类工业经济主体提供担保贷款6.7万笔、685亿元；聚焦稳经济大盘，“齐鲁电商贷”“齐鲁进口贷”分别累计落地业务9.71亿元、19.24亿元；聚焦科创企业发展，服务专精特新、瞪羚、小巨人等省级以上认定的科创类企业3400余户、193.81亿元。聚焦助力绿色低碳高质量发展，与省财政厅、人民银行济南分行制定支持绿色低碳产业的8条政策措施，推出“鲁担绿色产业贷”，为绿色低碳类企业提供担保贷款1.07万笔、84.48亿元；聚焦服务稳就业、促创业，与省财政厅、省人社厅推出“鲁担创业贷”专项产品，为广大乡村创业带头人提供创业启动资金，累计提供担保贷款172.97亿元；聚焦助力粮食安全，充分发挥粮食信保基金管理人作用，累保金额突破21亿元，覆盖全省14市42个县（市）区，平均贷款利率3.83%，有力保障粮食收储重大战略落地。

4. *数字化转型方面*。一是再担保业务系统由自主建设到与国家担保基金联合开发。成立初期，省担保基金将建设全省统一的再担保业务系统作为首要工作，并于2021年2月份正式上线运行。后续国担基金听取了山东关于数字化转型工作的汇报，邀请我们以联合开发的方式共同建设全国担保体系数字化平台，该系统已于2021年底正式上线，并成为支撑全国融担事业高速发展的主动脉。二是持续推动大数据风控系统迭代升级。2022年，集团公司正式开发上线“鲁担惠企通”微信小程序，客户可通过手机、平板等移动终端选择担保产品，完成担保线上申请，提升客户体验感；担保机构通过客户直通小程序可对客户进行保前预审及保后管理，有效防控风险；政府部门、合作银行可通过微信小程序及时查看客户申请信息、预审结果等，并据此进行业务受理，提高业务运作效率。三是持续推进银担统一接入平台建设。为畅通银担合作通道，提高业务运行效率，创新开发了银担统一接入平台，通过系统直联实现了与齐鲁银行、工行山东分行的业务全流程线上化运行。目前，正在积极推进与中国银行、省信用联社、恒丰银行的对接，其中省信用联社系统对接预计于8月底上线，届时可实现全省16市体系成员单位与全省110家农商银行的业务线上化，大幅提高业务办理效率。四是持续推进数据中台建设。顺利建成国担大数据中心山东分中心。推进数据中台建设，将山东省担保集团64.3万条再担保备案数据、26万条解保数据以及每个预审客户的近800个标签数据全部入仓，实现数据汇聚、加工处理、统计分析等全流程可视化监控。建成国担基金大数据中心山东分中心，成为数字化平台全国唯一的数据备份中心。

5. 体系服务方面。一是逐市开展体系重建。集团公司深入各级担保机构进行把脉问诊，指出存在的问题，帮助重建业务体系，统一体系准入标准，逐一审核准入。建立集团公司领导和业务人员分片包干负责制，成立多个攻坚专班，建立“为地市办实事”任务清单，深入各市开展模式辅导和业务攻坚，对业务发展难题实施逐个突破，政府性担保机构从无到有，业务已覆盖全省。二是切实做好政策宣传、贯彻与日常体系辅导。根据国担基金年度合作政策导向，及时调整集团公司与体系合作担保机构的业务合作政策，并将政策传导到位，同时，高效完成日常业务备案及代偿补偿审批工作，集团公司自成立以来累计审批备案业务69.3万笔，累保金额2443.98亿元，累计支付代偿补偿合计金额11856.01万元，累计代偿率0.29%，及时缓解了体系担保机构因代偿产生的流动性压力，为体系可持续发展提供了保障。三是创新开展“担保体系共建先行县”建设。“担保体系共建先行县”是山东担保集团为提高穿透服务能力而构建的政银担三方协同、省市县三级联动的合作机制，集团公司已与高青、冠县、曹县、成武、牟平、青州合作建立“担保体系共建先行县”，精准服务当地产行业高质量发展。四是积极推动市县一体化建设。严格落实省财政“做强市级、辐射县区、财政支持”指导方针，集团公司积极推动各市建立市级担保体系，推动济宁整合5家县级担保资源，构建市县统筹、上下联动、运作高效的政府性担保体系；同时，在总结济宁一体化试点经验基础上，支持济南、烟台、日照等市通过吸收合并、区县入股，设立分公司、分中心、办事处等形式，做强市级龙头机构，目前正在加快推进中。

（三）山东省市县一体化模式

近年来，各地在充分学习借鉴各省区先进经验的基础上，结合省内政府性融资担保体系发展实际，逐步探索出各具特点的市县一体化发展模式。

1. 整合现有区县机构、统筹县级资金，打通全市担保资源的济宁模式。2021年以来，济宁市在全省率先推行政府性融资担保体系市县一体化改革，以财信担保为主体打造“集团+子公司+分公司”一体化运营的新型政府性融资担保体系，并已经实现实体化运营。政府性融资担保体系改革工作入选“2022年济宁市营商环境十大典型案例”。

（1）实施路径。一是将山东财信融资担保股份有限公司变更为济宁市财信融资担保集团股份有限公司，根据工作实际，由集团逐步在县（市）区设立分公司，并新设1家市级担保子公司，实现政府性融资担保业务县域全覆盖。二是按照“先整合、后清算”的原则，将兖州区、曲阜市、邹城市、嘉祥县、梁山县等5家县级政府性融资担保机构（以下简称“县级担保机构”）整合到集团，县级担保机构原股东可以以出资人身份入股集团。三是其他未设立政府性融资担保机构的县（市）区，各自按照不低于5000万元的出资规模，对集团增资入股，壮大集团担保实力。

（2）进展情况。在市委、市政府以及市直有关部门的支持、指导下，济

宁财信担保公司按照改革路径方案，将市县一体化改革持续推向纵深，2021年，完成了公司更名集团以及新设市级担保子公司济宁财信普惠融资担保有限公司；2022 年 1 月，完成 5 家县级机构股权增资工作；2023 年 5 月，吸收合并兖州惠金子公司事项省金融监管局已完成批复。截至 2023 年 7 月末，已累计收到县（市）区货币增资款 3.3 亿元，济宁财信担保公司已在兖州、曲阜、金乡、微山设立了分公司，在邹城、梁山设立了子公司，市县一体化进程走在全省前列。

同时，济宁财信担保集团在银担合作及产品共享上为区域内担保机构提供精准支持。一是统一银担合作政策。借助集团化运营优势，推动济宁区域银担"二八分险"合作机制的建立，整合前，5 家县级机构无 1 家免交保证金且"二八分险"合作银行，目前，县级机构"二八分险"授信额度已突破 150 亿元。二是共享产品和政策。济宁财信担保集团向县级机构输出标准产品和合作模式，积极提供业务指导和培训，助力县级机构做大担保规模，并通过集团打通对上分险通道，享受国家体系分险政策，助力地方经济发展，惠及客户群体实现增量扩面。

2. 连通政府客户推荐机制与风险补偿机制的枣庄模式。枣庄市政府性融资担保体系建设起步晚、底子薄，枣庄市融资担保有限公司是枣庄辖区内唯一一家政府性融资担保机构，枣庄市辖内 5 区 1 县级市无政府性融资担保机构。针对此情况，为建立健全政担合作新机制，形成政策性担保和惠企政策合力，枣庄市财政局、金融局联合推动，由枣庄市融资担保有限公司作为牵头单位，创新区县一体化合作方式，由枣庄市融资担保有限公司与 6 家区县政府签订战略合作协议，争取区县政府的风险补偿资金政策，同时与区县政府建立客户推荐机制，在全市区域内统筹开展融资担保业务。截至 2022 年 12 月末，枣庄 5 区 1 市（县级）业务全部纳入枣庄市融资担保公司，2023 年枣庄地区业务规模实现大幅增长，截至 8 月末，本年新增业务规模 9.6 亿元、同比增长 455.07%，在保 11.25 亿元、同比增长 373.11%。

3. 收取备付金，为区县提供担保服务的淄博模式。为加快构建市县分险体系，淄博市财政局与淄博鑫润担保公司在全省范围首创区县备付金分险合作模式。区县按照一定的合作规模向鑫润担保公司缴纳备付金，由鑫润担保公司提供担保，发生风险后区县代偿部分按比例从备付金扣除。区县按照市与区县 5∶5 的比例承担风险，间接将业务纳入全省分险体系，无须再新设立和运用原有的担保平台开展业务，亦无必要安排专门的业务人员进行管理运维，大大节省了区县的资金和人员要素。目前鑫润担保公司已与博山区、高青县、周村区、淄川区、临淄区、沂源县以及高新区签署协议。

4. 以市级担保机构为主体，采用“集团+分（子）公司”形式运行的烟台模式。针对烟台市政府性融资担保体系不健全、资本金规模小、担保能力和抗风险能力弱、不能形成合力等突出问题，烟台融资担保集团积极协调烟台市财政局推动全市政府性融资担保机构一体化整合工作。2022 年 5 月，烟台市委、市政府下发《烟台市政府性融资担保机构整合工作实施方案》，启动政府性融资担保机构市县一体化整合工作，要求以烟台融资担保集团为主体，采用“集团+分（子）公司”的模式，通过吸收合并的方式整合长岛综合试验区、福山区、蓬莱区、招远市、莱州市、海阳市等 6 家国有融资担保机构，对担保机构已失去担保增信功能及未设立政府性融资担保机构的牟平区、莱山区、高新区、龙口市、莱阳市、栖霞市等 6 个区（市），原则上按不少于 5000 万元的标准对烟台担保集团增资入股。烟台融资担保集团高度重视，立即成立专班开展工作，经过持续推动协调，取得了一定进展：2022 年已完成专项审计评估和法律尽调，首批符合吸收合并条件的长岛综合试验区已启动吸收合并程序；龙口市 5000 万元增资款已到位，烟台融资担保集团已设立龙口分公司并正式运行，截至 8 月末，已为 2008 户企业提供担保贷款 20.03 亿元，同比增长 83%；莱阳市已到位增资款 1000 万元。

四、山东省政府性融资担保体系建设情况总结分析

（一）搭建区域担保体系的积极作用

搭建市级体系后的影响或发挥的作用主要包括：一是担保机构积极性提高。市级担保机构牵头将符合条件的区县担保机构纳入市级担保体系，使很多原本几乎停摆的区县担保机构重新步入正轨，享受“国家—省级—市级—

区县”四级分险政策红利，担保机构开拓和运作业务的积极性大幅提高，服务小微、“三农”主体发展的社会使命感也在不断提升，这也是搭建市级体系后带来的最主要的影响。二是银担合作更顺畅。市级担保机构发挥龙头作用，牵头对接合作银行，在全市范围内推进银担合作，提高了担保机构话语权。三是业务覆盖面更广。通过搭建市级担保体系扩大了普惠金融覆盖面，实现了市县（区）两级资源共享，特别是通过批量担保业务模式惠及了更多小微、“三农”。四是机构运营更高效。市级担保体系搭建为区县带来了业务、政策、系统，提高了业务运作效率和机构运营能力，同时也带来了活力。

体系担保机构加入全省政府性融资担保体系后对机构的影响主要包括：一是实现了银担“二八分险”。这在一定程度上改善了银担合作中担保机构的被动地位，畅通了银担合作渠道，银担双方共担风险也提高了合作业务质量，这也是担保机构认为最大的影响。二是代偿补偿支持。加入体系后省级层面至少分走40%代偿风险，大幅提高了担保机构风险承受能力。三是数字化支持。牵头搭建数字化平台和数据中台，开发预审系统和微信小程序，全省体系成员可免费使用，提高了业务运作效率和风控水平。四是产品共享。围绕小微、“三农”场景，结合特色产业集群和省委、省政府重点支持行业，牵头研发了20款产品，统一业务模式，全省体系成员可结合当地情况直接复制推广。

（二）政府在区域担保体系搭建中发挥的作用

近年来，受国家政策导向影响，各级政府部门对政府性融资担保工作的重视程度大幅提升，在政府性融资担保体系搭建过程中采取了一系列措施，发挥了至关重要的作用，主要包括：一是出台资本金补充、风险补偿及保费补贴政策。政府性融资担保机构具有准公共属性，不以盈利为目的，建立对担保机构持续的资本金补充、风险补偿及保费补贴政策对于担保机构可持续经营至关重要，支持政策的出台为政府性融资担保机构发挥政策性职能提供了坚实保障，撬动财政资金发挥四两拨千斤的作用，这也是对于担保机构来说最直接也是最实际的作用。二是发挥政府引导作用为行业发展指明方向。当地政府部门通过召开工作调度会或牵头成立工作专班，及时协调解决体系搭建过程中出现的问题，政府层面的高度重视、牵头推进使政府性融资担保工作开展得更加顺利。三是建立对政府性融资担保再担保机构的考核评价体系。加大对政策性指标考核力度，不以利润指标为考核重点，绩效考核体系的完善有利于引导担保机构聚焦支小、支农主业。四是加强对担保机构的监督评价。定期开展监督评价，防止系统性、区域性代偿风险发生，引导担保行业稳健发展。

（三）搭建区域担保体系面临的困难

目前，全省大部分地市已经搭建了市级担保体系，但仍有个别地市体系搭建工作还较为滞后，区域担保体系搭建的障碍或困难主要包括：一是辖区内担保机构意愿不强或积极性不高，对加入区域担保体系的意愿不足或存在被动消极态度，究其原因可能是对当前政府性融资担保政策理解不到位或受体制机制影响对“体系”的概念认知不够，或无法预判加入体系后对自身发展带来的影响，或受制于对担保行业缺乏信心导致自身发展动力不足等，这也是目前区域体系搭建最主要的障碍。二是当地主管、监管部门支持力度不够，从已经搭建市级体系的地市来看，主管、监管部门的牵头推动是非常重要的，如果没有相关职能部门的参与和协调，体系搭建工作是很难推进的。三是担保机构历史遗留问题多，受上一轮经济周期等因素影响，我省担保行业也经过了动荡时期，绝大多数担保机构受到了重创，部分担保机构由于代偿风险过高甚至丧失了担保能力，虽然近几年担保行业逐渐步入正轨，国家层面也出台了一系列支持措施，但是担保机构改革发展与全面转型需要一定的时间，区县担保机构由于自身实力薄弱受影响更为严重，还有很多不良资产和历史遗留问题有待处理，自身包袱比较重导致尚无法达到加入政府性融资担保体系的标准。四是市级机构自身实力偏弱，如菏泽、威海、泰安等政府性融资担保工作起步较晚、发展较缓慢的区域，市级担保机构自身实力还比较薄弱，也受制于人员较少等因素影响，市级担保体系还未搭建起来。

此外，各地市也在积极推进市县一体化改革，但从总体进展情况来看，除济宁外，其他地区的市县一体化改革还面临很多困难，一是政府部门支持力度不够，山西作为全国最快完成市县一体化改革的省份，其改革成功最重

要的经验是自上而下由政府部门亲自牵头推动，目前很多地市当地政府部门没有出台相关的政策文件，支持力度不够导致市县一体化改革进展缓慢。二是担保机构归口管理部门不同，目前财政部门管理、国资系统管理、平台公司管理并存，归口管理部门不同导致体制机制存在差异，影响市县一体化改革。三是历史遗留问题尚未解决，部分担保机构存在不良资产未完全处理等情况，导致机构整合、合并等事宜都较难推进。四是资本金划转流程复杂，市县一体化改革对担保机构的吸收、合并涉及资本金划转、股权变更等事宜，审批流程较为烦琐，导致耗时过长。五是担保机构配合程度较低，尤其是在政府部门支持力度不足的情况下，部分担保机构对于市县一体化改革的意愿不强。

（四）山东区域担保体系存在的问题

一是区域发展不平衡。全省 16 个市级担保机构中，潍坊、济南、济宁、临沂、烟台 5 市在保业务规模占全省的 73%，潍坊在保超过 300 亿元，有的市才十几亿元，区域发展不平衡是目前最主要的问题。究其原因，第一，地方政府重视程度不够。如德州市近年来政策性担保业务得到快速发展，得益于当地政府部门高度重视政府性融资担保工作，市委、市政府多次召开专题会议，由市财政局牵头推进，将担保事业的发展纳入政府的绩效考核指标，极大调动了县区政府的积极性。反之，有的市级担保机构从属一级转为二级企业，甚至有些市县出现抽逃资本金的情况，有些地方政府对于支持融担机构做大做强存在种种顾虑，将融担视作可有可无，挫伤了体系成员积极性。第二，管理机制尚未统一。根据《国务院办公厅关于印发国有金融资本出资人职责暂行规定的通知》（国办发〔2019〕49 号）明确要求，由各级财政部门集中统一履行国有金融资本出资人职责。目前，纳入全省政府性融资担保体系的 60 家担保机构中，直接或间接隶属财政管理的机构仅有 39 家，其他 21 家机构则由国资部门或政府平台公司管理，非财政出资人对担保机构利润总额、国有资本保值增值等指标进行考核，影响了担保机构政策性功能的发挥。另外，由于各市经济基础、机构成立、人员队伍、加入体系时间等不同，也导致了区域发展不平衡。第三，穿透式服务与辅导不够深入。作为省级担保机构，应充分发挥再担保增信、分险、规范、引领作用，虽然根据区域发展状况有针对性地采取了一系列措施，但是对体系成员的穿透式服务还不够深入，对政策宣传、贯彻与解读方面也有待进一步加强。

二是核心竞争力不强。主要表现在：第一，产品结构单一。目前在保1400多亿，“总对总”业务占比达到80%以上，相对于安徽、江苏、浙江等省份，产品结构还相对单一，缺少成体系、有活力、适用性强的产品模式。第二，产品推广效果不好。虽然建立了产品体系，但是从推广效果来看，存在产品设计与政策贴合度、地方优势结合不紧密、脱节的情况，由于地区发展存在较大差异，很难简单对产品进行复制推广，担保产品化工作还需要深入研究。第三，风控能力有待进一步提升。随着业务量的大幅增长及业务陆续到期，代偿压力会逐渐加大，尤其针对大量的批量担保业务，其风险管控主要靠银行端把控，担保机构处于被动地位，对于批量担保业务风险的主动管理能力和手段有待进一步提升。同时，受到自身企业规模、技术实力以及资源政策的影响，市县级担保机构大多不具备单独构建线上风控管理模型、行业实时分析等风控管理体系建设的能力。部分市县级担保机构由于自身建设不齐全，缺少全面风险管理经验与风险管理体系，自身风险管理能力较弱，导致无法及时应对信息不对称风险、合规风险、业务操作风险等各类风险状况。搭建全省统一的风控模型，是对于担保机构来说目前最迫切的需求之一。第四，数字化水平有待进一步提升。虽然我们的数字化转型取得了一些成绩，但是在系统数据分析、风险预警防控、代偿补偿审批以及追偿环节依然还存在很多不完善的地方，需要进一步加快相关板块的研发与应用。第五，人员队伍有待进一步充实。全省绝大多数担保机构人员数量不足50人，且区县担保机构基本都在20人以内，在人员结构、能力素质、机制建设、招才引智等方面还存在不少短板，制约了核心竞争力的增强。

三是银担合作有待优化。主要表现在：第一，银担合作模式不统一。目前在银担“二八分险”前提下，各家银行与合作担保机构合作模式、协议约定差异化程度比较高，甚至存在同一家银行对不同合作担保机构执行不同的标准，有的合作银行对担保机构要求较为苛刻，“二八分险”的合作模式落地存在困难。虽然部分省行与集团公司已签订“总对总”协议等各项政策，但是大部分银行机构对区县担保机构的风控水平、分险能力等方面存在担忧，在体系成员准入方面持高度谨慎的态度，造成业务落地困难。第二，合作银行结构不够优化。统计数据显示，2023 年 4 月份，我省金融机构新发放民营企业贷款加权平均利率 4. 49%，其中，新发放普惠小微贷款加权平均利率 4. 78%。但截至 6 月末，全省新增备案业务平均贷款利率 5. 37%，虽然同比下降了 0. 38 个百分点，但仍然高于 4 月份新发放普惠小微贷款加权平均利率 0. 59 个百分点。从具体银行来看，仅国有大型银行（3. 83%）和全国性股份制银行（4. 88%）合作业务利率水平与全省新发放普惠小微贷款加权平均利率相近，但两类型银行新增业务规模占比仅为 20. 79%。在当前政府性融资担保授信额度有限的背景下，合作银行结构需要调整优化。

四是资本金实力偏弱。山东担保集团资本金规模仅列全国第 17 位，远低于省级担保机构平均 55 亿元的资本金规模水平，也与我省 GDP 全国第 3 的位次不相称。目前，菏泽、日照尚未实际出资，部分已出资的市也没有全部到位，制约了全省体系业务的进一步扩大，全省政府性融资担保机构户均资本金仅 5. 02 亿元，3 亿元以下的 49 家，占比 63. 64%，小而散、小而弱问题比较明显。

五是支持政策有待完善。虽然省财政厅及各市均已出台针对政府性融资担保机构风险补偿政策，潍坊、济宁、烟台、德州等部分市还出台了保费补贴政策，但是长效的资本金补充、必需的保费补贴、动态的业务奖补等支持政策亟须在全省建立，这是政府性融资担保体系可持续发展的根基。

五、全省政府性融资担保体系发展对策及建议

（一）发挥政府主导作用，强化顶层设计和整体统筹

一是建立健全政府性融资担保的政策支持体系。加强与省财政厅等有关部门沟通协调，在全省范围内健全长效的资本金补充、必需的保费补贴、动态的业务奖补机制。针对还未建立健全资本金补充、风险补偿及保费补贴机制的地市，建议协调推动当地政府部门尽快出台支持政策，提高当地对政府

性融资担保工作的认识和重视程度，协调解决发展过程中的难点、堵点问题，促进政府性融资担保事业实现健康、可持续发展。二是深化政担协同结合财政政策推出特色产品。加强与省直各厅局对接，对省级财政给予金融机构的小微企业贷款风险补偿政策进行统筹，聚焦“担保+商务”“担保+科创”“担保+绿色”“担保+创业就业”“担保+乡村振兴及文旅”等重点领域和关键环节，共同开发专项产品，依托政府性融资担保体系放大财政金融效能。三是统一全省政府性融资担保机构管理归口。由于目前全省担保机构管理归口不统一，影响了政府性融资担保政策性职能的发挥，建议协调省财政厅出台相应的政府性融资担保机构管理指引，对市、县级担保机构的归口做出统一要求，充分发挥政府性融资担保财政资金“放大器”功能。四是自上而下推动市县一体化改革。市县一体化建设有利于全面增强政府性融资担保体系的资本金实力、风险防控能力、业务拓展质效、可持续发展能力，也是解决“小散弱”和区域发展不平衡问题的有力举措。根据山西省市县一体化改革经验，该项工作须由政府牵头制定详细的改革方案和改革时间表，压实责任、倒排工期，建议集团公司积极争取省财政支持，并向省委、省政府汇报，由省政府牵头推进市县一体化改革工作，市级担保机构可通过参股、控股或成立分公司、设置办事处等方式吸收整合区县担保机构，待基本完成后可推动省市县一体化改革。

（二）提升风险管理水平，搭建全省统一的数字风控体系

一是加快推进数字风控体系建设。“统一风控模型”与“给予风控体系建设支持”已成为体系成员目前最迫切的需求之一，建议逐步统一全省各级担保机构风控门槛和标准，推动建设全流程数字风控体系，搭建省内担保行业数字化风控模型，提高市县担保机构抗风险能力。二是加强对合作银行的风险监测。建议设置合作银行代偿风险评价指标，建立合作银行代偿风险动态监测机制，按年度评定等级，核定合作额度，向合作规模大、利率水平低、业务代偿率低的银行倾斜。三是加强对合作担保机构的风险管控指导。建议完善合作担保机构信用风险评价、授信评价和代偿风险监测评价机制，完善保后管理风险控制系统，使保后风险管理更及时、更精准。借鉴湖南经验，建立分类分级等保后管理机制，建立合作担保机构准入和退出机制，确保机构稳健运行。同时，加大对已代偿项目追偿力度，最大限度降低代偿损失。四是加强数据分析与应用。建议完善全流程数据信息管理，发挥沉淀数据作用，提高数据分析与风险预警能力，用数据为科学决策提供指导。

（三）持续推进数字化转型，为高质量发展提质增效

一是打通多平台数据对接。建议加快推进与政府部门、银行、担保机构、企业的数据互联互通，丰富数据维度和规模，实现数据资料的线上共享与传输。特别是加快推进银担系统直连，获取多维度、深层次的客户信息，拓宽银担线上化合作通道。二是开发小微企业信用风险评价模型。建议开发适合我省实际的风险评估模型，建立小微企业信用评分卡，供全省担保体系成员使用，实现小微企业信用风险的精准计量。三是加快实现担保业务全流程数字化步伐。建议实现客户直通小程序、银担对接平台、预审系统与国担基金直担 SaaS 系统、再担保业务系统、地市金融服务平台的互联互通。同时，根据体系成员对数字化平台提出的个性化需求，对系统进行更新迭代，做到一套系统业务线上通办。

（四）规范银担合作模式，畅通体系与机构合作通道

一是规范和统一银担合作模式。目前体系担保机构对于“五统一”最迫切的诉求是统一银担合作模式。建议在充分调研体系银担合作情况的前提下，牵头与各银行省级总行对接，进一步规范体系与银行的合作模式，通过银担合作协议、联合发文等形式推动山东担保集团、省分行、地市担保机构、地市支行四方实现银担合作的统一化、标准化，特别是银担批量化合作模式的标准化与规范化。二是大力拓展国有大行合作空间。建议继续加强与国有大行战略合作，在做好工行、邮储、交行新版“总对总”业务推广落地基础上，推动农行、中行等地方版“总对总”试点落地，并努力提升与农商行、城商行合作水平。三是加强对合作银行的分层分类管理。建议根据不同银行的风险水平开展差异化管理，探索对合作银行进行评级授信管理，综合考虑合作银行业务规模、利率水平、合作业务代偿率等因素，按年度评定等级，核定合作额度，向合作规模大、利率水平低、合作业务代偿率低的银行倾斜；对代偿率偏高、利率偏高的合作银行，要果断压降合作额度；对恶意转嫁风险的合作银行，要坚决停止合作。

（五）实施穿透式体系服务，推动区域协同发展

一是加大区域深耕力度。建议组建攻坚小组，加强区域内政策宣传、贯彻与辅导，重点加大对聊城、滨州、泰安、威海、菏泽等市帮扶力度，推动区域均衡发展。二是加强穿透式体系服务。目前对体系担保机构的服务与管理停留在市级层面，且日常体系服务停留在处理备案及代偿补偿业务层面，建议从横向和纵向加大对体系成员的穿透式服务，加大对区县担保机构的调研力度，协助解决发展中存在的问题，加强与市级担保机构多层面、多领域的协同。同时，代偿补偿是与体系成员连接的桥梁，建议与体系成员建立通畅的沟通机制，进一步提高代偿补偿工作效率。三是加强产品化管理。目前自上而下的产品推广模式还存在一些短板，且体系成员对于“统一产品管理”的需求不高。建议采用自下而上的方式，全面收集、梳理体系担保机构现有产品线，紧密结合各地市发展实际，协同体系成员共同打造“常规产品+特色产品”的产品体系，并在数字化平台中予以完善，真正实现产品对产行业的精准支持。四是建立以股权为纽带的新型体系合作关系。为提高体系向心力和凝聚力，增强体系成员的合作信心，建议结合国担基金股权投资要求，尽快制定股权投资方案，选择部分地市试点开展股权投资，逐步探索构建“再担保业务+股权投资”双轮驱动的全省政府性融资担保体系。五是加强人员借调与岗位交流。建议建立常态化人员借调与岗位交流机制，体系担保机构推荐业务骨干到山东担保集团借调锻炼，加强机构之间的沟通交流，提升业务人员整体素质，进一步深化与体系成员的合作关系。六是壮大体系成员队伍。针对目前仍有部分国有担保机构未纳入政府性融资担保机构名单或已纳入名单但未加入体系的情况，建议加强差异化辅导，结合当地实际情况引导市级体系担保机构担负起体系建设的责任，向担保机构详细了解未纳入名单或未加入体系的原因，协调推动尽早加入体系，扩大政府性融资担保覆盖面。

参考文献

[1] Macmillan H P. London: Macmillan Committee 1931.

[2] John Geanuracos B M. The Power of Financial Innovation [M]. United Kingdom: Harper Collins, 1991.

[3] 关于建立中小企业信用担保体系试点的指导意见 [M] //中华人民共和国国务院. 中华人民共和国国务院公报. 1999.

[4] 张利胜. 中小企业信用担保 [M]. 上海: 上海财经大学出版社, 2001.

[5] 黄澜. 建设复合型中小企业信用担保体系的思考 [J]. 宏观经济管理, 2008 (1): 55-56+63.

[6] 朱海, 吴晓玲, 冯卫东. 融资担保体系建设中的政府介入问题思考 [J]. 财政科学, 2018 (3): 112-115.

[7] 周宏梅. 地方融资性担保机构经营中的问题 [J]. 中国金融, 2020 (13): 100.

[8] 王景一. 融资性担保公司与商业银行合作的路径选择 [J]. 长春金融高等专科学校学报, 2020 (3): 14-18.

[9] 李丽丽. 美日韩三国中小企业信用担保体系比较研究及启示 [J]. 改革与战略, 2014, 30 (2): 133-135.

[10] 张大龙. 国外中小企业信用担保行业发展经验及其对我国的启示 [J]. 现代金融导刊, 2020 (2): 64-69.

[11] 洪昀至. 安徽省政府性融资担保体系建设研究 [J]. 中国市场, 2022 (32): 22-24.

[12] 吕薇. 我国中小企业信用担保的几种运作模式比较 [J]. 经济研究参考, 2002 (67): 34-39.

[13] 毛乾坤. 江苏政府性融资担保体系建设探讨 [J]. 唯实, 2022 (4): 55-57.

[14] 陈革章, 季建奎. 构建以再担保为核心的担保监管体系 [J]. 金融理论与实践, 2006 (8): 56-58.

[15] 吴建成，黄建．再担保体系建设对中小微企业金融服务的影响问题研究 [J]．江苏社会科学，2014（5）：91-96.

[16] 马松，潘珊，姚长辉．担保机构、信贷市场结构与中小企业融资：基于信息不对称框架的理论分析 [J]．经济科学，2014（5）：62-78.

[17] 吴晓冀．国家融资担保体系建设研究 [J]．新金融，2020（5）：60-64.

[18] 程欣欣，刘少军．银担“总对总”批量担保业务的思考 [J]．中国中小企业，2021（7）：224-225.

政府性融资担保机构小微企业信用风险评价模型及应用研究
——以山东省为例

山东省融担投资管理有限公司　郑璐

一、引言

小微企业的蓬勃发展对我国国民经济和社会稳定具有重要意义。根据商务部统计数据，作为支撑我国经济发展的重要力量，小微企业对全国范围内城镇就业岗位的贡献率达 80%，对税收贡献率达 50%，对全国工业总产值的贡献率更是高达 70%。但另一方面，融资难作为多年来制约、困扰我国小微企业发展的问题一直得不到很好的解决，而小微企业资金规模不大、经营历史不长且外部经营环境不确定性因素较多则是导致这一问题的主要原因。通过担保增信提升小微企业在贷款时的信用等级，可有效缓解小微企业贷款难的困境，已经成为一种集政策性与商业性于一体的融资工具。

从全球范围来看，担保行业早在 170 多年前就开始发展，发达国家的担保业务体系和制度规范已经比较成熟。而在我国，担保行业的发展历史仅有 20 多年，是随着我国市场经济的转型和金融市场的改革而产生的，先后经历了试点探索、快速膨胀、规范整顿三个阶段。目前，我国以政策性担保为主、以商业性和互助性担保为补充的“一体两翼”的信贷担保格局已经形成。

2015 年，国务院印发关于加快发展融资担保行业的意见，要求加强和培育一批实力雄厚、影响深远的融资担保机构。2017 年，《融资担保公司监督管理条例》的发布，为搭建政府性融资担保体系提供政策引导，为构建政、银、企、保深度合作机制，增强小微、“三农”的贷款可获得性并降低贷款成本提供了政策依据。随着我国担保行业的全面兴起和蓬勃发展，担保机构数量、资产总额和在保余额总体均呈增长趋势。从全省来看，山东省是我国的经济第三大省，仅次于广东、江苏。根据山东省市场监管局提供的信息，截至 2022 年 6 月，山东全省共有小微企业 370. 8 万户（不含个体工商户），占到省企业总数 26. 77%，在促增长、增税收、稳就业等方面发挥了不可替代的作用。2019 年，为解决小微企业长期存在的融资困境，山东省政府成立了山东省投融资担保集团有限公司（以下简称山东担保集团），致力于发展山东省担保事业，积极响应国家产业政策，充分发挥杠杆功能，不断撬动金融资源流向实体经济，帮助企业缓解融资压力。自成立以来，在省委、省政府坚强领导下，在省财政厅、省国资委、省地方金融监管局等部门的关心指导下，山东担保集团认真学习贯彻习近平新时代中国特色社会主义思想，始终坚持政府性融资担保的政治性和人民性，坚守支小支农主责主业，充分发挥龙头作用，顺利建成覆盖全省 16 市的政府性融资担保体系，2022 年当年新增业务突破千亿，跃居全国第 4 位，在全国取得了“业务增速最快、业务覆盖面最广、业务结构最优、担保费率最低、资本金利用效率最高”的优良成绩，累计为全省 40 多万户小微、“三农”节约融资成本 30 多亿元，为我省经济社会发展做出了担保贡献。

近年来，广大融资担保机构聚焦小微企业及“三农”融资担保主业，为服务经济社会薄弱领域、助力实体经济发展做出了不懈努力。但在发展过程中也面临各种各样的风险，主要以小微企业信贷风险为主，如果小微企业没有有效的信用风险管理和控制措施，融资担保机构就很有可能会发展成为小微企业信贷风险的“聚集体”并无法弥补其损失，从而直接导致融资担保机构的发展面临各种持续不断的困难。因此，建立专业的信用风险评价体系，对促进融资性担保机构健康、可持续发展具有重要意义。

笔者经过查阅相关文献发现，省内担保行业尚未建立一套健全的客户信用风险评价体系，在实际操作中主要依靠尽职调查后管理者的工作经验来主观判断得出评价结论，实际操作中存在很大风险。为了让客户自身明确意识到自身哪方面信用不足，也为了政府性融资担保机构自身减少担保风险，亟须建立一套科学系统的客户信用评价模型，为决策提供科学准确的理论依据。

二、文献综述

（一）国外文献综述

1. 关于信用评价模型的文献综述

1936 年，Fisher 做出了一项具有国际启发性的课题研究之后，他再次提出基于企业信用统计数据的分析模型，认为通过企业分类的信用方法来进行信用的分析预测更为合理有效。

1977 年，Altman 建立二次线性判别式分析模型，对违约风险等使用逐步多元判别分析法结合分析数据建立 Z 值判别分析模型，又通过调整模型改进为 Zeta 判别分析模型。这些判别分析模型都是首先确定影响公司信用的主要财务风险因素，再通过采集样本进行实证数据分析。

1972 年，Emgsy 认为中小企业要想更好地构建自己的信用风险预测模型，必须与大企业区别开来，验证了财务比率模型不能完全准确地预测到中小企业的长期破产情况，并对其进行了多元分析（MDA）。

1990 年，Marquez 认为中小型企业比大型企业更适用评分卡模型。

1993 年，Laura Vigno 分析了 100 多个样本并使用判别分析法构建出中小企业信用预警模型。

2003 年，YS. Chan 和 YS. G. Kanatas 分别建立了多选项风险评估模型，认为在项目有抵押和担保的情况下，如果借款人和项目的付款人都认为担保是比较理性的，借款人就更愿意为项目提供更高的抵押和担保。

2004 年，H. Besler 建立了信贷市场企业优劣的经济模型，认为贷款利率和抵押品的数量传达了借款人的价值和风险信号。他提出了借款人的自我选择机制，即项目较好、风险较低的借款人愿意提供更多的担保以支付较少的利息。

2. 关于信用评价指标体系的研究综述

1960 年后，5c 评价体系得到普遍应用，信用体系的评价主要引用财务比率作为综合的判断评价指标以及财务比率判别式的分析方法。

1966 年，Beaver 首次提出了对成功企业信用的单向财务变量对比分析模型，通过大量统计数据进行对比分析研究成功和破产企业，选取 35 个成功企业的信用财务指标一并进行了定量统计和对比分析，得到“现金流量/负债总额”这个指标直接有效反映出一个企业的信用情况。

1968 年，Altman 认为单变量分析法的部分指标在多变量的判别式函数中更具有意义，并研究出拓展后的多变量分析方法。

1969 年，Pogue 采用了多元回归综合分析法对企业信用评价主要财务指标进行了研究，结果表明现金流量和负债总额的比率是最具代表性的判定企业偿债能力的财务比率之一，并以财务指标为基础建立企业信用评价的指标体系。

1980 年，Ohlson 首度将 logit 财务分析的方法应用于企业信用和风险评估的研究领域，得出有 4 项重要的财务分析资料对于企业破产概率的预测结果具有实质性影响，它们是资产回报率、规模、短期流动性和资本市场结构。

1990 年，Odom 和 Sharda 首次将人工神经网络预测方法引入企业信用预测。神经网络预测方法的应用得到了研究者和信用预测从业者的广泛认可和关注。

（二）国内文献综述

1. 关于信用评价模型的研究综述

2000 年，陈忠阳深入地研究了我国企业信用风险度量模型的发展趋势和存在的问题，进一步分析和比较了 Creditmetrics 模型与 KMV 模型的相互关系。

2003 年，庞素琳、王燕鸣等学者建立了我国上市企业信用综合风险评价的模型，对已在我国上市的中小型企业信用进行了综合风险评估。

2005 年，梁晓娟分析了我国中小企业的多层次信用质量评价情况，对中小企业的多层次信用质量评价的主要指标进行分析，给出了完整的信用质量指标体系，计算出多层次信用质量评价体系的指标权重，最终通过分析得出了评价中小企业整体信用的衡量标准和评价方法。

2009 年，段晓东用范伯内特和朱文斌提出的中小企业信用预测和评价的理论和指标体系，设计了一个建立在 yabp 人工神经网络的信用预测理论基础上的三层人工神经网络的信用预测模型，对中小企业的信贷机构的发展和生存状况做出了针对性的预测，还成功地利用人工神经网络 yaahp 预测了甘肃省兰州市某中小企业的信贷和金融机构的发展状况。

2010 年，张目认为由于信用预测的精度高，SVM 信用评级系统能够很好地帮助预测中小企业整体信用的水平。

2. 关于信用评价指标体系的研究综述

2003 年，范伯乃、朱文斌重点分析了国外中小企业信用评价的关键性指标，选取 28 个中小企业的信用评价体系的指标并设计编制指标体系，通过中小企业的隶属度能力评估分析、相关性能力评估分析和隶属度识别指标能力评估分析，最终编制出决定中小企业的信用评价指标体系的关键性指标 15 个。

2004 年，杨映忠运用了静态和动态的信用评估方法分别选择了指标体系，从而对中小企业客户的信用满意度进行进一步等级的评估，确定了指标的权重，建立了指标模型并充分利用其指标模型进行了应用前景研究。

2007 年，康书生等人在不脱离当代中国企业特色的实际情况下，构建了符合国际信用标准的中小企业的信用和评级的指标体系，进一步增加了信用分析的指标，相比之前更加紧密地关注企业管理者的基本信用问题，和企业自主创新能力。徐广军等人研究得出目前我国中小企业主要依赖短期借款，且其生存发展时间较短的结论，认为我国中小企业在进行信用和评价时应更多地重视短期偿债能力、短期生存发展能力和长期现金流能力。

2009 年，梁晓娟对中小企业从财务和非中小企业财务两个角度多方面深入研究设计出了中小企业信用评价的基本指标体系，并使其在实践中充分运用财务多层次分析法合理地构建了各类企业信用评价基本指标的体系和权重。

2011 年，徐晓平等人运用综合分析法来构建中小企业信用综合评价的指标体系并对其实际经营信用状况进行分析。管晓永教授认为有些被很多商业银行拒绝贷款的中小企业的信用很高。

2012 年，陈毅俊运用主层次分析法构建和分析了中小企业信用评价指标体系。关晓勇认为，被银行拒之门外的中小企业信贷不仅不低，而且很高。

综上所述，国内外对担保行业均有大量的研究，但多是在对国外担保理论研究的基础上，集中在对现有担保机构运作模式和信用体系的完善。尤其是对于政府性融资担保机构的客户信用风险评价指标分析不到位，缺乏相应的模型设计和实践应用，在实际应用中主要还是依靠行业经验，担保公司本身承担风险较大。因此，需要对政府性融资担保机构客户信用评价体系进行比较系统性的研究和整合，提出具体的针对性的方案和控制客户信用风险的措施，这为本文的研究提供了空间。

三、信用风险评价模型的设计与分析

在通过流程进行风险控制的基础上，本文结合山东省投融资担保集团有限公司的实际业务发生情况，以小微企业为样本，分析和研究了如何对小微企业进行信用风险评价以及小微企业信用风险评价与企业违约风险之间的关联关系，建立了信用评价体系。主要分为研究设计、指标测度、实证分析等三个部分。

（一）研究设计

1. 数据来源

本文数据来源于国泰安数据库，时间样本区间为 2010 年~2021 年，时间频率为年度数据，在剔除样本缺失值后共计 8780 个样本量，本文所选取的样本企业为各个地区各个行业具有一定代表性的小微企业代表。本文为研究小微企业的信用评价模型以及信用评分与企业风险之间的关系进行实证研究。

2. 数据定义

被解释变量：企业风险，本文采取企业的综合杠杆来衡量。综合杠杆是经营杠杆和财务杠杆共同所起的作用，用于衡量销售量的变动对普通股每股收益变动的影响程度。综合杠杆系数＝净利润变化率/主营业务收入变化率＝

经营杠杆系数×财务杠杆系数。同时依据综合杠杆的中位数将企业的风险划分为两组：当综合杠杆大于中位数时，将变量 Level 其赋值为 1；当综合杠杆小于中位数时，将变量 Level 其赋值为 0。

解释变量：信用评价指数综合指数，本文对企业的财务指标进行主成分分析方法建立信用评价指数综合指数。本文从偿债能力、盈利能力、营运能力、现金流量、发展能力以及企业的基本素质六个方面进行企业信用评价体系模型的构建，考虑到变量间存在着高度的相关性，而使后续回归中出现较为严重的自相关、多重共线性问题，因此本文在参考以往文献的基础上，决定采取主成分分析方法进行综合指数构建，以此方法进行降维处理。表 1 为六个维度中所包含的二级指标的具体信息，每个维度包含两个二级指标，因此共计 12 个指标来进行综合指数的构建。其中领导者学历依照企业的高层管理人员的学历值进行加总，其中 1 = 中专及中专以下，2 = 大专，3 = 本科，4 = 硕士研究生，5 = 博士研究生，员工人数采取的对数形式，其余数据均采取百分比形式进行表示。

表 1　各个变量定义

变量名称	变量定义	
偿债能力	资产负债率（x1）	流动比率（x2）
盈利能力	净资产收益率（x3）	营业利润率（x4）
营运能力	存货周转率（x5）	应收账款周转率（x6）
现金流量	现金比率（x7）	营运指数（x8）
发展能力	营业收入增长率（x9）	资本保值增值率（x10）
企业基本素质	领导者学历（x11）	员工人数（x12）

调节变量：本文选取的调节变量来自于樊纲中国市场化指数，该指数从政府与市场的关系、非国有经济的发展、产品市场的发育程度、要素市场的发育程度、市场中介组织的发育和法治环境五个方面综合计算中国各省份市场化指数，本文选取其市场化指数和法制环境作为调节变量。

中介变量：本文选取企业的盈利能力和融资约束作为中介变量进行机制

检验，其中盈利能力用 TobinQ 变量来衡量，融资约束选取 SA 指数来衡量。

3. 模型构建

本文从基准回归、机制检验、协调效应三个角度进行深入的研究，分别建立 Logit 模型、逐步回归中介效应模型以及加入交互性的调节效应模型。

（1）Logit 模型

考虑本文被解释变量企业风险为 0-1 虚拟变量，因此本文采取 Logit 模型对于变量进行回归分析，研究企业信用评价指数综合指数中偿债能力、盈利能力、营运能力、现金流量、发展能力、企业基本素质对于企业的风险的影响。Logit 模型为离散选择模型，本文采用二元离散模型进行实证分析，建立模型如下所示：

$$Level_{\underset{=z}{i,t}}=\alpha_0+\alpha_1 c1_{i,t}+\alpha_2 c2_{i,t}+\alpha_3 c3_{i,t}+\alpha_4 c4_{i,t}+\alpha_5 c5_{i,t}+\alpha_5 c6_{i,t}+\varepsilon_{i,t}$$

$Level_{\underset{=z}{i,t}}$为被解释变量，$\alpha_0$为截距项，$cj_{i,t}$为主成分分析所构造的六个因子，j 的取值分别为 1、2、3、4、5、6，当其系数通过显著性水平检验且为正的时候，表明该因子与企业风险承担水平之间存在显著的正向相关关系，即该因子的增加会导致企业风险承担水平的增加，反之则表明该因子的增加会导致企业风险承担水平的减少。

（2）中介效应模型

本文考虑到企业的信用状况的改变从两个角度对企业的风险承担水平产生影响，分别为影响企业的成本以及影响企业的收益，因此本文简历逐步回归的方法进行中介效应检验，建立模型如下所示：

$$Level_{\underset{=z}{i,t}}=\alpha_0+\alpha_1 c1_{i,t}+\alpha_2 c2_{i,t}+\alpha_3 c3_{i,t}+\alpha_4 c4_{i,t}+\alpha_5 c5_{i,t}+\alpha_6 c6_{i,t}+\varepsilon_{i,t}$$

$$Mid_{\underset{=z}{i,t}}=\alpha_0+\alpha_1 c1_{i,t}+\alpha_2 c2_{i,t}+\alpha_3 c3_{i,t}+\alpha_4 c4_{i,t}+\alpha_5 c5_{i,t}+\alpha_6 c6_{i,t}+\varepsilon_{i,t}$$

$$Level_{\underset{=z}{i,t}}=\alpha_0+\alpha_1 c1_{i,t}+\alpha_2 c2_{i,t}+\alpha_3 c3_{i,t}+\alpha_4 c4_{i,t}+\alpha_5 c5_{i,t}+\alpha_6 c6_{i,t}+\alpha_7 Mid_{\underset{=z}{i,t}}+\varepsilon_{i,t}$$

其中$Mid_{\underset{=z}{i,t}}$为中介变量，其分别表示企业成本变量融资约束$SA_{\underset{=z}{i,t}}$和企业的收益变量$TobinQ_{\underset{=z}{i,t}}$。

（3）调节效应模型

为衡量地区间发展差异性对于企业信用状况对于企业风险的影响，本文

通过加入交互项进行调节效应分析，建立公式如下所示：

$$Level_{\underset{=z}{i,t}}=\alpha_0+\alpha_1 c1_{i,t}+\alpha_2 c2_{i,t}+\alpha_3 c3_{i,t}+\alpha_4 c4_{i,t}+\alpha_5 c5_{i,t}+\alpha_6 c6_{i,t}+\alpha_7 Reg_{\underset{=z}{i,t}}+\alpha_8 Reg_{\underset{=z}{i,t}}*cj_{i,t}+\varepsilon_{i,t}$$

$Reg_{\underset{=z}{i,t}}$为调节变量，$cj_{i,t}$为各个因子，j 分别赋值为 1、2、3、4、5、6，$Reg_{\underset{=z}{i,t}}*cj_{i,t}$该项为调节变量与各个因子的交互项，该项用来衡量调节效应。

（二）指标测度

1. 描述性统计分析

下文为对信用评价综合指数的各项指标进行描述性统计分析，根据表 2 中的分析结果主要从样本量、均值、标准差、最小值和最大值五部分进行呈现，同时为避免因变量间的数据差异过大对后续实证分析产生影响，首先在 1%上下水平进行缩尾处理，同时在进行主成分分析之前对变量进行标准化处理。

表 2　描述性统计分析

变量	变量含义	样本数	均值	标准差	最小值	最大值
x1	资产负债率	8，780	0. 3811	0. 1894	0. 0466	0. 8457
x2	流动比率	8，780	2. 7708	2. 8012	0. 4832	19. 0802
x3	净资产收益率	8，780	0. 0558	0. 1327	-0. 7544	0. 3038
x4	营业利润率	8，780	0. 0763	0. 1550	-0. 7138	0. 4588
x5	存货周转率	8，780	0. 1108	0. 3938	0. 0028	3. 4270
x6	应收账款周转率	8，780	1. 1647	0. 7375	0. 2004	4. 4586
x7	现金比率	8，780	0. 9859	1. 6647	0. 0249	11. 0596
x8	营运指数	8，780	0. 6200	2. 0503	-9. 3689	9. 5889
x9	营业收入增长率	8，780	0. 2645	0. 6073	-0. 6562	3. 9764
x10	资本保值增值率	8，780	1. 2587	0. 6231	0. 5462	4. 6430
x11	领导者学历	8，780	3. 9110	0. 3706	2. 3979	4. 6250
x12	员工人数	8，780	7. 5978	0. 9670	5. 3845	10. 1826

由表 2 中的结果可知，资产负债率的均值为 0. 3811，标准差为 0. 1894，在所有变量中其标准差最小，即变动幅度最小，最大值为 0. 8457，在所有变

量中现金比率的标准差最大，为 1. 6647，在小微企业中其面临的主要风险之一便是现金的短期以及现金流动性较差等风险，变量员工人数的均值最大，为 7. 5978。

2. 相关系数分析

下表为各个变量之间的 Pearson 相关系数分析，分析结果如表 3 所示，由表 3 结果可知各个变量之间大部分均在 1%的显著性水平下呈现显著性关系，其中 x2 与 x7 在 1%的显著性水平下呈现正相关关系，相关系数高达 0. 876，其余部分变量相关系数仍大于 0. 5，变量间具有较高的相关性，会产生较严重的多重共线性问题，因此有必要通过主成分分析进行降维处理。

表 3 相关系数分析

	x1	x2	x3	x4	x5	x6	x7	x8	x9	x10	x11	x12
x1	1											
x2	-0. 643 ***	1										
x3	-0. 228 ***	0. 099 ***	1									
x4	-0. 363 ***	0. 300 ***	0. 782 ***	1								
x5	0. 072 ***	0. 021 *	-0. 001	0. 009	1							
x6	0. 227 ***	0. 319 ***	0. 057 ***	-0. 098 ***	0. 157 ***	1						
x7	-0. 535 ***	0. 876 ***	0. 092 ***	0. 283 ***	0. 018 *	-0. 261 ***	1					
x8	-0. 026 * *	0. 009	0. 069 ***	0. 074 ***	0. 023 * *	0. 075 ***	0. 015	1				
x9	0. 035 ***	0. 005	0. 062 ***	0. 079 ***	-0. 022 * *	-0. 190 ***	0. 003	-0. 030 ***	1			
x10	-0. 192 ***	0. 248 ***	0. 210 ***	0. 241 ***	0. 004	-0. 117 ***	0. 307 ***	-0. 053 ***	0. 053 ***	1		
x11	0. 114 ***	0. 060 ***	0. 006	-0. 014	0. 034 ***	-0. 008	-0. 032 ***	-0. 005	0. 059 ***	-0. 032 ***	1	
x12	0. 311 ***	0. 311 ***	0. 124 ***	-0. 002	-0. 011	0. 312 ***	-0. 253 ***	0. 061 ***	0. 073 ***	-0. 055 ***	0. 143 ***	1

3. 主成分分析检验

进行主成分分析之前通过 KMO 检验和 Barlett 检验来判断本文所选的变量是否能够进行主成分分析。首先根据 KMO 检验，发现除变量 x5 外各个变量的值均在 0. 5 以上，变量的检验均值为 0. 665，大于临界值 0. 5，因此通过了 KMO 检验。Barlett 检验的 P 值为 0. 000，卡方值为 33490，在 1%的显著性水

平下拒绝原假设，故本文所选取的变量适合进行主成分分析检验。

表 4　主成分检验结果

Variable	kmo	Variable	kmo
x1	0. 8311	x9	0. 5479
x2	0. 6514	x10	0. 828
x3	0. 5363	x11	0. 5748
x4	0. 6107	x12	0. 7626
x5	0. 3986	Overall	0. 665
x6	0. 7121	Bartlett test of sphericity	
x7	0. 6594	Chi-square	33490. 292
x8	0. 5537	p-value	0

4. 主成分提取过程

主成分分析选取的标准为特征值大于 1，累计方差值在 80%左右，本文结合碎石图和总方差解释表选取主成分 1 至主成分 6 六个主成分为本文的主成分，1 至 6 个主成分的总的累计方差值为 0. 7583，即这六个主成分可以在 75. 86%的程度上解释、涵盖所有变量的变动情况。

表 5　总方差解释

Component	Eigenvalue	Difference	Proportion	Cumulative	ratio
Comp1	3. 09892	1. 35081	0. 2582	0. 2582	0. 3405
Comp2	1. 74811	0. 530497	0. 1457	0. 4039	0. 1921
Comp3	1. 21761	0. 159409	0. 1015	0. 5054	0. 1339
Comp4	1. 0582	0. 058431	0. 0882	0. 5936	0. 1163
Comp5	0. 999773	0. 022241	0. 0833	0. 6769	0. 1099
Comp6	0. 977532	0. 134505	0. 0815	0. 7583	0. 1075
Comp7	0. 843027	0. 125998	0. 0703	0. 8286	

下图 1 为依据各个主成分的特征值绘制得出的碎石图，当主成分在红线以上表明特征值大于 1，在红线以下则表明特征值小于 1。

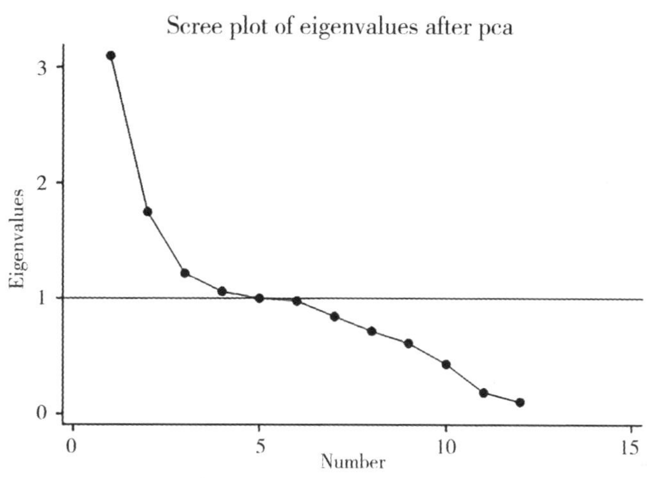

图 1　主成分分析碎石图

下表 6 为旋转主成分矩阵，依据表 6 中的各个变量的系数大小来划分因子类型，在 Comp1 中 x1、x2 的系数较其他因子较大，因此将 Comp1 定义为偿债因子，其余因子判断方式一致，在此不再赘述，最后得出 Comp1 为偿债因子、Comp4 为企业因子、Comp2 为盈利因子、Comp6 为营运因子、Comp3 为发展因子、Comp5 为现金因子，表 6 中每列为构成该主成分的各个变量的系数值，依据表 6 进行主成分的构造。

本文依据表 6 所构造的主成分，以表 5 中的各个主成分的方差贡献值占累计方差贡献值的比重作为权重构造最终的信用得分 F，权重表示为表 6 中的指标 ratio，信用评价综合指数 F 的计算公式为：

$$F = 0.3405 * c1 + 0.1921 * c2 + 0.1339 * c3 + 0.1163 * c4 + 0.1099 * c5 + 0.1075 * c6$$

其中，C1 表示偿债因子、C2 表示盈利因子、C3 表示发展因子、C4 表示企业因子、C5 表示现金因子、C6 表示营运因子。

表 6　旋转主成分矩阵

Variable	Comp1	Comp2	Comp3	Comp4	Comp5	Comp6	Comp7	Comp8
x1	−0. 4400	0. 0464	−0. 1563	0. 1144	−0. 0733	0. 0317	0. 1914	−0. 084
x2	0. 4920	−0. 1753	0. 1607	0. 1371	0. 0963	−0. 0974	−0. 0125	0. 2609
x3	0. 2223	0. 6231	−0. 1136	−0. 1252	−0. 0718	0. 0431	−0. 1874	−0. 0887
x4	0. 3351	0. 519	−0. 1065	−0. 0918	−0. 0291	0. 0761	−0. 2071	−0. 0883
x5	−0. 0329	0. 077	0. 3217	0. 6073	−0. 3143	0. 5574	−0. 1118	−0. 0845
x6	−0. 2452	0. 2917	0. 4486	0. 0622	−0. 1353	−0. 0395	0. 0388	0. 3893
x7	0. 4683	−0. 1459	0. 1819	0. 2163	0. 083	−0. 1112	0. 1052	0. 2717
x8	0. 0031	0. 1599	0. 2775	−0. 109	0. 7354	0. 4053	0. 3851	−0. 1775
x9	0. 0489	0. 0018	−0. 6615	0. 1297	0. 0447	0. 4508	0. 185	0. 5132
x10	0. 2497	0. 123	−0. 09	0. 1649	−0. 3509	−0. 1796	0. 7531	−0. 3441
x11	−0. 0646	0. 0903	−0. 248	0. 6736	0. 4205	−0. 3391	−0. 2307	−0. 24
x12	−0. 2307	0. 3852	0. 0589	0. 1223	0. 1127	−0. 3776	0. 2391	0. 4537

5. 主成分分析结果

下表 7 为以及上文所构造得出的变量综合指数 F 的部分企业展示表，展示的部分企业的信用评价综合指数得分。最大值为 42. 2096，最小值为-38. 8372，企业间的信用评分相差过大。

表 7　部分企业的信用评价综合指数评分

企业代码	前四十名信用评分	企业代码	后四十名信用评分
2072	42. 20961	2749	−22. 8271
2848	31. 70172	2007	−22. 8301
2786	27. 90938	2878	−23. 5344
2506	27. 63722	2016	−23. 7082
2248	26. 02877	2884	−23. 9756
2172	25. 51345	2714	−24. 0016
2289	25. 51203	2959	−24. 0455
2450	24. 49885	2128	−24. 1306

续表

企业代码	前四十名信用评分	企业代码	后四十名信用评分
2905	23. 0998	2262	-24. 3161
2306	22. 93427	2932	-24. 4666
2766	22. 16516	2271	-24. 605
2992	22. 14927	2146	-25. 0621
2629	21. 3073	2832	-25. 1068
2789	21. 23807	2979	-26. 0859
2721	21. 21351	2973	-26. 1555
2168	20. 39976	2294	-26. 2382
2336	19. 5042	2847	-26. 5209
2354	18. 86085	2916	-26. 7543
2513	18. 78504	2035	-27. 2436
2547	16. 6206	2867	-27. 408
2323	16. 28415	2242	-27. 9987
2188	15. 78362	2372	-28. 3304
2445	15. 44	2508	-28. 4423
2473	15. 35772	2803	-28. 5936
2796	15. 3379	2653	-28. 9346
2647	14. 76174	2677	-28. 9881
2269	14. 25454	2950	-29. 1427
2377	14. 17642	2985	-29. 1536
2712	14. 17094	2980	-29. 5867
2359	14. 09938	2833	-30. 601
2264	13. 96172	2032	-30. 7044
2813	13. 68725	2081	-30. 823
2694	13. 50657	2236	-31. 3119
2856	13. 4359	2975	-32. 2061
2693	13. 17159	2978	-32. 319
2207	13. 13536	2925	-32. 8721
2464	12. 91009	2304	-34. 4885
2642	12. 59005	2901	-37. 1937
2121	12. 39188	2415	-37. 7403
2502	12. 27369	2841	-38. 8372

为方便了解所有企业的信用评分的情况，将所有企业的信用综合评分 F 绘制如下图 2 所示，依据图 2 绘制结果可知，大部分企业的信用评分在 0 以下，即处于负值。

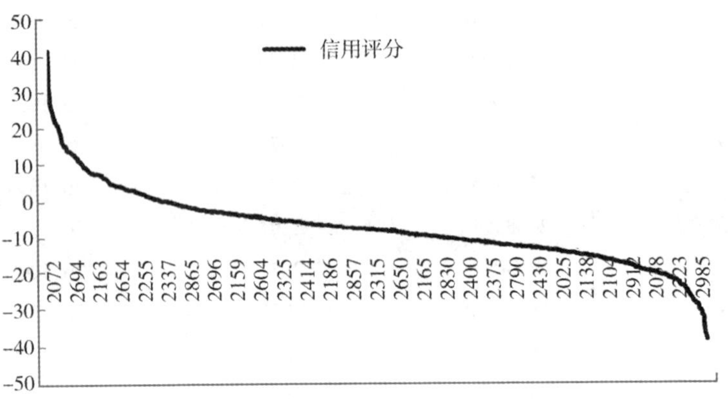

图 2　企业的信用评价综合指数得分

（三）实证分析

通过上文进行主成分分析构造得出六个因子，本节通过建立 Logit 模型、逐步回归中介效应模型、加入交互性的调节效应模型、异质性分析、稳健性检验五部分进行深入的实证分析。

1. 相关系数分析

在进行实证分析之前，首先进行相关系数检验，对各个变量之间的相关性进行初步分析，下表 8 为通过 Pearson 相关系数分析方法进行的解释变量与被解释变量的相关系数分析表。依据下表结果发现偿债因子 C1、发展因子 C3、企业因子 C4、现金因子 C5 与 level 在显著性水平下呈现负相关关系，即这几个变量在一定程度上可以降低企业的风险水平，而盈利因子 C2、营运因子 C6 与 level 在 1%的显著性水平下呈现正相关关系，即这几个变量在一定程度上可以升高企业的风险水平。

表8 相关系数分析

	level	C1	C2	C3	C4	C5	C6
level	1						
C1	-0.127 ***	1					
C2	0.138 ***	-0.840 ***	1				
C3	-0.036 ***	0.509 ***	-0.142 ***	1			
C4	-0.067 ***	-0.121 ***	-0.164 ***	-0.073 ***	1		
C5	-0.020 *	0.600 ***	-0.212 ***	0.803 ***	0.098 ***	1	
C6	0.094 ***	-0.250 ***	0.348 ***	0.173 ***	0.006	0.361 ***	1

注：*** 1% * * 5% * 10%

2. Logit 模型回归分析

本文利用偿债因子 C1、盈利因子 C2、发展因子 C3、企业因子 C4、现金因子 C5、营运因子 C6 作为解释变量，利用企业信用风险作为被解释变量。表9为进行 Logit 模型分析的结果，本节采用逐步回归的方法进行分析，最后一列为偿债因子 C1、盈利因子 C2、发展因子 C3、企业因子 C4、现金因子 C5、营运因子 C6 与被解释变量 level 的基准回归分析结果。

依据表9中 Logit 模型回归结果中的最后一列可以看出，发展因子 C3 和营运因子 C6 并未与 level 呈现显著的相关关系，而偿债因子 C1 与变量 level 在1%的显著性水平下呈现负相关关系，相关系数为-0.3410，即偿债因子能力变强会给企业的风险带来一定程度的降低；盈利因子 C2 与变量 level 在1%的显著性水平下呈现负相关关系，相关系数为-0.3265，即盈利因子能力强会给企业的风险带来一定程度的降低；企业因子 C4 与变量 level 在1%的显著性水平下呈现负相关关系，相关系数为-0.0016，即企业因子能力强会给企业的风险带来一定程度的降低；现金因子 C5 与变量 level 在1%的显著性水平下呈现正相关关系，相关系数为0.1674，即现金因子能力强会给企业的风险带来一定程度的提高，而因子 C3、C6 并未与被解释变量 Level 呈现显著的相关关系，初步可以表明在小微企业的风险承担水平中其影响力较小。

表 9 Logit 模型回归结果

	(1) level	(2) level	(3) level	(4) level	(5) level	(6) level
C1	-0. 1202 ***	-0. 0442 * *	-0. 0386	-0. 1654 ***	-0. 3472 ***	-0. 3410 ***
	(-11. 2358)	(-2. 5027)	(-1. 5965)	(-5. 2175)	(-8. 6818)	(-7. 1792)
C2		0. 1989 ***	0. 2082 ***	-0. 0411	-0. 3340 ***	-0. 3265 ***
		(5. 2211)	(4. 4141)	(-0. 6718)	(-4. 6436)	(-4. 1630)
C3			-0. 0096	0. 0830 * *	-0. 0309	-0. 0301
			(-0. 3191)	(2. 4761)	(-0. 8291)	(-0. 8055)
C4				-0. 0011 ***	-0. 0016 ***	-0. 0016 ***
				(-7. 4127)	(-9. 7959)	(-9. 2474)
C5					0. 1725 ***	0. 1674 ***
					(7. 5912)	(5. 4087)
C6						0. 0078
						(0. 2353)
_ cons	-0. 1428 ***	-0. 7870 ***	-0. 8123 ***	-0. 1318	0. 2070	0. 2377
	(-6. 4891)	(-6. 2727)	(-5. 5633)	(-0. 7274)	(1. 0964)	(1. 0383)
N	8，780	8，780	8，780	8，780	8，780	8，780
r2_ p	0. 0124	0. 0147	0. 0147	0. 0183	0. 0231	0. 0231
chi2	126. 2429	155. 1572	154. 7025	201. 4643	245. 7313	245. 4372

注：t statistics in brackets， *** 1% * * 5% * 10%

同时为验证所建立的 Logit 模型的预测准确度，对模型进行准确性检验，检验结果如下表 10 所示，依据表中结果可知整个模型的预测准确率为 56. 23%，表明本文所建立的 Logit 模型以及所建立的综合信用风险评价模型可以较好地衡量企业的信用状况，本文所建立的模型是有效的。

表 10 模型预测准确率

	+	-	Total
+	2232	1912	4144
-	1931	2705	4636
Total	4163	4617	8780
总预测正确率	56. 23%		

3. 异质性分析

为进一步研究企业的微观性质对于企业违约风险的差异性影响，从企业的经营性质和行业属性两个角度进行分析。首先是企业的经营性质，国有企业中，偿债因子 C1 与 level 在 1%的显著性水平下具有显著的负相关关系，与 level 在 5%的显著性水平下具有显著的正相关关系，其余变量均未呈现显著的相关关系，非国有企业中，偿债因子 C1、盈利因子 C2、发展因子 C3、企业因子 C4 与 level 在 1%的显著性水平下具有显著的负相关关系，现金因子 C5 与 level 在 1%的显著性水平下具有显著的正相关关系，其余变量均未呈现显著的相关关系。

表 11 微观性质异质性分析结果

	国有企业 level	非国有企业 level	高科技行业 level	非高科技行业 level
C1	-0. 2684 **	-0. 3575 ***	-0. 1951 ***	-0. 5392 ***
	(-2. 0046)	(-6. 9569)	(-3. 2107)	(-6. 7035)
C2	-0. 1972	-0. 3478 ***	-0. 0962	-0. 6300 ***
	(-0. 8947)	(-4. 1112)	(-0. 9472)	(-4. 8950)
C3	-0. 0921	-0. 0277	-0. 0464	0. 0285
	(-1. 1403)	(-0. 6489)	(-0. 9066)	(0. 4997)
C4	-0. 0002	-0. 0017 ***	-0. 0012 ***	-0. 0021 ***
	(-0. 3262)	(-9. 5467)	(-5. 4248)	(-7. 6029)
C5	0. 1692 * *	0. 1759 ***	0. 0737 *	0. 2715 ***
	(2. 0984)	(5. 0862)	(1. 7314)	(5. 7934)
C6	-0. 0311	0. 0065	0. 0995 * *	-0. 0843 *
	(-0. 3984)	(0. 1743)	(2. 1529)	(-1. 7355)
_ cons	-0. 3234	0. 2730	0. 3268	0. 2860
	(-0. 5491)	(1. 0798)	(1. 0971)	(0. 7860)
N	1, 329	7, 551	5, 742	3, 138
r2_ p	0. 0112	0. 0263	0. 0228	0. 0279
chi2	21. 0816	237. 5789	160. 1789	102. 4316

注：t statistics in brackets， *** 1% ** 5% * 10%

其次是企业是否属于高技术行业，高技术企业中，偿债因子 C1、企业因子 C4 与 level 在 1%的显著性水平下具有显著的负相关关系，现金因子 C5、营运因子 C6 与 level 在 10%的显著性水平下具有显著的正相关关系，其余变量均未呈现显著的相关关系；非高科技行业偿债因子 C1、盈利因子 C2、企业因子 C4 与 level 在 1%的显著性水平下具有显著的负相关关系，营运因子 C6 与 level 在 10%的显著性水平下具有显著的负相关关系，现金因子 C5 与 level 在 1%的显著性水平下具有显著的正相关关系，其余变量均未呈现显著的相关关系。

4. 稳健性检验

本文采用两种稳健性检验，第一列为按照综合杠杆将数据分为三组，将大于三分位的样本的 level1 赋值为 1，将剩余的样本的 level 赋值为 2，进行的替换被解释变量的稳健性检验；第二列为排除疫情这种突发性卫生事件对于企业运营的影响，将样本区间限制为 2010~2019 年，进行回归；第三列为替换为模型 Probit 进行回归。在三种回归下，C1、C2、C4 均与 Level 在 1%的显著性水平下呈现显著的负相关，C5 与 Level 在 1%的显著性水平下呈现显著的正相关，表明本文选择的模型以及变量是稳健有效的。

表 12　稳健性检验结果

	(1) level	(2) level	(3) level
c1	-0. 399 ***	-0. 349 ***	-0. 210 ***
	(-7. 173)	(-6. 682)	(-7. 174)
c2	-0. 390 ***	-0. 323 ***	-0. 204 ***
	(-4. 301)	(-3. 721)	(-4. 195)
c3	-0. 039	-0. 010	-0. 017
	(-0. 979)	(-0. 242)	(-0. 726)
c4	-0. 001 ***	-0. 001 ***	-0. 001 ***
	(-4. 353)	(-5. 535)	(-9. 286)
c5	0. 197 ***	0. 154 ***	0. 104 ***
	(5. 485)	(4. 501)	(5. 408)

续表

	(1) level	(2) level	(3) level
c6	-0.023	0.014	0.003
	(-0.627)	(0.388)	(0.168)
_ cons	-0.511 **	0.277	0.144
	(-2.035)	(1.072)	(1.015)
N	8780	7073	8780
r2_ p	0.019	0.025	0.023
chi2	209.790	177.360	258.844

注：t statistics in brackets， *** 1% ** 5% * 10%

根据上述两种的稳健性检验的模型预测准确率分别为 69.67%、71.58%、72.35%，即剔除掉疫情暴发后的数据后，本文所建立的模型对于企业信用的分析准确率更高。

5. 调节效应

从宏观角度入手来研究地区间发展的差异性对于各个因子对 Level 产生作用的影响，从地区的市场化发展水平和地区的法律制度完善程度入手进行研究。

(1) 市场化指数

下表 13 为选取的地区的市场化指数作为调节变量进行实证分析的结果，第一列为 market * c1 的交互项，与 Level 在 1%的显著性水平下呈现负相关，相关系数为-0.024，即市场化水平越高的地区，C1 对于企业风险的较低程度越高；第二列为 market * c2 的交互项，与 Level 在 1%的显著性水平下呈现负相关，相关系数为-0.035，即市场化水平越高的地区，C1 对于企业风险的较低程度越高；第四列为 market * c4 的交互项，与 Level 在 1%的显著性水平下呈现负相关，相关系数为-0.0001，即市场化水平越高的地区，C1 对于企业风险的较低程度越高；C3、C5、C6 的交互项并未呈现显著的相关性。

表 13　市场化指数调节效应结果

	(1) level	(2) level	(3) level	(4) level	(5) level	(6) level
market	0.070***	0.180***	0.063***	0.031**	0.058**	-0.022
	(4.754)	(3.509)	(4.163)	(2.039)	(2.118)	(-0.338)
market * c1	-0.024***					
	(-3.127)					
market * c2		-0.035**				
		(-2.456)				
market * c3			-0.010			
			(-0.780)			
market * c4				-0.0001***		
				(-4.422)		
market * c5					0.0001	
					(0.040)	
market * c6						-0.018
						(-1.273)
c1	-0.562***	-0.336***	-0.339***	-0.335***	-0.340***	-0.338***
	(-6.491)	(-7.067)	(-7.132)	(-7.045)	(-7.148)	(-7.101)
c2	-0.323***	0.019	-0.326***	-0.321***	-0.328***	-0.326***
	(-4.113)	(0.119)	(-4.148)	(-4.094)	(-4.173)	(-4.156)
c3	-0.048	-0.048	0.054	-0.045	-0.044	-0.043
	(-1.276)	(-1.278)	(0.414)	(-1.196)	(-1.163)	(-1.142)
c4	-0.002***	-0.002***	-0.002***	0.002**	-0.002***	-0.002***
	(-9.225)	(-9.424)	(-9.359)	(2.481)	(-9.355)	(-9.347)
c5	0.180***	0.180***	0.175***	0.174***	0.173**	0.176***
	(5.777)	(5.770)	(5.636)	(5.602)	(2.524)	(5.649)
c6	-0.006	-0.003	0.004	0.001	0.002	0.174
	(-0.194)	(-0.104)	(0.114)	(0.045)	(0.051)	(1.249)
_cons	-0.550**	-1.601***	-0.418	-0.113	-0.372	0.399
	(-1.978)	(-2.827)	(-1.515)	(-0.407)	(-1.066)	(0.595)
N	8780	8780	8780	8780	8780	8780
r2_p	0.025	0.025	0.025	0.026	0.025	0.025
chi2	255.602	263.160	263.528	288.895	263.329	263.434

（2）法律制度完善程度

依据霍永强（2022）文献中研究得出，企业所处的地区的制度环境对于企业的经营状况有着显著的影响作用，其认为地方的政府干预越少、法律制度越完善则地区的制度环境越好，随着地区制度环境的不断完善，知识产权的保障越完善，外部投资者的权益保障则越完善，因此良好的地区制度环境会在一定程度上削弱企业的融资约束，进而给企业的风险承担带来一定程度的降低。因此本文选取市场中介组织的发育和法律制度环境作为调节变量进行调节效应分析，分析结果如表 14 所示。

表 14 法律制度完善程度调节效应

	（1）level	（2）level	（3）level	（4）level	（5）level	（6）level
trust	0.062 ***	0.135 ***	0.053 ***	0.031 ***	0.036 ***	-0.003
	(8.256)	(5.064)	(7.073)	(3.939)	(2.590)	(-0.101)
Trust * c1	-0.019 ***					
	(-4.610)					
Trust * c2		-0.024 ***				
		(-3.218)				
Trust * . c3			-0.003			
			(-0.415)			
Trust * c4				-0.0001 ***		
				(-6.185)		
Trust * c5					0.005	
					(1.266)	
Trust * c6						-0.012 *
						(-1.705)
c1	-0.510 ***	-0.320 ***	-0.331 ***	-0.321 ***	-0.332 ***	-0.325 ***
	(-8.010)	(-6.670)	(-6.922)	(-6.707)	(-6.941)	(-6.778)
c2	-0.301 ***	-0.061	-0.324 ***	-0.312 ***	-0.329 ***	-0.319 ***
	(-3.788)	(-0.534)	(-4.105)	(-3.950)	(-4.176)	(-4.042)
c3	-0.055	-0.051	-0.016	-0.051	-0.045	-0.044
	(-1.447)	(-1.361)	(-0.196)	(-1.362)	(-1.212)	(-1.183)

续表

	(1) level	(2) level	(3) level	(4) level	(5) level	(6) level
c4	-0.002 ***	-0.002 ***	-0.002 ***	0.002 ***	-0.002 ***	-0.002 ***
	(-8.926)	(-9.478)	(-9.454)	(3.018)	(-9.417)	(-9.373)
c5	0.180 ***	0.179 ***	0.174 ***	0.172 ***	0.130 ***	0.173 ***
	(5.748)	(5.745)	(5.572)	(5.509)	(2.759)	(5.552)
c6	-0.018	-0.010	-0.000	-0.001	-0.006	0.127
	(-0.524)	(-0.307)	(-0.000)	(-0.027)	(-0.173)	(1.536)
_ cons	-0.618 * *	-1.322 ***	-0.379	-0.148	-0.223	0.204
	(-2.487)	(-3.461)	(-1.553)	(-0.599)	(-0.823)	(0.492)
N	8780	8780	8780	8780	8780	8780
r2_ p	0.030	0.029	0.028	0.031	0.028	0.028
chi2	270.892	292.496	298.600	337.367	296.451	296.411

表 14 为选取地地区的市场中介组织的发育和法律制度环境作为调节变量进行实证分析的结果，第一列为 Trust * c1 的交互项，与 Level 在 1%的显著性水平下呈现负相关，相关系数为-0.019，即法律完善程度越高的地区，C1 对于企业风险的较低程度越高；第二列为 Trust * c2 的交互项，与 Level 在 1%的显著性水平下呈现负相关，相关系数为-0.024，即法律完善程度越高的地区，C2 对于企业风险的较低程度越高；第四列为 Trust * c4 的交互项，与 Level 在 1%的显著性水平下呈现负相关，相关系数为-0.0001，即法律完善程度越高的地区，C4 对于企业风险的较低程度越高；第六列为 Trust * c6 的交互项，与 Level 在 10%的显著性水平下呈现负相关，相关系数为-0.012，即法律完善程度越高的地区，C4 对于企业风险的较低程度越高；C3、C5 的交互项并未呈现显著的相关性。

6. 中介效应

为分析企业信用状况降低企业风险的路径机制，本文从企业的融资约束以及企业收益两个角度进行分析，分析结果如下所示。

（1）企业融资约束中介效应

首先从企业的融资约束角度进行中介效应分析，回归结果如下表 15 所示。在表中为以企业融资约束 SA 作为中介变量进行分析的结果，由第二列可知，C1 与 SA 在 1%的显著性水平下呈现负相关关系，相关系数为-0.200，在第三列中，SA 与企业风险水平在 1%的显著性水平下呈现正相关关系，相关系数为 0.113，企业的融资约束增高，企业的风险水平会随之增高，C1 与 level 的风险承担水平在 1%的相关水平下呈现负相关关系，相关系数为-0.363，相较于第一列有所降低，即企业 C1 因子的提高会降低企业的融资约束来降低企业面临的风险。

表 15 企业融资约束中介效应分析结果

	（1）level	（2）level	（3）level
c1	-0.341 ***	-0.200 ***	-0.363 ***
	(-7.179)	(-9.913)	(-7.570)
c2	-0.326 ***	1.108 ***	-0.453 ***
	(-4.163)	(32.763)	(-5.437)
c3	-0.030	-0.471 ***	0.025
	(-0.806)	(-29.202)	(0.634)
c4	-0.002 ***	0.001 ***	-0.002 ***
	(-9.247)	(11.983)	(-9.674)
c5	0.167 ***	0.194 ***	0.145 ***
	(5.409)	(14.474)	(4.627)
c6	0.008	-0.477 ***	0.062 *
	(0.235)	(-33.469)	(1.770)
SA			0.113 ***
			(4.593)
_ cons	0.238	-1.830 ***	0.452 *
	(1.038)	(-18.377)	(1.925)
N	8780	8780	8780

根据第二列结果中，C5 与 SA 在 1%的显著性水平下呈现正相关关系，相关系数为 0194，即随着 C5 的增高，企业的融资约束会有上升的趋势，在第三列中 C5 与被解释变量企业风险在 1%的显著性水平下呈现正相关关系，相关系数为 0. 145，相关系数较第一列有所减小，即 C5 会通过提高企业的融资约束来提高企业面临的风险，其他因子并未通过中介效应。

（2）企业盈利能力中介效应

其次从企业的盈利能力角度进行中介效应分析，回归结果如下表 16 所示。

表 16　企业盈利能力中介效应分析结果

	（1）level	（2）TobinQ	（3）level
c1	−0. 341 ***	0. 080 * *	−0. 359 ***
	(−7. 179)	(2. 542)	(−7. 382)
c2	−0. 326 ***	−0. 410 ***	−0. 361 ***
	(−4. 163)	(−7. 776)	(−4. 484)
c3	−0. 030	0. 109 ***	−0. 027
	(−0. 806)	(4. 329)	(−0. 711)
c4	−0. 002 ***	−0. 001 ***	−0. 002 ***
	(−9. 247)	(−8. 324)	(−9. 588)
c5	0. 167 ***	−0. 024	0. 175 ***
	(5. 409)	(−1. 145)	(5. 553)
c6	0. 008	0. 192 ***	0. 009
	(0. 235)	(8. 656)	(0. 266)
TobinQ			−0. 048 ***
			(−2. 602)
_ cons	0. 238	4. 285 ***	0. 418 *
	(1. 038)	(27. 695)	(1. 712)
N	8780	8780	8780

在表中为以企业盈利能力 TobinQ 作为中介变量进行分析的结果，由第二

列可知，C1 与 TobinQ 在 1%的显著性水平下呈现正相关关系，相关系数为 0.080，在第三列中，TobinQ 与企业风险水平在 1%的显著性水平下呈现负相关关系，相关系数为-0.048，企业的盈利能力增高，企业的风险水平会随之降低，C1 与 level 的风险承担水平在 1%的相关水平下呈现负相关关系，相关系数为-0.359，相较于第一列有所降低，即企业 C1 因子的提高会提高企业的盈利能力来降低企业面临的风险，而其他因子并未通过中介效应。

基于以上实证研究本文得出以下结果：首先，通过主成分分析方法，本文构建出 Comp1 偿债因子、Comp2 盈利因子、Comp3 发展因子、Comp4 企业因子、Comp5 现金因子、Comp6 营运因子六个因子。其次，通过 Logit 模型发现，因子 C1、C2、C4 可以显著降低企业的风险承担水平，C5 的增加则会增加企业的风险承担水平。第三，通过中介效应分析发现，因子 C1 的增高可以通过降低企业的融资约束或者通过提高企业的盈利能力来降低企业的风险承担水平，而因子 C5 的提高则可以通过提高企业的融资约束水平来提高企业的风险承担水平。第四，通过调节效应发现，地区的市场化指数和地区的法治环境对于企业信用状况对于企业风险承担水平的影响产生显著的协调作用。最后本文通过替换变量、选择子样本区间、更换模型三个方法对本文建立的模型进行稳健性检验。

（四）科学信用评价体系构建

从研究来看，通过多指标来进行信用评价体系的构建，能够有效识别小微企业的信用风险。在实际的工作开展过程中，对于信用评价体系的构建，是在本文的研究结果基础上，通过对各个维度以及各个指标进行得分评价，通过得分评价在业务部门以及风险部门应用时，对单个小微企业进行风险评价。对于风险评价较低的小微企业客户，则不开展担保业务；对于风险评价偏低的小微企业客户，采取增加反担保等措施进行风险收益平衡；对于风险评价较高的小微企业客户，开展担保业务。在工作开展过程中，按年度结合风险情况对于信用评价体系中的维度权重、指标得分等进行调整，通过循环处理来构建科学合理的信用评价风险体系。

四、信用评价模型的构建

（一）确定评价指标与权重

根据科学信用评价体系的设计与分析，本文从偿债能力、盈利能力、营运能力、现金流量、发展能力以及企业的基本素质六个方面进行企业信用评价体系模型的构建，并将指标分为定量指标和定性指标。又根据信用评价综合指数 F 的计算公式，确定各变量的权重，如表 17 所示：

表 17　评价指标及权重

指标属性	指标名称		权重
定量指标 78%	偿债能力	资产负债率 流动比率	34%
	营运能力	应收账款周转率（次） 存货周转率（次）	11%
	盈利能力	净资产收益率 营业利润率	19%
	现金流量	现金比率 营运指数	11%
	发展能力	营业收入增长率 资本保值增值率	13%
定性指标 12%	企业基本素质	领导者学历 员工人数	12%

（二）确定评价指标评分标准

依据上述科学信用评价体系的设计与分析，确定评价指标阈值，从而确定评价指标的评分标准。如表 18、表 19 所示。

表 18 定量指标的评分标准

指标名称		评分标准										
		10	9	8	7	6	5	4	3	2	1	
偿债能力	资产负债率	<30%	<35%	<40%	<45%	<50%	<55%	<60%	<65%	<70%	<75%	
	流动比率	>2	>1.9	>1.8	>1.7	>1.6	>1.5	>1.4	>1.3	>1.2	>1.1	
营运能力	应收账款周转率（次）	>5	>4.6	>4.2	>3.8	>3.4	>3	>2.6	>2.2	>1.8	>1.4	无应收账款，取值5
	存货周转率（次）	>4	>3.7	>3.4	>3.2	>2.8	>2.5	>2.2	>1.9	>1.6	>1.3	
盈利能力	净资产收益率	>50%	>45%	>40%	>35%	>30%	>25%	>20%	>15%	>10%	>5%	
	营业利润率	>60%	>54%	>48%	>42%	>36%	>30%	>24%	>18%	>12%	>6%	
现金流量	现金比率	>50%	>45%	>40%	>35%	>30%	>25%	>20%	>15%	>10%	>5%	
	营运指数	>1	>0.9	>0.8	>0.7	>0.6	>0.5	>0.4	>0.3	>0.2	>0.1	
发展能力	营业收入增长率	>60%	>54%	>48%	>42%	>36%	>30%	>24%	>18%	>12%	>6%	
	资本保值增值率	>2	>1.9	>1.8	>1.7	>1.6	>1.5	>1.4	>1.3	>1.2	>1.1	

表 19 定性指标的评分标准

指标名称		评分标准	计分标准
企业基本素质	领导者学历	博士 6 分、研究生 5 分、本科生 4 分、大专生 2 分、中专生（含）以下 0 分	∑学历分/人数
	员工人数	分为三个档次：优势、平均水平和劣势	优势人数大于 10 人 6 分，平均水平人数 5~10 人 4 分，劣势人数小于 5 人 0 分

（三）建立小微企业信用担保业务的信用评价模型

1. 评价模型

本文对小微企业的信用评价采取的是信用计分法对企业的信用评价包括定量评分和定性评分，即：

$$企业信用评价得分=Tn+Tq \tag{4-7}$$

其中 Tn 为信用评价定量得分，Tq 为信用评价定性得分。

$$Tn=\sum_{i=1}^{j} Wi*Ni \tag{4-8}$$

其中 j 为 1~10 个的定量评价指标，Wi 为各定量指标的权重，Ni 为该定量指标的评价得分。

$$Tq = \sum_{s=1}^{t} Qs \quad (4-9)$$

其中 s 为 1~2 个的定性指标，Qs 为各定性指标的实际得分。

与现在通行的企业信用评价/评级的计分法相比，通过各指标的相关性分析与指标筛选减少了重复计分的影响。同时本文将定性指标也根据企业的实际情况进行了量化，最后得出的信用评价即为一个百分值，易于不同企业的横向分析也易于同一企业的纵向比较。同时因本文的企业信用评价模型是针对担保业务而设计的，定量指标均可从企业的财务报表中直接计算所得，定性指标一个给出了量化标准，便于担保业务的信用评价。

2. 信用评价的步骤

第一步，获取信用评价企业三年的财务报表通过对企业财务数据的核实，包括企业财务凭证、企业重要合同、企业的生产记录、出入库记录等原始凭证的查看，核实企业提供财务报表的真实性。

第二步，根据企业的财务报表计算企业的 10 个定量指标的实际值，根据定量指标的评分标准，计算各定量指标的实际得分；加总各定量指标的得分得到该企业定量评价的总分。

第三步，通过对企业的实地调研考察，与企业的领导班子、财务人员座谈，通过外围途径企业的客户、供应商、行业协会了解企业在行业中的竞争优劣势得出企业各定性指标的得分，加总得到该企业定性评价的总分。

第四步，加总企业定量评价总分与定性评价总分，得到该企业信用评价的总分。将信用评分划分等级，根据等级制定决定担保方式。信用评分等级如下表：

表 20　信用评分等级

评价等级	V1（很好）	V2（较好）	V3（一般）	V4（较差）	V5（很差）
分数	>90	81-90	71-80	61-70	<60

V1 等级直接担保，V2 等级需增加个人信用反担保方式后进行担保，V3 等级需增加个人信用反担保和企业信用反担保方式后进行担保，V4 需增加企业房产抵押措施，V5 等级不予担保。

五、信用评价模型在山东省 R 担保公司的应用

根据构建的信用评价模型并结合实际，构建出适合山东省的信用评价体系。选取山东省投融资担保集团二级公司山东省 R 担保公司的 50 家客户进行了测试，针对每个客户进行了一定的分析，证明该测试的结果是有效的。

（一）基础数据采集

从该公司曾经接触过或者担保过的企业中较随意地选取了 50 家客户，数据都来自于公司项目审查核实后的数据。

（二）数据测试

为了更好地对该模型进行测试，笔者进行了大量的企业数据采集和计算，选取了比较规范的 50 家企业进行测试，最终评价结果如下表。

表 21　测试企业模糊评价结果及分数表

序号	企业名称	定量得分	定性得分	总得分	序号	企业名称	定量得分	定性得分	总得分
1	安 X 印刷	70	9	79	14	中 X 发酵	76	10	86
2	丰 X 彩印	69	8	77	15	思 X 水业	64	9	73
3	富 X 装饰	66	8	72	16	瑞 X 科技	69	10	79
4	广 X 钢构	75	10	85	17	恒 X 家具	68	8	76
5	海 X 物联	70	10	80	18	捷 X 昌	71	9	80
6	华 X 机械	59	8	67	19	天 X 物流	70	8	78
7	淮 X 集团	80	11	91	20	旅 X 信息	70	10	80
8	恒 X 膨胀节	79	10	89	21	东 X 食品	60	8	68
9	天 X 科技	59	6	61	22	四 X 路桥	70	11	81
10	圣 X 实业	71	7	78	23	龙 X 化工	56	6	62
11	新 X 联	68	7	55	24	时 X 智囊	56	6	62
12	星 X 技术	56	8	64	25	中 X 华阳	81	11	92
13	益 X 保温	78	10	88	26	迈 X 科技	61	7	68

续表

序号	企业名称	定量得分	定性得分	总得分	序号	企业名称	定量得分	定性得分	总得分
27	华X汽车	48	6	54	39	国X机械	57	7	64
28	爱XX纺织	66	9	75	40	金X实业	72	10	82
29	创X信息	69	9	78	41	迪X植化	56	6	62
30	美X广告	62	7	69	42	潜X水泵	57	7	64
31	靠X生物	71	10	81	43	恒X磁材	50	6	56
32	亚X瑞兴	63	8	71	44	振X电气	56	6	62
33	融X管通	64	8	72	45	宏X双新	64	8	72
34	慧X轮胎	70	10	80	46	宝X根	74	11	85
35	五X门锁	52	6	58	47	东X电气	62	7	69
36	向X模具	55	6	61	48	南XX生物	57	6	63
37	恒X麦芽	55	6	61	49	新XX皇	52	6	58
38	中X视讯	76	11	87	50	金X压缩	68	9	77

（三）测试结果分析

从所有的抽样模型测试的结果来看，出现了可喜的具有规律的分值区域。可以看出60分以下（V5等级）的客户无一例外地都是公司公认的高危客户，其间不乏代偿的客户。而分值达到80分以上（V1、V2等级）的客户全部都是公司公认的优质客户，这一低一高的分值区域让本论文的研究显得非常有意义，特别的60分以下的低值区间经过多次测试显得非常准确，有了较强的实践意义。60分至80分之间（V3、V4等级）的区域的客户在实际工作中的评价显得不是那么一致，这其中也曾出现有代偿的客户，也曾有后来发展非常优秀的客户，对于该区间的客户往往存在有一些额外风险事项，这些事项对打分有所影响。这主要在于小微企业所面临的环境的确比较复杂，由于其本身的抗风险能力较差，很多意外因素如股东矛盾、原材料的突然价格变化等都能够影响到企业的发展和生存，而该模型难以把所有因素都考虑进去，造成打分上出现一定偏差。在实际的运用中，对于额外事项必须要加入额外事项的风险评分，进行再一次的综合评判，以此来弥补该模型的不足。

总体来说，该模型能够在一定程度上准确反映企业的实际情况，建立一套有效的评分系统，为最终的担保决策提供了有力的数据支撑。虽然该模型并不完善，但这需要在不断的运用中进行修正，该模型仍然对小微企业具备适用性。

六、结论与建议

本文使用2010年~2021年国泰安数据库，选取各个地区各个行业具有一定代表性的小微企业代表作为样本，针对政府性融资担保机构的担保主体小微企业的信用评价模型以及信用评分与企业风险之间的关系进行实证研究，得到以下结论：一是通过多指标来进行信用评价体系的构建，能够有效识别小微企业的信用风险。在实际的工作开展过程中，对于信用评价体系的构建，是在本文的研究结果基础上，通过对各个维度以及各个指标进行得分评价，通过得分评价在政府性融资担保机构的业务部门以及风险部门应用时，对单个小微企业进行风险评价。二是根据构建的信用评价模型并结合政府性融资担保机构实际，构建出适合政府性融资担保机构的信用评价体系，该模型能够在一定程度上准确反映企业的实际情况，建立一套有效的评分系统，为最终的担保决策提供了有力的数据支撑。

基于前述研究结论，本文提出以下建议：一是政府性融资担保机构在加快数字化转型上持续发力。风控模式由“流程驱动”向“数据—流程融合驱动”转变，依托海量数据处理技术和数据建模技术，在业务受理、评复审、保后管理各环节自动化地协助识别风险、预警风险。主动与金融监管机构、银行进行沟通对接，建立以省担保为核心的一体化平台，打造省内担保行业数字化风控模型，解决政、银、企、担信息不对称问题，完善信用评级建设工作，进一步提升市县级担保机构的风险识别与控制能力。二是加快开发小微企业信用风险评价模型。联合国内头部厂商，开发符合实际的风险评估模型，建立小微企业信用评分卡，实现小微企业信用风险的精准计量。三是在实际的运用中，对于额外事项必须加入额外事项的风险评分，进行再一次的综合评判，以此来弥补该模型的不足。

参考文献

[1] 程明．试论中小企业融资担保信用风险的补偿路径［J］．中小企业管理与科技（中旬刊），2016（1）：77.

[2] 姜彦，李凌．江苏省小微型企业融资现状调查分析［J］．中国证券期货，2013（1）：186-187.

[3] 方思元．小微企业融资困境与破解之道［J］．发展研究，2018，12.

[4] 龚轶凡．疫情下科技型中小企业融资现状及对策研究［J］．黑龙江金融，2021（1）：62-64.

[5] 陈忠阳．信用风险量化管理模型发展探析［J］．国际金融研究，2000（10）：14-19.

[6] 李雪．融资性担保机构发展问题研究［J］．区域金融研究，2013（6）：41-43.

[7] 董裕平．小企业融资担保服务的商业发展模式研究：基于粤浙两省数据的情景模拟试验分析［J］．金融研究，2009（5）：157-168.

[8] 李东兴．融资性担保公司风险防控［J］．合作经济与科技，2013（7）：77.

[9] 徐承远，李海菠，吴金友．担保行业风险管理引入外部信用评级的理论研究与实践探索［J］．征信，2013，31（5）：13-18.

[10] 吴晓冀．融资性担保机构的经营问题及可持续发展研究［J］．新金融，2014（9）.

[11] 陈志，陈柳．论我国中小企业融资改革与金融创新［J］．金融研究，2000（12）：117-121.

[12] 朱武祥，张平，李鹏飞等．疫情冲击下中小微企业困境与政策效率提升：基于两次全国问卷调查的分析［J］．管理世界，2020，36（4）：13-26.

[13] 晏露蓉，赖永文，张斌等．创建合理高效的中小企业融资担保体系研究［J］．金融研究，2007（10）：152-165.

[14] 吕薇．借鉴有益经验，建立我国中小企业信用担保体系［J］．金融研究，2000（5）：58-63.

[15] 梁晓娟．层次分析法在中小企业信用评价中的应用［J］．河南广播电视大学学报，2005（1）：40-42.

[16] 刘远亮．发达国家（地区）政府在中小企业信用担保体系建设中的作用与借鉴［J］．国际金融，2016（7）：77-80.

[17] 马章良．“路衢模式”：解决中小企业融资难问题新途径［J］．企业经济，2010（8）：13-16.

[18] 庞素琳，王燕鸣．多层感知器信用评价模型研究［J］．中山大学学报（自然科学版），2003（4）：118-122.

[19] 卢现祥．西方新制度经济学的流派渊源关系及其发展趋势［J］．经济评论，2004（5）：50-53.

[20] 曹凤岐．建立和健全中小企业信用担保体系［J］．金融研究，2001（5）：41-48.

[21] 杜鍪．中小企业信用担保机构资信评级研究［D］．湖南大学，2012.

[22] 高世原，彭灿．基于模糊综合评判法的中小信用担保机构评级研究［J］．技术经济与管理研究，2008（6）：13-16.

[23] 顾海峰．提升我国中小企业金融担保行业运营环境的对策研究［C］//中国环境科学学会．中国环境科学学会2009年学术年会论文集（第四卷）．北京航空航天大学出版社，2009：64-69.

[24] 刘钢．融资性担保公司结构与风险之关系初探：以北京为例［J］．现代财经（天津财经大学学报），2012，32（4）：90-97.

[25] 王凯，黄世祥．行业内中小企业信用评估模型及应用［J］．数学的实践与认识，2008（4）：64-77.

[26] 肖斌卿，杨旸，李心丹等．基于模糊神经网络的小微企业信用评级研究［J］．管理科学学报，2016，19（11）：114-126.

[27] Riding A L, Haines Jr G. Loan guarantees: Costs of default and benefits

to small firms [J] . Journal of business venturing, 2001, 16 (6): 595-612.

[28] Altman E I. Financial ratios, discriminant analysis and the prediction of corporate bankruptcy [J] . The journal of finance, 1968, 23 (4): 589-609.

[29] Edmister R O. Combining human credit analysis and numerical credit scoring for business failure prediction [J] . Akron business and economic review, 1988, 19 (3): 6-14.

[30] George A. The market for lemons: Quality uncertainty and the market mechanism [J] . 1970.

[31] Shim I. Corporate credit guarantees in Asia [J] . BIS Quarterly Review, December, 2006.

[32] Martin D. Early warning of bank failure: A logit regression approach [J]. Journal of banking & finance, 1977, 1 (3): 249-276.

[33] Nigrini M, Schoombee A. Credit guarantee schemes as an instrument to promote access to finance for small and medium enterprises: an analysis of Khula Enterprise Finance Ltd´s individual credit guarantee scheme [J] . Development Southern Africa, 2002, 19 (5): 735-750.

[34] Odom M D, Sharda R. A neural network model for bankruptcy prediction [C] //1990 IJCNN International Joint Conference on neural networks. IEEE, 1990: 163-168.

[35] Sohn S Y, Moon T H, Kim S. Improved technology scoring model for credit guarantee fund [J] . Expert Systems with Applications, 2005, 28 (2): 327-331.

新时代政府性融资担保机构代偿追偿工作经验及存在的问题研究

烟台融资担保集团有限公司　徐小云、曲国宾

一、引言

小微企业、“三农”等市场主体在我国经济高质量发展道路中发挥着不可替代、不容忽视的重要作用，是供给侧改革的重要核心力量。《二十大报告》强调要“支持中小微企业发展”，2022年度中央经济工作会议亦要求“稳健的货币政策要精准有力，引导金融机构加大对小微企业、科技创新、绿色发展等领域的支持力度”，足见国家对小微企业、“三农”等市场主体发展的重视程度。

依托于《国务院关于促进融资担保行业加快发展的意见》（国发〔2015〕43号）、《国务院办公厅关于有效发挥政府性融资担保基金作用切实支持小微企业和“三农”发展的指导意见》（国办发〔2019〕6号）、《融资担保公司监督管理条例》、《关于开展财政支持深化民营和小微企业金融服务综合改革试点城市工作的通知》等相关法律、政策依据，并按照全国金融工作会议关于设立国家和地方融资担保基金，完善政府性融资担保和再担保体系要求，我国各地正积极探索、逐步形成以政府性融资担保为主，辅以商业性担保、企业互助性担保的“一体两翼三层”的融资担保格局，助力小微企业、“三农”整合资源、缓解融资压力、获取资金支持。但目前担保行业仍存在银担

合作业务开展不均衡、产品创新不足、合作追偿机制等问题有待健全。

近几年因疫情等客观因素影响，宏观经济增长放缓，同时迫于国内经济持续下压的大环境，部分小微企业、“三农”等市场主体出现经营困难、资金受挫受限等困境，各类风险不断涌现。融资担保机构作为金融体系不良资产处置的末端，面对如何进行追偿、如何有效处置不良资产、如何快速实现清收回款等亦成为融资担保机构亟待解决的现实问题，同时如何妥善处理好相关追偿工作对国内金融风险控制也起到重要的影响。本文以烟台融资担保集团有限公司（下称担保公司）为例，概述担保公司追偿权的相关理论基础，通过梳理担保公司及其托管企业近百起案例，深入剖析担保公司代偿追偿现状及面临的主要问题，并结合对当地法院、公证处、不动产登记中心等相关部门的针对性调研，对追偿清收及资产处置展开思考并对后续代偿、追偿工作开展提出合理化建议。

二、担保公司追偿权的理论基础

（一）融资担保公司的职能定位

烟台融资担保集团有限公司是经烟台市人民政府 2020 年 12 月批准成立、由烟台市财政局履行出资人职责的国有控股公司，是定位于不以盈利为目的、准公益性的政府性融资担保机构，以支持全市小微企业和“三农”主体融资为主责主业，担负着扩大普惠金融覆盖面、降低银行不良风险、引导信贷资金精准流向小微、“三农”等普惠金融领域的重要职责。担保公司积极与银行合作开展包括但不限于二八分险业务、银担批量担保业务、创业贷款担保业务、烟担科信贷业务等融资担保业务，承担“增信、分险”责任，极大程度上发挥了政府性融资担保机构促进中小微企业、“三农”等市场主体融资的政策效能。始终认真贯彻落实中央、省、市的决策部署，聚焦“支农支小”主责主业，积极配合地方经济高质量发展，发挥增加地方税收和助力经济发展“稳定器”“压舱石”的作用，为增强地方经济发展保驾护航。

（二）融资担保活动中各方当事人法律关系及相关概念分析

所谓融资担保，是指债务人为达到其融资需求而基于委托关系或无因管理关系，要求担保人为其向债权人提供担保的行为。在债务人融资活动中，债务人或者第三方通过向债权人提供担保的方式，向债权人表明债务人具有能够按期实现债权的基本保障，以获得融资增信，进而解决债务人面临的融资困境。而担保公司基于有偿的委托关系参与到融资担保活动中，通过对债务人的资信情况、经营情况、反担保措施的提供情况等进行评估认定，决定是否接受债务人委托为其向债权人提供担保。而正是因为有担保公司的参与，债权人对按期实现债权愈加确信，债务人得以及时获取融资资金，解决融资困境。

所谓反担保，又称为求偿担保，是指担保公司为债务人向债权人提供担保的同时，债务人以其自有财产或寻求其他第三人向担保公司提供担保，从而保障担保公司在承担担保责任后，能够获取按期收回代偿款项的信赖期待利益。

所谓代偿，是指债务人无力清偿债权人债务时，担保公司代债务人向债权人履行还款义务的行为。而担保公司代偿后，首先可以取得向债务人及反担保人进行追偿的权利；其次，如相关贷款业务上设置有债务人自有财产的抵质押措施时，担保公司因代偿而取得相应抵质押财产的抵质押权益。

所谓追偿，是指担保公司履行代偿责任后，向债务人及反担保人请求偿还代偿本金并赔偿违约金、损失、实现债权费用的行为。

基于前述分析，融资担保活动中实际涉及四方主体法律关系。一是，债权人（主要指银行等金融机构）与债务人之间的借贷关系，亦是其他法律关系存在的基础与前提。二是，担保公司与债务人之间的委托关系，该层法律关系并不完全因前述借贷关系的产生而产生，即委托关系项下可针对单一借贷关系，亦可针对多层借贷关系。三是，担保公司与债权人之间的保证关系，该层法律关系依赖于前述借贷关系的产生而产生，属从属性法律关系。四是，担保公司与反担保人之间的保证关系，该层法律关系依托于担保公司追偿权的形成而形成，理论上不随主债权的消灭而消灭，即如主债权消灭或无效导致担保公司承担赔偿责任，担保公司亦有权就赔偿款项向反担保人进行追偿。

（三）政府性融资担保公司视角下融资担保之特殊性

政府性融资担保公司经营担保业务具有一定的公益属性，其主要目的在于帮助中小微企业、“三农”等市场主体解决融资困境，但担保公司亦有一定的营利目的。基于此，将担保公司对外提供担保定义为商事行为亦不为过，既是商事行为就意味着其有别于简单的民事担保行为，具有集团性、大规模、反复性的交易特点，法律亦对于担保公司在追偿代偿款本金之外另行主张资金占用费、违约金、实现债权费用等给予支持与肯定。同时担保公司不会基于与债务人的情感因素而接受委托，而是完全站在中立角度，对债务人进行全方位、各方面的评定，以确保不会或较低概率发生代偿风险。担保公司的评定程序与银行等金融机构在放贷前对债务人的评定程序存在异曲同工之处，正因为如此，才产生了担保公司与银行间的批量业务合作。

所谓批量业务，是指担保公司对债务人不再进行全方位的考察，而是完全依赖于银行等金融机构的贷前尽调程序，完全相信银行等金融机构对债务人的评定，担保公司见贷即保，甚至可以在不与债务人见面的情况下，完全由银行等金融机构代为告知委托担保及反担保事项，代为签署委托担保协议及反担保协议。此种合作模式通过设定严格准入条件、锁定代偿率上限等措施，既实现为中小微企业、“三农”等市场主体成功融资的目的，又节约了担保公司大量人力、物力，更将担保公司与银行等金融机构紧密联系，成为现今担保公司主推主营业务之一。

批量合作模式特有的担保公司与银行等金融机构合作追偿制度给担保公司带来了新的挑战，站在高效、完全实现清收回款的视角下进一步研究合作追偿机制、探讨合作追偿可行性、细化合作追偿及追偿分配流程亦是担保公司面临的一项重点研究工作。

（四）融资担保代偿资产及处置

融资担保代偿资产是由融资担保代偿行为产生的，担保公司只有完成了对债权人的债务代偿后，才有权对债务人及相关反担保措施实施进行追偿，代偿资产的实质是一种金融不良资产。而对于融资担保机构而言，融资担保机构代偿资产处置的过程，就是对代偿债权的追偿和对相应反担保的变现行为。

三、担保代偿追偿资产处置方面存在的困难和问题

目前担保公司虽建设有较为完善的制度支撑及多措并举的代偿追偿措施，但仍存在诸多难点，具体如下：

（一）担保公司代偿追偿普遍存在的难点

1. 债务人及反担保人假借协商还款名义恶意拖延还款时间，致使提起诉讼、申请保全时间延后，导致丧失保全财产的最佳时机。

2. 人民法院案件量较大，诉讼、执行立案排期时间较长，同时还需配合法院进行诉前调程序、执前调程序，拉长了诉讼、执行时间。

3. 债务人及反担保人诉讼阶段利用法院送达、异议等手段，恶意拖延诉讼，导致诉讼周期长。

4. 债务人及反担保人执行阶段滥用执行异议程序，并就执行异议结果提出执行异议之诉，导致资产处置周期长。

5. 各管辖法院政策不一，对于代偿后追偿案件个别法院不同意进行诉前保全措施，案件受理时限长，容易造成债务人及反担保人转移名下财产。

6. 执行过程中，人民法院对特殊抵质押物处置存在疑虑或无法处置，并且债务人及反担保人对于法院送达、租赁及产权纠纷容易产生的执行异议，或案外人对财产处置提出执行异议，对于不动产的处置容易发生房地分别抵押等其他因素均能影响司法处置进度的现实问题，导致权益实现周期过长。

7. 抵质押资产或查封资产在长期诉讼、执行过程中存在闲置、贬值等现象，变现能力有限；部分抵质押资产还存在恶意转移、无法追回的风险；资产拍卖成交率有限，通过法院一拍二拍，再进行司法变卖程序后，如发生以物抵债情况，将产生相关费用，降低资产价值，同时担保公司产权下将产生大量实物资产，将需投入大量的人力、物力及财产对抵债资产进行管理，后期处置此类资产也有很大难度，而担保机构作为类金融、轻资产企业，主营各类担保业务，亦不宜对实物资产进行长期管理。

（二）批量合作业务存在的特殊困难

1. 批量合作业务政策要求的业务准入条件、代偿率上限计算、业务操作流程等约定不够明确导致在发生代偿风险时，担保公司与银行等金融机构就业务是否符合代偿条件等存在争议，需反复沟通、协调，可能导致丧失行使追偿权的最佳时机。

2. 批量业务合作要求担保公司与银行等金融机构共同追偿缺乏实际可操作性。在发生代偿风险时，银行等金融机构如先行提请诉讼，将导致担保公司涉诉，影响担保公司担保业务开展，且诉讼期间持续计算正常利息，加大了担保公司后续代偿责任；如担保公司依约代偿，则银行等金融机构 80% 的债权已得到清偿，仅余 20% 债权可追偿，基于担保公司基于追偿权基础法律关系向债务人进行追偿，而银行等金融机构基于金融借款合同基础法律关系向债务人进行追偿，二者法律关系不一致，无法合并处理，同时担保公司亦不具备接受银行等金融机构委托提起诉讼的主体资格，且担保公司及银行等金融机构有严格的合作律所准备规则，实践中亦无法通过委托同一代理律所的方式实现追偿债权的同步进行，担保公司更是无法准确掌控银行等金融机构诉讼进度，导致双方合作追偿难度较大。

3. 相比于普通业务，批量业务发生代偿后，担保公司对债务人及反担保人的基本情况了解较少，对于后期追偿中协商清收及诉讼清收的难度都有所增加。在协商清收中较为重要的就是对于债务人及反担保人的了解程度，其直接关系到是否与债务人及反担保人进行协商及达成还款协议的内容。同时在诉讼清收中，对债务人及反担保人的了解过少，增加了案件的保全及后期执行过程中向法院提供财产线索的难度，提升了时间成本的同时也降低了追偿回款的可能性。

4. 追偿回款在银担双方之间再次分配不合理。批量业务合作要求银担双方在追偿回款后需再按二八比例进行分配，实践中，担保机构在承担担保责任后积极采取追偿措施，一般会先于银行等金融机构追偿回款，在此情况下，担保机构将追偿回款再次分配，银行等金融机构剩余可追偿债权随之减少，而担保公司因为增加代偿，需就新增代偿款部分进行再次诉讼，会导致相应诉讼成本的增加，将银担双方进一步复杂化，有违批量合作业务设定初衷。

5. 基于批量业务合作的特殊性，担保公司不对客户进行保前调查，完全依赖于银行等金融机构的判断。虽批量合作业务设定有严格的准入条件及3%的代偿率上限，但实践中仍存在银行等金融机构推送的批量业务基于有担保公司兜底而出现抵质押物价值不足值或反担保人担保能力不足等情况，造成担保公司后续追偿工作困境。

6. 批量合作要求担保公司不设置抵质押反担保措施，相关抵质押物由银行等金融机构设置抵质押措施，这可能导致抵质押物价值的丧失。首先，就债务人自有抵质押物，基于民法典等相关法律规定，保证人在承担保证责任后依法可取得相关抵质押物物上权益，在此情况下，担保公司即使代偿无可厚非。但对于第三方提供抵质押物的情况，依照法律规定保证人之间在未明确约定相互追偿权且未在同一份保证合同上签字的情况下，保证人之间无相互追偿的权益。换言之，针对第三方提供抵质押物的情形，如保证公司先行代偿，仅银行等金融机构有权对其剩余20%的债权对抵质押物行使权益，保证人对抵质押物无任何的物上权益，这必将导致抵质押物价值的浪费。

目前虽然担保公司极力争取与银行等金融机构协商如存在第三方提供抵质押物的情况，则由银行先行处置抵质押物，暂不对担保公司提起诉讼，抵质押物处置价值或追偿回款不足以清偿贷款业务的部分，由担保公司按合同约定进行代偿。但此种约定也存在一定的问题。对于抵质押物的处置是一个长期的过程，自立案到最终处置回款涉及时间可能是六个月，亦可能是一年，还可能需要更长的时间，而担保公司的担保范围包括本金及正常利息，“正常利息”是一个持续的计算过程，如银行等金融机构处置抵质押物时间过长，则担保公司将面临“巨额”的正常利息需要代偿，这种情况下，即便银行等金融机构成功处置了抵质押物，收回处置款项，在扣除利息、罚息、费用后将所剩无几，担保公司仍可能面临本金全额代偿的窘境，对担保公司而言，抵质押物等同于没有发挥价值。

四、从实际案例出发分析担保公司代偿追偿现状及问题

基于担保公司制定了一套较为完备的风险防控机制，暂发生风险代偿业务量较低，截至2022年底仅发生4笔金额共计149万元的风险代偿业务，代偿率仅为0.02%。虽发生风险代偿案件数量少，但担保公司托管企业原烟台市融资担保有限责任公司（下称托管企业）因经营问题产生数笔代偿风险业务，为此担保公司在接管托管企业后及时组建专门代偿追偿及不良资产处置专业团队并聘用业内知名、专业律师团队，针对担保公司新增代偿案件及托管企业历史遗留案件集中展开“清收风暴”专项清收活动，在完善代偿追偿机制的同时，制定政策、制度支撑，并根据催收情况、企业经营情况及还款意愿、贷款业务担保措施等综合分析制定相应的追偿措施，以协商清收、诉讼清收两种追偿方式为主，多措并举进行追偿，针对追偿过程中遇到的卡点、难点问题逐个突破，实现有效清收。

（一）现有追偿措施概述与分析

1. 协商清收。在发生逾期至追偿回款全过程中均可通过与债务人以协商方式实现清收回款。本文所述协商清收仅为出现逾期至起诉立案期间内，起诉后通过法院达成调解或在执行过程中达成和解，本文将此部分内容归于诉讼清收中，协商清收作为最直接的追偿措施，在日常清收过程中起到至关重要的作用，同时具有很大的优势，在进行协商前通过对业务及债务人的了解、是否有抵质押物、客户的还款意向、反担保人的具体情况等相关信息综合统筹，力求精准抓住债务人及反担保人的痛点，增加协商成功率。可以由债务人或反担保人在约定期限内分期偿还代偿款或自行处置自有资产，也可以自有资产为抵押向银行申请新的借款用于偿还代偿款。具有丰富清收方式、缩短回款周期、减少诉讼成本等优势。但协商清收也有一定的隐患，可能出现债务人或反担保人假借协商清收的名义，恶意拖延起诉时间，为债务人或反担保人转移名下资产提供时间。这就要在日常协商清收中，进行充分的调查，分析债务人及反担保人是否具有还款意向和还款能力，并在《还款协议》中明确不能按期还款的违约责任等限制措施。

以担保公司托管企业与某食品公司追偿纠纷为例，某食品公司以房产抵押给公司，委托其向债权人提供担保，贷款发生逾期后，在代偿前公司积极与客户进行沟通发现客户并非恶意逾期，而是出现暂时性的周转性问题，还款意向十分强烈，对此，担保公司帮助客户向银行协调以现抵押给公司的房产进行二次抵押给银行申请抵押贷款，待贷款发放后，公司及时配合解除抵押登记手续，银行获得抵押房产一押权利，而客户获得贷款以缓释周转风险，有效保障各方权益，实现多赢的局面。

2. 诉讼清收。在协商清收无果或经分析不具备协商清收可能性的情况下，及时采取向仲裁委员会申请仲裁（部分业务约定仲裁管辖）或向有管辖权法院提起诉讼及提请实现担保物权特别程序，并在第一时间对债务人及反担保人名下财产进行保全，取得相关生效法律文书后向法院申请强制执行，通过司法程序对债务人及反担保人名下资产进行查控并处置变现。诉讼清收因有国家公权力的介入，在清收力度上给予了有力保障，同时针对债务人和反担保人没有财产线索的情况，利用国家公权力介入进行财产的查控，增加了追偿回款的可能性。但时间成本及诉讼成本大幅提升，清收效果也无法准确预判，并且需投入大量时间、精力予以关注，同时还需要配合好承办律师及法院的相关工作，争取实现快速、有效清收。诉讼追偿工作中的经验总结：（1）代偿前对债务人及反担保人面谈、评估债务人及反担保人的还款意愿及还款能力等各方面因素；（2）面对无自行还款可能性的贷款业务，尽快分配承办律师准备立案材料，提请诉讼的同时保全债务人及反担保人名下财产；（3）诉讼过程中即对抵押资产或首封资产进行实地考察，落实资产权属（是否改变外观、出租、转让、出售、征用、重复抵押等）、状态（抵押土地是否维持原有用途，有无新的开发利用）；房屋及其他地上附着物形态、结构是否改变，有无毁损，是否改变用途；机器设备、交通运输工具是否办理年检，使用过程中是否正常维护等问题，必要时需拍照摄像留存证据；周边配套设施、市场行情等情况）并对是否是唯一住房、夫妻共同财产等问题进行落实了解；（4）配合承办律师做好诉讼准备工作，准备诉讼材料，力争快速取得生效判决；（5）取得生效判决后及时向法院申请强制执行程序，配合法院对债务人

及反担保人名下财产进行查控，对调查到债务人及反担保人名下财产线索及时向法院提供，针对不同业务的实际情况与承办法官共同探讨专项解决方法，有效推进执行进程；（6）对法院执行系统查询到债务人及反担保人名下财产，及时向法院申请查封、冻结，对于名下有证券、基金、保险等的财产线索，及时跟进财产处置情况，同时向法院申请对抵质押财产进行查封，缩短资产挂拍前的准备时间；（7）持续跟进资产评估价格的议价、询价、评估等价值确定程序，防止价值评估不合理影响资产拍卖成交，在价格确定后及时向法院递交拍卖价格下浮申请书，减少资产挂拍前的准备时间；（8）对资产推介信息进行广泛宣传，扩大资产处置宣传面，提高司法拍卖成交率；（9）配合法院进行司法送达程序，积极协助法官与债务人及反担保人进行沟通，确保各程序间无缝衔接，有效节约时间成本；（10）对于在执行过程中债务人及反担保人有意向达成和解协议的，配合执行法官进行和解，根据法院查控到的债务人及反担保人名下财产情况、还款态度、还款能力等综合考量，依法依规达成执行和解协议，并持续跟进和解协议履行情况，若发现债务人及反担保人有未按照执行和解协议履行的情况，第一时间向法院申请恢复执行；（11）对于夫妻共同财产的处置，要尽可能了解债务人及反担保人的配偶情况，调查夫妻共同财产情况，若发现有已离婚的情况，对于离婚协议及离婚财产分配情况也是清收的重要财产线索，应及时将财产线索及相关证据提供给法院进行核实；（12）对于有固定工作的债务人及反担保人，向法院提供债务人及反担保人单位信息，向法院申请冻结工资、公积金等财产，有利于增加债务人及反担保人的回款积极性，更大概率与债务人及反担保人达成执行和解协议。

以担保公司首例批量代偿业务为例，在代偿前了解到债务人以其名下房产向银行进行抵押贷款，通过与债务人积极沟通及对抵押房产的多方位了解，债务人对处置抵押房产态度积极，担保公司及时代偿取得抵押权并提起诉讼，利用与债务人的友好协商，积极配合法院进行送达等程序性事宜，快速立案并开庭审理，取得判决后立即申请执行，并第一时间与执行法官沟通抵押物处置事宜，协助执行法院联系债务人，双方全力配合法院执行工作，大大减少了法院司法拍卖的准备时间，同时积极寻找意向购买人，最终仅用六个月时间成功处置抵押房产，收回追偿款项50余万元，通过与债务人的积极协商沟通，实现了双赢的结果。

3. *以资抵债*。在债务人及反担保人确无偿债能力情况下，为减少损失，可以适当考虑接受以资抵债，目前实务中并未实际操作过此类方式，仅就通过法院拍卖变卖财产接受抵顶，对于以资抵债中如何确定抵债资产价值等问题仍需研究，并制定相应规章制度。

4. *债权转股权及债权重组*。对于股权质押或比较特殊的代偿业务，债务人及反担保人确无偿债能力，经评估后确认相关股权具有价值，可采取“债权转股权”的方式保障利益；对于资不抵债进入破产、重组程序的债务人或反担保人，针对不同情况，选择接受相应的破产、重组清偿方案。

5. *以赋强公证方式进行清偿*。赋强公证对于融资担保行业来说，赋强公证属于较为新颖的领域，实质上赋强公证需结合诉讼清收进行。《中华人民共和国民事诉讼法》第二百三十八条、《中华人民共和国公证法》第三十七条均对赋强公证进行了规定。2000年最高人民法院和司法部联合下发的《关于公证机关赋予强制执行效力的债权文书执行有关问题的联合通知》也对可进行赋强公证的条件进行了说明，此举将公证处与人民法院进行了连接，对于公证处作出的赋强公证，在当事人向公证处申请执行证书后，可直接向人民法院申请强制执行，相比于常规的诉讼清收减少了人民法院诉讼、仲裁委仲裁环节。对于融资担保行业是否适用赋强公证，通过对比分析赋强公证的可行性及优劣势，并对烟台市内各公证处及法院的走访调研，目前部分公证处接受办理赋强公证业务，并就融资担保类业务是否可以适用赋强公证得到了肯定答复。大部分法院也受理该类案件，在与某基层法院执行局副局长的沟通中，证实法院已受理过赋强公证申请执行的案件，现阶段此类案件大多数为银行向法院申请执行，法院对此类案件也进行过研究，对于赋强公证的执行立案的审查较为严格，尤其针对赋强公证和公证处作出执行证书程序的审查，也出现过赋强公证法院驳回执行申请的情况。目前担保公司处于发展初期，代偿率可控，基于对成本的考虑，暂未采取该措施，后续对于风险系数较大

的业务，可考虑办理赋强公证，利用赋强公证的优势，降低追偿成本，缩短诉讼时间，避免追偿时间过长而导致债务人或反担保人转移财产等风险，更好更快实现清收回款。

（二）内部制度支撑概述与分析

1. 针对不同业务品种设置不同的风险防控措施。见贷即保类业务，要求债务人申请贷款时向银行提供的保证类措施需与向担保公司提供的反担保措施一致；相关抵质押物均由银行设置抵质押权，但抵押人及其共有人向担保公司提供反担保。同时对于债务人之外第三方提供抵质押物的特殊情形，因担保公司与抵质押人同属于保证人且无相互追偿权，代偿后无法取得抵质押物上抵质押权益，为充分保障担保公司的合法权益，担保公司积极与银行协商，贷款业务发生逾期风险，由银行先行处置抵质押物，对抵质押物处置借款不足以涵盖贷款本金及正常利息的部分，由担保公司依约代偿，以充分发挥抵质押物价值。对于见贷即保之外的其他二八合作业务，担保公司积极争取将抵质押物优先抵质押给担保公司，必要时可配合银行办理二次抵质押手续，以充分保障双方合法权益。

2. 建立、健全不良业务管理办法。针对担保公司现不良业务处理过程中遇到的实际问题，实时调整不良业务管理办法，细分、优化代偿追偿流程及各部门职责分工，确保代偿追偿工作有序、高效进行。

3. 积极与法院进行沟通。案件进入诉讼追偿流程后，不仅仅依靠代理律师，担保公司亦积极参与其中，积极寻找债务人及反担保人名下财产线索，及时跟进案件相关卡点、难点，与代理律师共同探讨解决方式，了解案件进展情况，高度配合代理律师及法院开展相关工作，从案件提起诉讼到大幅度缩短追偿诉讼追偿时限，提高追偿效率。

4. 建立法务资产责任评议与追究制度。由法务及法务资产委员会对发生损失的法务资产组织开展责任评定与追究。对资产损失负直接责任的部门及有关责任人员，视主观责任与客观原因给予相应经济处罚和行政处理。因国家法律法规、宏观产业政策等发生重大变化，以及自然灾害、突发事件等不可预见、不可避免或不可克服等客观原因造成损失的法务资产，业务部门经办人员能证明其尽职履责的，经公司法务及法务资产委员会审议、报有权决策人批准后，可免于责任追究。有关责任人员对资产认定结果和处理决定有不同意见的，应在接到通知后 10 日内向公司法务及法务资产委员会提出申诉。对申诉理由和依据充分、可信的，报有权决策人审定同意后再次召开法务及法务资产委员会会议，按照认定程序进行调整，否则维持原认定结果和处理意见。

五、完善担保代偿及资产处置工作的思考与建议

（一）建议省担公司进一步优化批量业务操作指引

一是，进一步明确合作追偿机制、流程及要求。建议尽快汇总各地市在批量业务合作方面存在的难点及卡点，集思广益，集中制定符合地方版批量合作业务的操作指引，明确担保公司与银行等金融机构间的合作追偿机制，便于在发生代偿风险时双方可按约及时采取措施，避免反复沟通、协调而错失最佳诉讼时机。二是，优化后续分配比例。在担保公司代偿了 80%的本金及正常利息后，建议担保公司与银行等金融机构各自行使追偿权，追偿回款暂不进行分配，待确定债务人及反担保人确无履行债务能力，无法再追回任何款项的情况下，担保公司与银行等金融机构就目前各自追回款项进行核算及二次分配，以避免复杂化后续的追偿工作。

（二）地方政府出台政策支持

·是，简化诉讼保全流程，提高处置效率。建议省高院出台相关指导意见，明确规定对于诉讼标的金额在具体金额（万元）及以下的诉讼保全案件，担保机构可以自行出具保函（营业范围包含的诉讼保全担保），无须第三方提供诉讼保全担保。二是，政府组建风险缓释基金，承接担保机构的风险代偿项目。成立一定规模的市级中小企业风险缓释基金，按照不超过 5 折的价格通过资产管理公司批量受让、交易所摘牌、协议受让、直接代偿等方式收购辖内国有控股担保公司在金融机构的代偿债权。三是，政府融资平台直接购买担保的不良债权。地方政府出台相关意见，明确政府对担保公司和银行通过依法诉讼后取得的资产，指定政府融资平台公司先行购买变现，确保担保

公司资本金安全，减少流动性风险。四是，政府建立不良资产处置联席会议制度。推动建立担保不良资产处置联动机制，通过加大担保不良资产的处置力度，提高全市政府性融资担保机构的资金流动性。

（三）运营模式创新

一是，设立不良资产管理公司，专业化开展代偿资产管理。可由市级融资担保机构设立市级资产管理公司，加强担保代偿资产的收购、处置和运营工作。二是，设立综合性担保行业保障金专业运营管理机构。运用债权转让、资产置换、债务重组、破产重组等手段，管理代偿资产，提高回收处置效率和效果。

（四）与其他机构合作处置和化解风险

一是，创新工作机制，实现向资产首封法院申请优先受偿处置。通过持续跟踪资产首封案件的进展，协调首封法院进行拍卖，主张优先受偿。若首封案件长时间未处置财产，依据相关法律规定，向首封法院申请财产处置权，进行处置权移交。二是，利用法院查控增加追偿途径，通过对法院执行工作调研，得知执行立案后第一时间会对被执行人名下财产进行查控，其中不动产、车辆、证券、保险等财产线索会反馈至法院系统，对于被执行人为自然人的情况，往往保险、证券等信息对后续追偿有较大收获，被执行人更容易疏于管理这方面的财产。三是，以投行思维创新依法追偿工作，实现资源配置最优化。对重点招商环保型企业、符合国家政策扶持对象，且企业还款意愿及恢复生产愿望较强的实际情况，主动帮助企业资产重组，通过与第三方公司达成重组方案，以转贷的方式收回代偿款，实现双赢。

六、结束语

担保公司自成立以来，积极响应国家及省内号召，在担保业务开展、托管企业债务化解及代偿清偿、公司新增担保代偿业务追偿等各方面做了大量工作，争取了较多的权益，但仍有不足的地方，既需不断地调整、优化内部机制，也需要外部力量给予制度、政策支持，确保担保公司代偿追偿工作取得实效，推动担保公司实现稳定发展，更好助力小微企业、“三农”等市场主体发展，促进社会经济高速、高质量发展。

参考文献

[1] 赵晓宁. 担保公司代偿业务清收与措施的探讨 [J]. 财经界，2020 (35).

[2] 高林. 论担保公司商业化不良资产处置的策略分析及建议 [J]. 纳税，2021，15 (8).

[3] 邱燕凤. 政府融资担保公司如何优化处置风险企业资产 [J]. 企业科技与发展，2021 (8).

[4] 杨秀玉. 不良资产处置方式及影响因素分析 [J]. 现代商业，2019 (8).

[5] 韦俊杰. 小微企业融资再担保业务风险防范机制研究 [D]. 镇江：江苏大学，2021.

[6] 刘宁. 山东Z担保公司风险防控研究：基于代偿追偿视角 [D]. 济南：山东财经大学，2021.

[7] 刘梦钰. 四川省F融资担保有限公司代偿资产处置管理研究 [D]. 成都：电子科技大学，2022.

政府性融资担保业务风险管理制度体系建设研究

山东省投融资担保集团有限公司　刘永贤、李文昊等

一、引言

（一）研究背景

小微企业和“三农”主体是我国劳动就业岗位的重要提供者，有着重要的战略地位，其稳定发展是国家长治久安的前提，但是因为规模小、抗风险能力较弱、信息不对称等不利因素导致了它们很难正常获得商业银行的贷款。“融资难、融资贵”问题也成了制约小微企业和“三农”发展的难题。20 世纪 90 年代前后在政府引导下，融资担保机构在我国产生，这在一定程度上缓解了小微企业和“三农”融资难的问题，有力地推动了地方经济发展。

我国正处于百年未有之大变局中，中美大国博弈、地缘政治冲突、结构性改革、世界经济下行，加之新冠疫情的暴发，我国实体经济困难重重。为稳定经济增长，国家相继推出一揽子措施，融资担保通过担保增信、保费补贴等方式发挥财政的放大效应，也再次彰显了其在财政金融互动政策中的重要地位。

在解决小微企业和“三农”群体“融资难、融资贵”的问题方面，政府性融资担保有着一般商业性金融机构无法比拟的优势，但是政府性融资担保机构因其自身使命，融资担保费率一直维持低标准，无法成为以盈利为目的

金融机构，这也使得政府性融资担保业务陷入一种高风险、低收益的困境之中。政府性融资担保机构毕竟以政策导向为主，其自身的盈利能力有限，但承担的风险却偏高，而其中政府性融资担保业务风险是最重要的风险因素之一。尤其在疫情下，政府性融资担保机构承接了大量政策导向性业务，而在当前经济下行的大市场环境下，小微企业和“三农”主体的抗风险能力更是明显降低，由此给政府性融资担保机构带来的业务风险明显增多。

能否实现持续性发展是现在政府性融资担保机构的核心问题，研究分析现行政府性融资担保业务的风控并完善配套的风险管理制度体系，能一定程度上保障政府性融资担保机构自身的健康成长和稳定发展。

一直以来，政府性融资担保行业都没有健全完善的业务风控制度，且行业的准入要求与经营规范缺乏统一，这就导致很多政府性融资担保机构的业务风险管理较为松散，没有形成制度化、系统化、规范化的标准。此外，一些政府性融资担保机构业务流程随意性较大，没有对业务流程进行有效的跟踪管理，导致风险分析不准确。另外，一些政府性融资担保机构为了在短期内扩大业务面，增加业务量，并没有严格按照制度要求和风控标准对担保业务进行可行性分析，最后出现资产无法追回的情况，很大程度上增加了政府性融资性担保机构的经营风险。

因此，想要保持小微企业及“三农”的持续健康发展，在新形势下政府性融资担保机构就必须不断优化现有融资性担保业务风险管理，完善风险管理制度体系建设，进一步提升业务风险管理能力。

（二）研究意义

对政府性融资担保机构的业务风控分析及制度体系进行研究，适逢其时，多数机构正处于业务规模扩张期，各种行业风险问题陆续爆发，在疫情影响、经济下行、调整发展战略等重重压力下，完善政府性融资担保机构业务风险管理和制度体系建设，有利于提高融资担保业务风险识别能力、化解和防范融资担保业务风险、合理控制代偿率。

政府性融资担保体系建立较晚但发展十分迅速，风险管理机制和组织体系还未发展成熟，没有完善健全的模式可以广泛套用。通过对政府性融资担保机构业务风控及制度体系进行研究，能够对政府性融资担保机构的相关业务发展起到借鉴作用。

政府性融资担保机构业务具有一定的公共产品属性，在执行的过程中，离不开法规、制度的指导，同时还应该给予相应的政策支持。对政府性融资担保业务风控及制度体系进行研究，也是为政府性融资担保体系的发展添砖加瓦。

建立政府性融资担保机构的业务风控制度体系，具有非常重要的现实意义，制度体系的建成，可以为风险管理工作提供重要的依据和遵循，不仅可以增强其风险评估能力，还可以提高其风险预测和风险应对能力，良好的风险管理效果是切实发挥财政资本杠杆作用的必然要求，优秀的风控能力才能撬动更多的金融资源，为当地小微企业和“三农”主体提供信贷资金，促进其发展，同时又能实现国有资本的保值增值目标，才能真正实现持续的融资担保服务。

二、政府性融资担保业务风险管理理论概述

（一）政府性融资担保业务面临的主要风险

1. 担保对象的信用违约风险

源自受保企业的风险是政府性融资担保业务面临的最主要的风险。这是因为政府性融资担保业务的主要对象是小微企业（含个体工商户、小微企业主）、“三农”等普惠领域市场主体和创业创新、战略性新兴产业等国家重点支持领域市场主体。这些主体通常不符合银行信贷条件，企业规模小、资产少、经营管理粗放、缺少抵押物、抗风险能力弱、企业信用处于培育期、社会信任度偏低、融资渠道狭窄。由于信息不对称，甚至有一些企业将取得的担保贷款改变用途投放到高风险的项目中。一旦受保企业违约，担保机构就必须向债权人（主要是银行等金融机构）进行代偿。虽然在获客和保前风险评估时，担保机构会进行尽职调查，也会采取一些反担保、提取赔偿准备金等的风险控制手段，但业务代偿会对担保机构造成资金上的损失。

2. 合作商业银行转嫁的风险

银行是政府性融资担保机构的重要合作伙伴，一般情况下，担保机构在业务开展的过程中会对受保企业的偿债能力进行全面调查，这样不但会减少担保代偿，同时也会降低风险。理论上讲，银行与政府性融资担保机构应当是利益共同体，但是现实情况却是银行会要求担保机构对贷款本金的绝大部分或全额进行担保。部分银行甚至通过抽屉协议等方式搞“假分险”。结果是银行只享受收益，将贷款的所有风险转嫁给担保机构。“银担”双方的权利和义务是不对等的，双方“利益融合”的机制尚未完全建立。

疫情发生后，国家为了刺激经济发展，在贷款政策上持续放松，这样必然导致银行在评价贷款客户时对信用等级的要求会有所降低，由于银行在与担保机构合作的过程中处于绝对优势，如果担保机构依赖银行，自身没有更强的风险管控手段，从而也会增加担保企业的业务风险。因为一旦有了政府性融资担保机构的进入，银行的风险比例就会大大降低，此时银行为了业绩很容易放松贷款审核要求和贷后监管，甚至于为了转嫁存量贷款风险联合受保企业，故意给政府性融资担保机构提供不完整甚至不真实的信息，这就容易导致不符合要求的企业获得贷款并将业务风险转移给政府性融资担保机构。

3. 基本担保业务模式的缺陷引发风险

在政府性融资担保业务的基本模式下（见图 1），政府性融资担保机构为经营主体在银行的贷款提供担保，虽然会收取一定的保费，但是往往比较低，却承担了银行信贷的绝大部分风险，基本担保业务模式必然造成“低收益高风险”。这种收益和风险高度不匹配的担保业务模式，使得业务风险管理能力的重要性进一步凸显。提高放大倍数和担保规模固然是政府性融资担保业务的目标，但如果风险管理失败，出现一笔代偿项目，那么几十甚至上百笔业务的担保费收入都可能无法覆盖。同时代偿率超过规定标准的话，会影响机构的绩效考核，这也是从另一个方面对业务管理能力失败的惩罚。

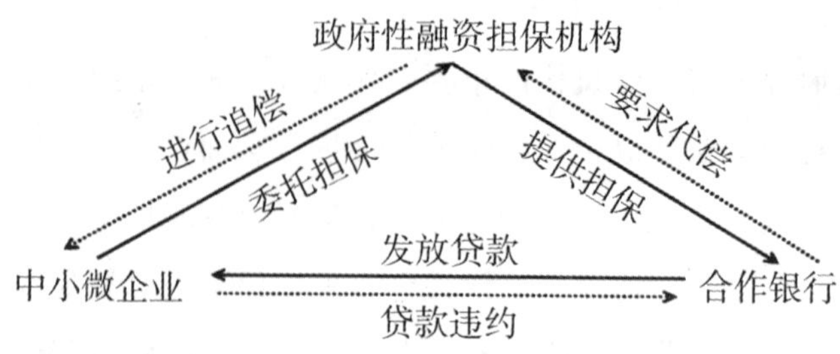

图 1　政府性融资担保业务的基本模式

政府性融资担保机构为中小微企业在银行的贷款提供的一般是连带责任担保，且介入的贷款业务风险大多高于银行优质客户，这宽松就要求政府性融资担保机构要有更为严格有效的风险控制条件及更强的风险控制能力，但是现状是政府性融资担保机构在规模、资金实力、体系完善度甚至从业人员素质等方面都不如银行，而且这种风险是无法通过提高准入门槛来控制的，如果政府性融资担保机构设定比较严格的担保条件可能会导致绝大部分担保业务因为不符合条件而无法运作，也无法发挥其政策导向作用，但是一旦条件放得太宽松风险又特别大，所以从某种意义上来说政府性融资担保业务风险控制是一件比较困难的事情。

4. 风险控制措施的操作风险

政府性融资担保业务的开展过程中，担保机构要面临来自各方面的风险，除来自客户、行业等各种外部风险外，还要应对担保机构内部的业务的操作风险。操作性风险主要是针对担保机构内部业务操作环节中因制度流程节点控制缺失及员工素质不够而导致的风险。

目前关于政府性融资担保业务的风险控制，还主要是从防范企业违约的角度来研究的，但实际上，融资担保机构内部风险控制不当而牵引出的业务操作风险是实践中高频发生的，很多规模小的政府性融资担保机构由于规模小、人员不够，一人身兼数职的情况时有发生，各岗位间没有了制约就很容易发生操作风险。特别是当融资担保机构业务规模快速增长时，如果业务风险管理体系没有相应的优化和完善，操作风险会急剧上升。操作风险的另一个原因是内部员工的职业道德风险，尤其是政府性融资担保机构关系错综复杂，利用公司资源为个人谋取不正当利益的事情也有发生，因此，在风险控制组织体系脆弱的情形下，政府性融资担保业务的操作性风险比较显著。

5. 逆向选择与道德风险

道德风险和逆向选择风险来源于信息不对称，而在开展政府性融资担保业务的过程中，担保机构和申保企业信息不对称问题更为严重。一方面，为了骗取银行贷款，企业可能会采用资料及数据造假等方式，另一方面，贷款资金发放后银行和担保机构很难监控资金用途，一旦企业发生经营风险，逃避债务偿还的难度也不高，这就使得政府性融资担保机构代偿后很难追偿，最终政府性融资担保机构成了最大的损失承担方。

同时，担保业务的项目组（包括调查人员和审查人员）还存在道德风险行为的可能，首先，项目决策人掌握了担保业务的控制权，一旦项目决策人与受保企业串通，其所掌握的控制权就会是道德风险的来源；其次，政府性融资担保机构在做业务调查时获取被担保企业信息的途径有限，一些私人信息很难获得；再次，担保业务大环境存在诸多不确定性，从业人员收入与担保业务收益之间的联系容易被割裂，使得项目经理有可能免除自己的道德风险行为造成损失时本应承担的责任。因此，项目组具备了产生道德风险行为的动机和条件。

（二）基于业务流程对应的担保风险管理方法

1. 设定风险指标

不同类型的担保业务侧重选取的风险指标是不同的，对于商业性担保业务来说，代偿率、回收率、损失率等等是很重要的风险指标，因为商业性担保业务的目的在于获得利润，但这类担保业务仍然具备高风险低收益特征，担保费率再高，也不会高于银行利息，所以一旦出现一笔代偿项目，至少要靠几十甚至上百笔担保业务的保费收入才能追平损失。反担保措施是否能在代偿后成功变现，使担保机构收回代偿款，至关重要，那些无法实现回款的反担保措施，对于担保业务来说与损失无异。

但是政府性担保业务则不同，因为政府性担保业务的目的是为小微企业信贷增信，其准公共产品定位也直接体现在绩效考核的评价标准上，代偿率只要不超过政策规定的标准，则可以适用尽职免责，所以政府性担保业务的风险指标侧重于担保业务规模、放大倍数、担保费率等方面。

2. 风险识别

担保业务的风险识别可以分为申保企业风险识别和外部风险识别：

（1）申保企业风险识别。受保企业风险主要包括行业风险、经营风险、财务风险、管理风险和反担保措施风险等。财务风险的识别主要依据申保企业提供的财务报表，对其资产负债表、利润表、现金流量表进行分析，结合企业纳税、投融资情况分析评价申保企业的盈利能力、偿债能力等指标。管理风险的识别是基于对非财务因素的分析，比如组织架构、股权结构和员工稳定性等，对于中小企业发展起着决定性作用的是实际控制人，因此管理风险的识别必须关注申保企业实际控制人和高管人员的专业能力、品行道德、社会信用评价等。反担保作为第二还款来源，在确定业务的反担保措施前，必须进行详细调查，争取选择变现能力强的抵质押物，方能实现风险补偿作用。

（2）外部风险识别。外部风险主要指市场风险、政策风险和竞争风险。市场风险是不可避免的客观风险，可能会加大部分申保企业的经营难度。政策风险是指由于政策变化产生的风险。部分申保企业的主营业务受政策影响较大，同时政府性融资担保业务本身亦为政策导向型。竞争风险是普遍存在的，只有研究申保企业所处的行业，了解其竞争优劣势，才能分析其发展前景。

3. 风险评估

担保业务的风险评估有其自身的特点，这主要是因为担保对象主要为中小微企业，其管理不规范，信息真实性差，所以担保业务风险评估主要是以定性分析为主，具有主观性。担保业务的风险评估较大依赖从业人员的专业能力和经验，基本依靠他们对申保企业所处行业、核心产品、市场状况、行业政策等进行调查，确定申保企业的主要风险点并进行评估。特别要说明的，一些担保机构已经从对单个业务的风险评估逐步向对产品、方案及业务模式的风险评估转型。

4. 风险应对

担保机构依据业务流程和节点均会设置相应的风险应对方法。比如，设置立项审批环节，这是担保业务的第一个风险判断节点，如果申保企业不符合业务受理标准则不予立项，这属于回避风险。在保前调查阶段，担保人员要进行书面审查和现场调查，此时对于不符合标准的申保企业，调查人员可以终止项目，调查通过的担保业务也有可能在风险审查环节被评价为风险较大遭到否决，调查、审查都通过的项目在担保业务评审决策环节一样存在被否决的可能，这些均是规避项目风险的设置。即使决定承保，担保机构也会通过反担保措施来补偿风险，比如要求实控人及股东提供连带反担保等。承保后，担保业务风险的可控性降低，但担保机构仍然可以通过保后监管来实现对风险的预警，从而采取转移风险、缓释风险、控制损失等方式来应对。对于受保企业确实无力还款的，担保机构会主动承担风险，然后积极追偿。

5. 事后监督

事后监督可以指担保机构在承保后进行的风险管理，也可以包括在具体担保业务发生风险代偿后进行的原因分析和总结。在承保后，担保机构通常会进行的风险管理措施主要有：

（1）保后管理。分为现场检查与非现场检查，同时可以采用定期检查，也可以选择不定期检查，还可以两者结合。保后管理的目的是动态了解受保企业及反担保等风险缓释措施，重点核查发生重大变化的因素。

（2）抵质押物监督。抵质押物是风险补偿的重要措施，是第二还款来源，必须定期或不定期对其完整性、价值变化、权属变动等进行检查，确保抵质押物变现能力不减损。

（3）资金与还款监督。受保企业应当按照约定的资金用途使用担保贷款，如果贷款挪作他用，那么担保业务风险可能会急剧增加，因此，承保后应当检查客户银行账户流水等，尽量查明贷款资金的真实用途。

三、政府性融资担保业务风险管理现状及问题分析

（一）政府性融资担保业务风险管理发展现状

1. 风控制度有待完善，风险意识有待提高

近年来，政府性融资担保行业经过整顿和洗牌，迎来了“量减质升”，通过调研发现，多数机构根据尽调、评审、保后的流程和节点，建立起客户准入、项目评审、风险管理、追偿处置为主体的基础性风险管理制度，但是这与成体系的风险管理制度有一定差别，全面风险管理制度体系更无从谈及。究其原因，我国政府性融资担保机构受监管机构监督力度一般，缺乏一定的行业标准，采用的多是框架式的内部控制制度结构，风险管理目标也不够细化，责任界定不明晰，这就导致各级人员执行动力不足。行业从业人员风险意识有待提高，传统金融机构中逐利逐名的心态偶尔会顺延到担保工作。当务之急是从公司层面自上而下地建立风险控制理念，将担保业务、风险控制、人力资源有机统一在公司文化和企业制度中，把风险意识融入日常工作。

2. 与客户信息不对称，担保业务管理困难

与客户信息不对称问题形成的原因主要源自两个方面：

（1）企业方面。小微企业在融资之前一定会权衡披露信息所要付出的代价与预期可以获得的收益，当真实披露信息可能带来声誉风险时，企业是没有动力去主动告知的，尤其是对这种不利信息的隐瞒反而有利于获取信贷担保贷款时更甚。而且企业在运营过程中形成的新的消息是融资承保后难以掌握的，如果企业有心隐瞒或者延迟披露，担保机构更难发现。

（2）政府性融资担保机构方面。担保机构风险识别方法单一，着重定性分析，看重财务指标，但是，中小企业管理不规范，财务信息的真实性恰恰是比较低的。小微企业的信息透明度低遇上政府性融资担保机构的不成熟，加剧了担保业务信息不对称问题。信息不对称问题存在于保前、保中、保后全流程各环节，一方面是对风险信息隐而不漏甚至粉饰的客户，另一方面是囿于担保机构的科技应用程度不足难以有效识别风险并进行预警，政府性融资担保业务风险管理的难度相对较大。

3. 信用体系缺失明显，企业负债风险较高

客观地说，近年来我国信用体系建设速度还是比较快的，全社会对信用信息的重视程度在不断提升，全国统一的金融信用信息数据库基本建成，但这与政府性融资担保业务的发展仍不匹配。全社会没有明确守信奖励和失信惩罚机制，使得违约成本较低。小微企业管理不规范，财务信息失真，原始凭证真假难辨，有些申保企业为了获得担保信贷资金，不惜伪造财务报表，用虚假的会计账簿欺骗担保业务人员，这些行为使得担保机构调查了解申保企业的负债及或有负债等情况难度很大，企业负债风险较高。

4. 数字化建设落后，风险识别方法单一

当下我国政府性融资担保机构在数字化应用方面还比较落后，虽然政府性融资担保风险是多样化、多方面的，但是其风险识别方法仍以定性为主，看重基础性的财务指标分析，而定量分析不成系统，大数据等现代科技手段未能充分应用于风险识别。

多数担保机构没有开发自己的业务管理系统，信息整合、动态管理无从实现。面对政府性融资担保业务规模提升迅速和日趋复杂的风险管理压力，山东担保集团开发的预审小程序等全流程大数据风控系统应用情况较为不足，业务覆盖面不够广。究其原因是未能与数字化平台和直担 SaaS 系统等常规业务操作系统进行有效的互联互通，系统的独立性明显，融合性较差，无法实现直连的交叉检验功能。

从社会信用体系的建设来看，人民银行征信中心系统暂未全面允许政府性融资担保机构接入，无法查询客户信用情况让担保机构信息获取严重滞后，这对业务的决策效率、决策质量等造成了较大的影响。

5. 从业人员业务素质一般，专业人才较为缺乏

政府性融资担保风险识别是一项专业性和综合性较强的复杂事项，需要复合型人才方能胜任。风控人员须精通财会、法律、融资担保等专业知识，同时还应了解宏观经济形势、国家政策及行业发展趋势，这样在进行项目保前审查时才能有效预测和评估风险。除此之外，政府性融资担保在进行产品设计、研发、尽职调查等方面也需要专业人才。但是通过调研发现，无论省

内还是省外，因国内政府性融资担保行业发展时间较短，从业人员来自多个行业，相关从业经历不够深厚，且进入政府性融资担保行业后，人才培养缺乏统一的方式、方法，培训力度和途径均未成体系，叠加这个行业“高风险、低收益”的特点，更难以引进优秀人才，同时还不得不面临优秀人才流失的问题，严重制约着政府性融资担保行业的发展。因此，尽快建立行业从业人员的资格认证制度，并且通过政策的奖励、激励引流人才，是提升行业内核力量和推进机构高质量发展的必由之路。

（二）政府性融资担保业务风险管理存在的问题

1. 担保客户信息获取不够精准

政府性融资担保业务的客户往往规模较小、财务管理不规范，大多数处于初创期或者缺乏有效资产和抵（质）押物，想要获得受保企业精准的信息是很困难的。近年来，担保机构从申请担保的资料完整性不断进行优化，根据申保企业提供的书面申请材料，调查人员对企业已经可以建立一个较为全面的初步印象。之后，调查人员会对申保企业进行现场尽职调查，重要项目风险审查人员还会进行共同尽调，现场考察的目的之一是核查书面材料的真实性，比如财务状况需要抽查原始凭证等，同时，与企业实控人、高管进行现场沟通，也有利于进一步了解企业，现场走访产生的感性认识是书面审查无法做到的。保前，还会借助第三方征信机构来获取申保企业的信用信息。应当说，这些做法已经比较丰富，但这些信息收集的方法主要围绕申保企业展开，基于申保企业在提供信息的过程中存在隐瞒和粉饰的动机，如果不能打通对第三方外部信息的获取渠道，担保机构是很难提升客户信息获取精准程度的。

2. 担保业务风险评估不够客观准确

担保业务的服务对象范围广泛，财务性指标虽然是通用的，但财务信息不规范、真实性差是我国乃至全球小微企业的通病，因此想要通过定量化分析来评价小微企业担保业务风险是难以实现的，尽管业务人员在尽调过程中对企业提供的财务报告、员工人数及工资表、银行对账单、纳税申报表、采购合同、出入库单据、水电费等资料进行综合性校验，风控人员亦有会计专业背景，但担保业务风险评估仍然难以标准化，具有主观性。

3. 担保业务风险决策质量有待提高

正是因为担保业务的风险评估具有主观性，因而对于风险决策机构就提出了更高的要求，评审委员会委员要面对来自不同行业的担保项目，每个项目都有其个性化特点，而个人的知识结构和经验积累毕竟是有限的，评审委员会委员多以担保机构管理人员组成，这种“领导型”评委结构对于提高风险决策效果来说并不是很理想，因为高管不一定完全具备判断担保风险的专业能力，存在决策失误的可能性，应当考虑引进内外部专家，组成知识结构多元和专业知识齐备的评审决策机构，从多视角综合评价项目风险，提高决策质量。

4. 担保业务风险预警反应滞后

保后管理是指融资担保机构承保后对受保企业进行的动态监测过程，这种管理和检查是全方位的，不仅包括对受保企业的继续生产经营情况、财务资信变化的检查，也包括对贷款实际用途的调查，还包括对反担保人担保能力和反担保物状况的调查等，保后管理的目的是及时发现项目重大变化，进行风险预警，使得担保机构能采取补救或应对措施。部分担保机构风险控制分工不够精细，一人分担多个角色，项目业务人员和风险主审同时负责保后监管，这种一人多职的组织体系也许在业务效率上有一定优势，但其风控效果难以令人满意，精力有限的情况下担保业务风险预警作用难以发挥到理想状态，风险预测和反应滞后。

5. 担保业务风险处置措施比较有限

通过分析已代偿项目，受保企业出现风险后，担保机构先代偿才可追偿，而银行是发现问题即可采取相应措施，使得担保机构时间效率上存在一定延误，这样往往会错过较多财产线索或保全财产的机会。

从风险处置方案来看，基本上是围绕担保业务设计方案实施，风险处置手段也以司法追偿为主，虽然兼有达成分期还款协议、债权转让等处置措施，但仍较为有限。司法追偿是最基本的手段，但诉讼确权只是开始，判决后借款人主动履行的少之又少，申请强制执行在所难免。从起诉到执行终结，一般耗时较长。更为重要的是，司法追偿效率不高，在不采用以物抵债方式的前提下实现的现金回款比例并不高，大量代偿款无法及时收回势必造成公司的资金紧张。

四、政府性融资担保业务风险管理制度体系建设思考

(一)建设原则

1. 坚持领导主抓与全员参与相结合

政府性融资担保业务风险管理制度体系建设应明确担保机构主要负责人是第一责任人；建立全员责任制，把风险管理要求植入各项业务规章、制度、办法，落实到业务工作全过程。

2. 坚持全面管理与重点突出相结合

政府性融资担保业务风险管理制度体系建设应覆盖担保机构全业务领域、全业务过程、全组织层级和全体员工，贯穿担保业务决策、执行、监督全过程，突出重要领域、重点环节、重点人员及重点单位的管理。

3. 坚持成本与效益、控制与效率相统一

政府性融资担保业务风险管理制度体系建设应有效兼顾成本与效益、控制与效率，以适当的成本和效率实现有效防控。

（二）建设思路

1. 以明确组织架构为前提

政府性融资担保业务风险管理制度体系建设，首先需要在涉及业务的组织职能方面进行统一，完善担保机构内部组织架构，明确管理职责，避免职能交叉重复，防范推诿扯皮。

一是在决策层，董事会是业务风险管理的最高决策机构。董事会下设风险管理委员会，对董事会负责。

二是在管理层，总经理办公会负责组织领导业务风险管理建设和日常运行。分管领导负责业务风险管理的具体工作。

三是在执行层，由风控合规部门发挥牵头部门的统筹协调作用，其他各业务部门、单位是业务风险管理具体责任部门，各业务部门、单位负责人是

本单位业务风险管理工作的负责人。

2. 以形成全方位制度为重点

一是在纲领性制度—担保业务管理制度的基础上，按照业务流程阶段的不同，划分业务风险管理制度大类，制定配套的管理办法、实施细则。

二是将风险、内控及合规管理要求、评价标准及风险应对措施融入业务制度当中，切实做到日常的业务流程及管理符合风险、内控及合规的多方面要求。

三是业务规章制度里要嵌入业务全流程，财务管理、员工管理、合同管理、审计监督等相关要求要统一纳入担保业务工作的具体管理中，并进一步加强制度执行情况监督检查，强化制度刚性约束。

四是定期开展业务制度梳理，编制“立改废”计划，完善重点改革任务配套制度，及时修订重要领域管理规范，不断增强针对性和实效性。

3. 制度体系基本框架

根据“三农”和小微企业经营等主体运行的基本规律，结合政府性融资担保机构风险管理现状及问题，按照“建立健全、完善提升”总原则，构建出政府性融资担保业务风险管理制度体系，该体系基本框架由 7 个方面，22 项制度组成（见表 1）。同时，该框架和制度体系将在业务运行中按照风险管理目标确定的路径不断得到充实完善和优化。

表 1　政府性融资担保业务风险管理制度体系基本框架

序号	制度分类	制度名称
1	业务综合管理类	担保业务管理制度
2	合作方管理类	担保业务合作银行管理制度
3		担保风险分担制度及代偿补偿制度
4	业务准入管理类	担保业务客户管理制度
5		担保业务尽职调查管理制度
6		担保业务风险缓释管理制度

续表

序号	制度分类	制度名称
7	业务决策管理类	担保业务风险审查制度
8		担保业务授权管理制度
9		业务评审管理制度
10		风险管理委员会管理制度
11	保后业务管理类	担保业务保后管理制度
12		在保业务风险分类管理制度
13		在保业务风险预警与应急处理制度
14		担保业务代偿管理制度
15		担保业务追偿及资产处理制度
16		担保业务内部审计制度
17	从业人员管理类	担保从业人员行为规范制度
18		担保从业人员绩效考核制度
19		担保从业人员责任追究制度
20	业务管理服务类	担保业务档案管理制度
21		担保业务数据统计制度
22		担保业务合同管理制度

（三）制度主要内容

1. 业务综合管理类

担保业务管理制度

主要内容：为规范政府性融资担保机构的融资担保业务管理，优化业务流程，有效防控担保风险，根据《融资担保公司监督管理条例》《融资性担保公司管理暂行办法》、国担基金《融资担保业务流程管理指引》等有关规定，制定担保业务管理制度。该制度作为纲领性业务制度，应明确涉及担保业务开展的内部组织结构、岗位设置、职责分工、业务操作全流程管理等各项基本内容，保障融资担保业务稳定、健康发展。

2. 合作方管理类

（1）担保业务合作银行管理制度

主要内容：为规范与银行业金融机构的业务合作，维护相关权益，根据银保监会《银行业金融机构与融资担保公司业务合作指引》等有关规定，制定担保业务合作银行管理制度。该制度应明确内部职责分工和权限、合作标准、合作协议框架内容、日常管理、合作暂停及终止等内容，促进银担合作健康发展。

（2）担保风险分担及代偿补偿制度

主要内容：为完善政府性融资担保体系建设，促进提供优质、充分的融资担保业务服务，按照体系风险“共担共管”的思路，根据《国家融资担保基金有限责任公司再担保管理办法（试行）》《国家融资担保基金有限责任公司机构合作指引（试行）》等有关规定，制定担保风险分担及代偿补偿制度。该制度应明确银行及体系中各方的风险分担比例和要求，落实代偿补偿申请流程、监督管理等各环节的职责，形成权责清晰、分工明确、使用规范的风险分担管理长效机制。

3. 业务准入管理类

（1）担保业务客户管理制度

为规范担保客户准入管理，明确客户准入工作职责与流程，根据国务院办公厅《关于有效发挥政府性融资担保基金作用切实支持小微企业和“三农”发展的指导意见》（国办发〔2019〕6号）等有关规定，制定担保业务客户管理制度。该制度应明确担保业务客户范围、客户分类、获客方式、准入条件等相关内容，提升担保客户质量。

（2）担保业务尽职调查管理制度

主要内容：为规范担保业务调查工作，明确业务调查人员的基本职责，制定担保业务尽职调查管理制度。该制度应明确调查人员的职责、底线，调查进行的方式、流程，相关资料的收集、核验及调查分析的重点、要点等内容，保证能够获取原始、真实的一手客户信息，保障担保业务资料的完整性、准确性。

（3）担保业务风险缓释管理制度

主要内容：为加强对担保业务风险缓释的有效管理，规范各类风险缓释措施，根据民法典及担保制度司法解释的相关规定，制定担保业务风险缓释管理制度。该制度应明确风险缓释措施种类，各类风险缓释标的物的范围、要求、评估要点、登记管理等内容，提升担保业务的抗风险能力。

4. 业务决策管理类

（1）担保业务风险审查制度

主要内容：为防范担保业务风险，规范担保业务风险审查工作，合理、客观地评估担保业务风险，制定担保业务风险审查制度。该制度应明确风险审查人员职责、业务风险审查流程、程序，风险审查重点、要点，对担保主体的资产实力、经营能力、财务水平等进行测算、分析的相关规定等内容，为担保业务的评审审批提供准确、可靠的依据。

（2）担保业务授权管理制度

主要内容：为加强担保业务的内部控制和风险管理，规范授权程序，根据民法典、公司法等的有关规定，制定担保业务授权管理制度。该制度应明确授权形式、授权范围、授权对象、授权金额等内容，明确被授权人员的权利、义务、责任，建立起合理、合规的业务授权审批机制。

（3）担保业务评审管理制度

为规范担保业务评审工作，提升评审质量和效率，制定担保业务评审管理制度，该制度应明确评审机构架构、人员、规则，评审业务范围、流程、方式等内容，有效控制业务风险。

（4）风险管理委员会管理制度

主要内容：为建立健全风险管理组织体系和内部控制机制，提升风险管理工作决策的科学性，根据《中央企业全面风险管理指引》等的有关规定，制定风险管理委员会管理制度。该制度应明确风险管理委员会组织架构、组成人员，议事范围、规则、流程等内容，有效控制整体和重大业务风险。

5. 保后业务管理类

（1）担保业务保后管理制度

主要内容：为规范在保业务管理，及时防范和控制担保风险，制定担保业务保后管理制度。该制度应明确保后工作职责、方式方法、重点检查内容、开展频率、工作流程等内容，保障在保业务的稳定、健康发展。

（2）在保业务风险分类管理制度

主要内容：为及时、准确揭示在保业务风险程度，加强担保业务的风险管理，提高业务质量，制定在保业务风险分类管理制度。该制度应明确在保业务的风险类别、认定标准、开展频率、程序要求、差异化管控措施等内容，充分估计当前及潜在的风险状况，防范和化解担保风险。

（3）在保业务风险预警与应急处理制度

主要内容：为规范在保业务风险预警，建立健全预警报告和应急处理机制，制定在保业务风险预警及应急处理制度。该制度应明确风险预警的对象、内容、实施程序、认定标准、处置方法、结果运用等相关内容，有效防范和化解在保业务各类风险。

（4）担保业务代偿管理制度

主要内容：为规范担保业务代偿操作，保障担保资金的合法合规使用，制定担保业务代偿管理制度，该制度应明确代偿工作的职责分工，代偿业务的核实确认、审查审批、资金支付流程及要求等内容，控制担保业务风险，保证担保资金的安全。

（5）担保业务追偿及资产处理制度

主要内容：为加大担保业务的风险处置力度，提高对已代偿业务的控制，制定担保业务追偿及资产处理制度。该制度应明确追偿与处置的工作分工、途径方式、程序流程、结果认定等内容，通过合法手段追索担保业务代偿本金、利息以及其他债权，化解项目风险。

（6）担保业务内部审计制度

主要内容：为加强担保业务内部审计工作，强化对业务运作的监督，根据审计法及省国资委《关于加强省属企业内部审计监督工作的实施意见》等有关规定，制定担保业务内部审计制度，该制度应明确内部审计工作的组织架构、职责权限、工作程序、结果运用、奖惩规定等内容，推动担保业务的规范化运作。

6. 从业人员管理类

（1）担保从业人员行为规范制度

主要内容：为规范担保从业人员职业行为，提高从业人员整体素质和职业道德水准，根据中担协《融资担保行业从业人员职业道德规范和行为准则》等有关规定，制定担保从业人员行为规范制度。该制度应明确从业人员的职业道德规范、行为规范、强化职业行为自律等内容，维护行业良好信誉，促进行业的健康发展。

（2）担保从业人员绩效考核制度

主要内容：为加强担保从业人员管理，参照财政部《政府性融资担保、再担保机构绩效评价指引》等有关规定，制定担保从业人员绩效考核制度。该制度应明确考核评价指标与分值、流程、结果与运用、监督管理机制等内容，并与从业人员的薪酬及晋升机制挂钩，激励从业人员工作的积极性。

（3）担保从业人员责任追究制度

主要内容：为加强内部控制机制建设，落实担保业务管理责任制，制定担保从业人员责任追究制度。该制度应明确担保从业人员责任追究范围，认定标准和程序，处罚方式和流程等内容，保障担保业务的稳定、健康发展。

7. 业务管理服务类

（1）担保业务档案管理制度

主要内容：为加强担保业务档案的管理，使档案管理有章可循，根据《档案法》和担保业务有关制度的规定，制定担保业务档案管理制度。该制度应明确业务档案管理工作的分工和保密要求，各类档案的收集、整理、移交、保管、借阅等内容，确保担保业务档案的完整性和规范性。

（2）担保业务数据统计制度

主要内容：为科学、有效地组织开展担保业务统计工作，根据银监会《关于加强融资性担保行业统计工作的通知》等有关规定，制定担保业务数据统计制度。该制度应明确担保业务数据统计的分工，数据的统计口径、提取来源、加工整理、审核校对、统计频率、报送流程等内容，保证数据统计的准确性和及时性。

（3）担保业务合同管理制度

主要内容：为加强担保业务合同管理工作，根据民法典及有关担保制度的解释等相关有关规定，制定担保业务合同管理制度。该制度应明确合同管理工作的职责分工，各类合同的拟定标准、审核流程、签订要求、变更解除、纠纷处理等内容，提高合同管理的规范化、制度化水平。

五、结束语

随着社会与经济的发展，政府性融资担保业快速发展起来，政府性融资担保机构能够在一定程度上提高社会资金的融通效率，国家相关部门与各级政府对政府性融资性担保机构也越来越重视。

2020 年 5 月出台的《政府性融资担保、再担保机构绩效评价指引》，确定了政府性融资担保平台的非营利性的定位，这有助于其成为银行等金融机构与小微企业之间的“信用桥梁”。只有改进和完善政府性融资担保风险管理机制，建立完善的风险管理制度体系，才能保证这一准公共产品发挥实效，从而有效解决小微企业“融资难”问题。

本文梳理了现有政府性融资担保业务风险管理理论；分析了政府性融资担保业务风险管理现状及问题；针对现状和问题，提出了政府性融资担保业务风险管理制度体系框架，阐述重点制度的主要内容。希望通过本文的分析能够促进政府性融资担保业的健康、稳定、高质量发展。

浅谈政府性融资担保业务模式创新
——基于供应链金融背景

山东省融担投资管理有限公司　孙红伟、徐静

一、引言

小微、“三农”是吸纳就业、激励创新和带动投资的主力军，对推动经济发展与转型升级发挥重要的作用。而其具有缺少硬抵押、资信不足等先天弱势，从而产生融资难、融资贵等问题。近年来，为解决小微、“三农”的融资难题，我国建立了政府性融资担保体系，成立国家融资担保基金，其特点是：非营利性、准公共性。政府性融资担保体系成为小微、“三农”与银行体系之间增信的桥梁，为小微、“三农”输入金融活水。传统的政策性融资担保模式主要是通过总对总业务模式进行批量化担保，不易精准地掌握客户信息以及跟踪企业的生命周期，同时也不乏有银行转嫁风险等问题。

供应链金融是一种针对中小企业的新型融资模式，将资金流有效地整合到供应链管理的过程中。通过控制产业链中核心企业的风险，从而将其信用传递到整个产业链中，建立紧密信用体，实现资金流、信息流、物流、商流的“四流合一”。因此，在供应链金融背景下，政府性融资担保业务模式可以实现创新发展。通过供应链金融与担保的结合，担保机构可以掌握核心企业及整个产业链的生产及信用动态，从原先的针对单个企业变成针对整个供应链产业链的担保增信，大大提高担保资源的使用效率，同时降低风险，更有

利于小微、“三农”企业的可持续性发展。

二、文献综述

（一）关于供应链金融的文献研究

供应链金融是指金融机构通过与供应链上各个环节的企业合作，为其提供金融服务和支持的一种金融模式（顾婧等，2017）。它通过整合企业的采购、生产、销售等环节的资金需求和供应链上的各个环节的资金储备，为各个环节的企业提供融资、结算、风险管理等金融服务和支持，以解决供应链上的资金周转问题，提高供应链的效率和稳定性。李舒（2019）指出供应链金融的主要特点包括：首先，供应链金融主要服务对象为中小企业，中小企业在资金与资信方面具有难以克服的困难，以供应链金融服务进行加持，中小企业可以相对容易获得成本较低的金融机构资金支持；其次，供应链金融将银行信用引入供应链，银行等金融机构承诺将资信审查放在供应链的商业合作；最后，供应链金融具有贸易自偿性，在中小企业没有还款能力的情况下，银行等金融机构可以对上游核心企业进行收款，上游核心企业在未来可以以双方真实交易再来直接确定收入。

余剑梅（2011）将供应链金融的主要形式概括为应收账款融资、保兑仓库融资和存货质押融资。通过应收账款融资，金融机构向供应链上下游企业提供借款，以应收账款作为质押物，解决企业的资金周转问题。通过保兑仓库融资，金融机构向供应链上的仓库提供贷款，以仓单为质押物，提供资金支持给供应链上的企业。存货质押融资是指需要融资的企业，将其拥有的存货做质物，向资金提供企业出质，同时将质物转交给具有合法保管存货资格的物流企业进行保管，以获得贷方贷款的业务活动。

徐媛媛和刘杨（2017）指出供应链金融的优势体现在：供应链金融可以加速企业的资金周转，缩短企业的现金周期，提高企业的运营效率；供应链金融通过整合供应链上的资金资源，可以降低企业的融资成本，提高企业的融资能力；供应链金融通过风险共担和风险分散的方式，可以降低供应链上企业的交易风险，提高供应链的稳定性。总之，供应链金融是通过整合供应

链上的资金资源和金融服务，为供应链上的企业提供融资、结算、风险管理等支持，以提高供应链的效率和稳定性。

（二）关于政府性融资担保文献研究

政府性融资担保是指政府为企业融资提供信用担保支持的一种金融工具。政府性融资担保旨在解决中小微企业融资难题，帮助它们获得更多银行贷款，并降低贷款利率和担保费率，促进企业发展。政府性融资担保的主要特点包括：政府为企业向银行申请贷款提供信用担保，承担一定的风险责任，增强了企业的融资信用；政府性融资担保可以帮助企业降低贷款利率，减轻企业的融资成本，提高融资效率；政府性融资担保可以减免或降低企业的担保费用，减轻企业的融资负担；政府性融资担保将风险分担给政府和银行，降低企业的融资风险，增加银行对企业的信任度（牛彤，2021）。

禹法鑫（2022）指出政府性融资担保按照政府承担风险的比例可分为全额担保、部分担保与参保担保。政府性融资担保的优势包括：首先，政府性融资担保主要面向中小微企业，帮助它们解决融资难题，促进其快速发展；其次，政府性融资担保可以帮助企业降低融资成本，减轻企业的负担，提高融资效率；最后，政府性融资担保为企业提供信用担保支持，增强了企业的融资信用，提高了企业的融资能力（赵彦荣等，2022）。

（三）二者之间的研究

梳理过往相关文献，可以发现供应链金融与政府性融资担保之间关系可概括为以下四个方面。政府担保机构提供供应链金融服务：政府性融资担保机构可以与金融机构合作，通过供应链金融方式为中小微企业提供融资支持。政府性融资担保机构可以通过担保方式降低金融机构的风险，从而促使金融机构更愿意为中小微企业提供供应链金融服务（修永春和范铁光，2019）。政府性融资担保机构与供应链金融平台合作：政府担保机构可以与供应链金融平台建立合作关系，通过平台的供应链金融服务，为中小微企业提供融资支持。政府性融资担保机构可以提供对供应链金融业务的担保，降低金融机构的风险，从而促进中小微企业获得供应链金融服务。政府性融资担保机构推动供应链金融创新：政府担保机构可以通过提供政策支持和财务支持，推动供应链金融创新。例如，政府担保机构可以通过推动供应链金融平台的发展，促进供应链金融的普及和应用，提高中小微企业的融资能力。此外，政府性融资担保机构监管供应链金融业务：政府担保机构可以对供应链金融业务进行监管，保障中小微企业的合法权益。政府担保机构可以加强对供应链金融平台的监管，确保平台的合规运营，防范金融风险。同时，政府担保机构还可以加强对供应链金融业务的监测和评估，及时发现和解决问题，促进供应链金融业务的健康发展。

（四）文献述评

有关供应链金融与政府性融资担保关系的文献已较为丰富，供应链金融与政府性融资担保之间存在紧密的联系，可以互相促进和支持。政府性融资担保机构可以通过担保方式降低金融机构的风险，从而促使金融机构更愿意为中小微企业提供供应链金融服务。同时，政府担保机构可以与供应链金融平台合作，通过平台的供应链金融服务，为中小微企业提供融资支持。但是，目前对于供应链金融如何应用于政府性融资担保的研究并不多，本文将从供应链金融的视角切入，对政府性融资担保的业务模式创新展开研究。

三、传统政府性融资担保业务模式出现的问题

（一）信贷政策约束

作为金融业中的高风险行业，监管管理日趋严格，货币政策与信贷政策逐步趋紧，进入银行的门槛也越来越高。一方面是国有融资性担保机构由于缺少抵押担保而无法顺利从银行获得大量融资，另一方面财政资源几乎没有得到充分利用。国有融资性担保机构注册资金少，成立时间短，再加上是兼职运营，因此造成各项基础管理工作都比较弱。融资担保业务只做了相关的内部企业担保，业务比较单一。因此，国有融资性担保机构与银行合作现状也处于艰难的状况，担保授信额度低。

（二）保后管理能力较弱

政府性融资担保机构面对贷款企业时，贷前风险控制能力较弱。机构对贷款企业进行贷款调查难度较大，很难做到全面细致地调查了解，有些企业

甚至为了得到机构的担保，提供虚假信息，提供虚假经营状况证据或者伪造信用情况，这些都会加大机构运营风险；同样，对于已经贷款的企业，管理能力也较弱。政府性融资担保机构，缺乏对贷款后企业的有效管理，如果企业发展和经营不善，机构又没有及时关注到企业的经营状况，不能及时了解到企业的还款能力，就会造成企业不能按时还贷、机构不能安全收回贷款的局面。另外，政府性融资机构担保能力弱，原因是政府性融资机构普遍规模较小。

（三）面临整体较高的代偿压力

政府性融资担保机构面临较大的代偿压力，政府性融资担保机构的经营成本较高。“银担”模式是指政府性融资担保机构为中小企业融资提供担保服务，起到基本的增信作用；商业银行根据中小企业的实际情况以及政府性融资担保机构的担保，为中小企业提供贷款。“银担”模式存在的问题包括：一是中小企业面临管理制度、财务制度不健全，人才缺乏、市场竞争压力大、经营风险大、融资难、融资贵等问题，容易出现不能按时偿还贷款现象。而一旦出现，政府性融资担保机构需要承担全部风险。二是向商业银行缴纳的保证金加重了政府性融资担保机构的成本；政府性融资担保机构了解中小企业经营、财务和信用状况的成本较高。

（四）风险转嫁

银行转嫁风险、包装业务的情况时有发生，推送客户的总体质量不高，导致发生代偿的几率较高，造成了担保资源的浪费。传统业务是银行向担保公司推送客户，担保公司做合规性审核后予以担保，主动权在银行，担保公司对客户的获取是被动的。传统政策性担保业务中，银行所推送的业务较为零散，一般与当地特色或优势产业关联度较低。即使与当地特色产业集群有关联，客户质量也难以保证。传统政策性担保的反担保措施一般都比较薄弱，表现为：第一，大多要求借款企业实控人夫妻提供连带责任保证，部分要求追加成年子女个人保证，虽然增加了担保人，但是仍未突破借款企业本体。第二，缺乏抵质押物。具备抵质押物的业务，银行优先考虑自营，而不是办理担保类业务。因此担保公司一般难以触及抵质押物，或难以成为抵质押物的第一质权人。传统担保业务较难监控到借款企业的贷款用途，银行一般对借款用途也不做严格的跟踪。因此借款人挪用借款资金的情况时有发生。

四、相关支持政策研究

《国务院办公厅关于积极推进供应链创新与应用的指导意见》（国办发〔2017〕84 号）是我国第一个对于供应链实施的国家级别现行政策，全面部署了供应链创新与应用有关工作，并明确指出要积极稳妥发展供应链金融。

后续，各地积极配合开展供应链试点，《关于开展供应链创新与应用试点的通知》（商建函〔2018〕142 号）提出要在原有试点任务基础上，重点做好加强供应链安全建设、加快推进供应链数字化和智能化发展、促进稳定全球供应链、助力决战决胜脱贫攻坚和充分利用供应链金融服务实体企业等五个方面工作。《中国银保监会办公厅关于推动供应链金融服务实体经济的指导意见》（银保监办发〔2019〕155 号）提出落实国家加强供应链管理部署，推动供应链金融创新，改善实体经济中小微企业、民营企业金融服务环境。

中国人民银行、工业和信息化部、司法部、商务部、国资委、市场监管总局、银保监会、外汇局八部委积极响应国家政策号召，联合发布《关于规范发展供应链金融 支持供应链产业链稳定循环和优化升级的意见》（银发〔2020〕226 号），支持金融机构与人民银行认可的供应链票据平台对接，支持核心企业签发供应链票据，鼓励银行为供应链票据提供更便利的贴现、质押等融资服务，支持中小微企业通过标准化票据从债券市场融资，提高商业汇票签发、流转和融资效率。

为加强供应链票据平台的票据签发、流转、融资相关系统功能建设，加快推广与核心企业、金融机构、第三方科技公司的供应链平台互联互通，国家发展改革委、工业和信息化部、财政部、中国人民银行四部委联合发文（发改运行〔2021〕602 号），强调供票的推广使用：创新供应链金融服务模式，以产业链和供应链为切入点，推广供应链票据和应收账款确权，增强银行与产业链的融合度和协同性。

山东省积极落实《国务院办公厅关于积极推进供应链创新与应用的指导

意见》要求，发布《山东省人民政府办公厅关于推动供应链创新与应用的通知》（鲁政办发〔2018〕31号），旨在推进山东省供应链创新发展，提升供应链发展水平。《山东省财政厅关于强化财政金融政策融合促进供应链金融发展的通知》（鲁财金〔2021〕9号）系统性支持山东省供应链金融发展，引导核心企业确认应付账款、开具商业票据，加快核心企业信用向中小微企业传导，缓解核心企业拖压货款、延时支付问题，盘活中小微企业应收账款，促进中小微企业顺利融资，推动生产发展、动能转换。

五、供应链金融助力政府性融资担保的路径研究

（一）供票+担保增信模式

上海票据交易所推出电子商业承兑汇票，其特点是：全链条可追踪、可拆分、可流转、可贴现及线上易操作等。同时具有严格的票据披露机制，如果不按期还款，承兑人将会被界定为失信人，在一定程度上解决了核心企业由于其较强的话语权不确权的问题，帮助上游供应商获得融资款。虽然有种种限制，但还是难免会出现核心企业通过自身平台变相挤占上游供应商的信用等问题。供票+担保增信模式可以很好地解决这个问题，担保机构通过票据平台开具票据以及在特定环节引入担保增信，使得担保资源随着票据的流转而流转，同时票据作为天然的质押品，在承兑人发生违约风险后，担保机构通过代偿成为票据权利人可进行追索。在一定程度上增强了担保机构的自身获客的能力，拥有对企业生产管理以及信用违约情况的掌握，对于担保一次，全链条流转，可以提升担保资源的利用效率。

（二）担保存货模式

近年来，随着物联网、区块链、大数据、人工智能、北斗与5G技术的快速发展与日臻成熟，技术控货已逐步被接受和应用，各类科技创新、运营模式、仓单标准等不断丰富，“科技思维、风控思维、运营思维”在实践中不断完善。以平台赋能企业数字化转型，培育属地核心企业，引领产业链协同创新聚集，以集采集销等模式“报团取暖”，提升议价能力和行业影响力；集中建设、改造仓储服务设施，汇聚中小企业标准化产能，实现协同设计、协同

生产，更好建构执行产品标准、孵育行业品牌，“规模化”转型升级。以场景数智化改造过程中采集的数据为基础，连通产业链、供应链过程，构建全过程可信可视可溯可控的“透明”供应链风险管理体系；发挥属地核心企业主体信用优势和枢纽作用，便捷实现供应链金融规模化投放，服务中小企业，拓展绿色普惠金融新模式。通过核心企业、担保机构与银行三方签订互信协议，银行提供订单融资与票据贴现融资的作用，担保机构可以为核心企业在供应链平台上签发的票据进行担保增信，从而流转至上游供应商，助其贴现融资。对于下游经销商通过仓单质押以及保证金比例控制其提货比例，在不影响销售的基础上，实现随销随提。

该模式通过整合各项资源，提升担保资源的利用效率，可以更好地控制各个链条的风险，从B端-C端，担保机构获得信息远远高于传统的政策性担保业务，因此在信息流的支撑下，担保机构可以对自身风险内控机制做出更加及时的调整。

（三）绿色供应链担保模式

为响应国家碳达峰与碳中和的目标，实现我国绿色可持续发展，国家积极鼓励政府性融资担保体系为企业开展碳融资提供增信服务。发挥各级政府性融资担保机构作用，引导政府性融资担保机构加大对符合政策规定的碳金融重点项目的担保增信支持力度。落实政府性融资担保机构代偿风险补偿机制，支持政府性融资担保机构对符合条件的小微企业绿色信贷提供担保服务。全国碳排放体系的建设，碳排放金融工具也越发活跃与创新化，通过上海环交所的全国碳排放交易所可以实现CEA配额的交易，再加上今年年底预计重启CCER市场，对于补充碳交易工具起到更好的作用。核心企业为满足自身的降碳减排目标，需要购进环保设备，而其同时会产生融资难题造成流动性资金问题。针对这个问题，政府性融资担保机构可以对核心企业开出的票据增信或者是为其绿色信贷增信等方式，促进企业的绿色改造升级。同时要用好用足国家碳减排支持工具，通过担保增信的作用，支持绿色低碳企业发债，开拓更多的融资新模式。

（四）结构性金融工具市场化运作模式

通过搭建结构性金融场景，使得担保资源能够更加精准有效的滴灌小微企业，比如通过供票+担保模式嵌入到融资租赁企业的售后回租场景中去，为解决融资租赁公司在售后回租模式中因流动性不足导致业务无法实现投放的问题，借助供应链票据新型支付结算工具，在租赁场景中引入担保资源，通过搭建“供应链票据+担保”的结构，既能够实现融资租赁公司在不占用流动性前提下实现业务投放，又不影响承租人资金融通，为整个租赁场景中的各方提供一揽子解决方案。

（五）投担联贷式供应链金融模式

对标深圳高新投，共同打造专业化、市场化的私募股权直投基金，采用“融资担保+基金投资”的形式从直接融资与间接融资双重赋能标的企业，提供多维度、高品质、全生命周期的“投保联动”服务，对于有前景且目前出现资金问题的小微企业，担保机构通过构建供应链生态协同平台，厘清产业脉搏，在担保的同时增加股权投资，全生命周期地关注企业的发展，最后实现企业与担保机构的双赢局面，迈入资本助力融担的新阶段。重点支持国家鼓励的十大产业，重点关注担保机构在保或过往担保企业，充分发挥高新投“投保联动”业务模式与担保机构的在保客户及省属企业的协同优势，实现多头联动、多方共赢。投担联贷式的供应链金融模式为传统政策性担保业务注入市场化运作的活水，在完成支小支农使命的同时，实现自身造血功能，有利于政府性融资担保体系的可持续发展。

六、结论和建议

（一）结论

通过对政府性融资担保体系、供应链金融以及二者之间关系的文献研究，同时分析了传统政府性融资担保业务模式存在问题，整理出了相关政策支持，最后得出：在供应链金融背景下，政府性融资担保业务将会迎来较大空间的创新，如，供票+担保增信模式、担保存货模式、绿色供应链担保模式、结构性金融工具市场化运作模式、投担联贷式供应链金融模式。传统政策性担保业务对小微、“三农”做出重大贡献，但是随着市场的变化、时代的变化、金融工具的不断完善等其也需要不断完善发展，紧跟时代步伐，摸清企业脉搏。只有这样，政府性融资担保事业才能实现可持续发展，不断实现创新发展，完成自身支小支农的光荣使命。

（二）建议

第一，熟悉和灵活运用政策。政策对于业务的开展与创新至关重要，关于降费奖补政策鼓励、产业政策的重点扶持等，跟随党中央的正确方向是成功的根本所在。

第二，向服务型的担保机构及体系转型。从着眼于被担保企业的短期融资问题，转向小微、“三农”等全生命周期的金融服务，形成资金闭环，做到风险的可控。

第三，引入金融市场工具及主体。不断创新完善供应链票据等市场化业务，同时引入保险、基金等金融活水，助力体系壮大，降低自身风险。

第四，充分发挥创新示范引领作用。积极与体系内成员对接业务，调研地区产业状况，了解企业需求状况，在整合资源的基础上形成量身定制的金融产品服务方案。

第五，牢记政府性融资担保体系的使命和宗旨，支持小微、“三农”企业的发展，着力解决他们的融资难题，支持中国民营实体经济的发展。

第六，增加多级供应链的透明度。供应链核心企业至少需要关注2级供应商的风险，对1、2级供应商的财务、运营以及合规风险进行实时监控。利用大数据分析，多维度预测供应链风险。利用大数据分析，综合考虑多维度供应链风险信息，预测供应链风险。

参考文献

［1］顾婧，程翔，邓翔．中小企业供应链金融模式创新研究［J］．软科学，2017，31（2）：83-86+97.

［2］李舒．供应链金融视角下中小企业融资法制研究［J］．金融经济，2019（16）：77-79.

［3］牛彤．国有融资担保机构探索供应链+担保模式下的新型业务模式［J］．经济师，2021（1）：112-113.

［4］修永春，范铁光．供应链金融的创新路径与管理实践［J］．银行家，2019（3）：93-95.

［5］徐媛媛，刘杨．供应链金融下的中小企业融资模式探究［J］．齐齐哈尔大学学报（哲学社会科学版），2017（6）：58-60.

［6］禹法鑫．关于政府性担保过桥平台的探讨：基于“融资担保+应急转贷”业务模式［J］．中国市场，2022（19）：43-45.

［7］余剑梅．以供应链金融缓解中小企业融资难问题［J］．经济纵横，2011（3）：99-102.

［8］赵彦荣，徐炜，宋美娟．发挥政府性融资担保作用 扶持中小企业发展［J］．山西财税，2022（3）：8-10.

以最优“组合拳”
扬帆奋楫融资担保发展新征程

——对政府性融资担保体系建设的思考

潍坊市再担保集团股份有限公司　陈秋旖

2015年8月，国务院正式印发《国务院关于促进融资担保行业加快发展的意见》（国发〔2015〕43号），指导意见中明确提出要构建政府性融资担保体系[1]，文件一颁布，国内各级政府立即行动、积极响应，全力推进国家设立政府性融资担保机构，同时，以市场竞争和规范监管为抓手，共同促进融资担保行业“减量提质”，进而“倒逼”融资担保机构优胜劣汰，与此同时，国家设立融资担保基金，为政府性融资担保企业提供风险兜底，以增强此类融资担保企业服务能力。截至目前，我国已逐步建立起以政府性担保机构为主体，以商业性担保和民间互助性担保为两翼，全国、省、市、县分级组建融资担保机构“一体两翼四层次”的融资担保体系[2]。2022年10月，党的二十大开启了新时代中国发展新征程，也提出了“把面临的形势分析透，把握住新发展阶段的历史方位和时代特点”的新要求，激励我们守正创新，勇毅前行，我们要深入落实习近平总书记“腾笼换鸟、凤凰涅槃”要求，奋进新征程、建功新时代，坚定不移推进“三个坚决”，共同谱写融资担保发展新篇章。

一、三个坚守，践行政府性担保的政治性和人民性

（一）坚守“有效市场+有为政府”

积厚成势，行稳致远。中华人民共和国成立以来，“五六七八九”的特征被我国中小微企业演绎得淋漓尽致，这些企业在贡献了50%的税收和60%的国内生产总值（GDP）的同时，还创造了70%的技术创新，并凭借技术要求低门槛、学历要求低门槛等因素，成功创造了80%的城镇劳动就业，此外，由于没有对注册资本、成立规模及技术的高要求，也使中小微企业成立容易，为我国贡献了90%的企业数量，成为国民经济和社会发展的生力军。此外，由于其韧性是我国经济韧性的重要基础，近年来，中小企业逐步发挥主力军作用，在我国融资担保市场主体和保就业方面担当着重要角色，占据提升产业链稳定性和竞争力方面的关键环节，这些特点都为推动持续进步、创新构建新发展格局提供了强有力的支撑。然而，中小微企业作为国民经济和社会发展的主力军和就业的吸纳器，尽管中小企业在国民经济中的地位非常重要，但由于它们在整个产业链中一直处于弱势地位，对上下游供应链、政府部门、金融机构缺乏足够的议价能力，现金流极易受到侵蚀。凭借自身条件，它们不足以独自抵御市场风险。此外，政策之间沟通不及时、协调机制不完善，加之个别政策实行“一刀切”，迫使中小企业无辜中枪，成为2008—2018年十年间，次贷危机、三角债、贸易摩擦三次金融危机以及2020年新冠疫情冲击的最大受害者。与此同时，由于缺乏历史轨迹，资本市场趋利避害，这部分企业融资难融资贵问题无法得到根本有效解决，随着社会经济发展速度日益增快、市场竞争日益激烈，这一问题变得越来越突出。

对此，应坚持政府和市场各就其位、各展其长，推动有效市场和有为政府有机结合，加快推进“看不见的手”和“看得见的手”双管齐下、协同发力。着眼国家大局，2018年，习近平总书记在民营企业座谈会上发表重要指示，要求有关部门加速出台包括税收减免、创新激励、贷款优惠等内容的各类企业减负政策，将中小企业发展提升到更加重要的位置上；2019年，国务院办公厅印发《国务院办公厅关于有效发挥政府性融资担保基金作用切实支持小微企业和“三农”发展的指导意见》（国办发〔2019〕6号文件），明确政府性融资担保机构主责主业，并提出通过担保体系与银行实现自上而下合作，原则上国家融资担保基金和银行业金融机构承担的风险责任比例均不低于20%。聚焦定位潍坊，政府出台《保障中小企业款项支付条例》，并持续优化惠企政策综合服务平台，以企业画像与政策标签精准匹配为基础，设立政策查询、政策匹配、政策推送、政策申报、政策解读等功能，实现惠企政策的精准匹配推送、全方位解读等，为企业提供一站式政策服务。同时，高标准开展政策宣贯、技术创新、数字化转型、工业设计、融资对接等多领域公益服务活动，打造中小企业公益大讲堂和企业沙龙等系列品牌活动，通过实行税收优惠、租金减免、贴息贷款等一系列金融支持经济发展的手段，进一步发挥担保推动财政资金全面发力，持续充分发挥“四两拨千斤”作用，为促进经济社会持续健康发展，以最优的“组合拳”来打造民营企业中小微企业的最优发展环境。具体而言，需要营造“政府引导、市场运作、责任共担、风险共管”的良性循环，做到该管的严格监管，该放手的彻底放手，绝不拖泥带水、牵丝攀藤，更不能做甩手掌柜。同时，需要激活内生动力，释放改革红利，将“该伸的手”做到位，推动实现改革发展的有机融合。

除此之外，国有政府性融资担保企业作为市委市政府支持实体经济发展的重要载体，应始终定位于贯彻市委市政府产业发展部署推动全市担保行业规范发展、支持小微企业和“三农”融资的普惠金融服务平台，充分发挥股东涵盖省、市、县三级国资机构及民营企业代表的资源优势，推动与银行等各类金融机构的“总对总”合作，积极发挥行业龙头的引领作用，积极主动承担起引领行业发展的责任，积极发挥自身优势，通过多种方式实现，例如：提供技术支持、分享经验、引领行业标准制定、发挥示范作用等，相互合作、互相支持，形成合力，共同营造良好的营商环境，共同推动行业进步。此外，进一步明确政策性定位，主动打好“降贷返补提”惠企组合拳，在以财政资金补贴融资担保的前提下，探索创新批量化业务模式，建立健全审批绿色通道，整合业务资源，推行集中审核、批量准入、降费让利政策，推动“敢贷、愿贷、能贷”长效机制建立并逐步完善，最大限度降低企业及个体工商户在融资过程中的各种成本，以金融赋能厚植资本力，当大金融经济价值，优化金融服务、激活金融生态价值，全力打造产业金融高地和金融服务高地。

（二）坚守“主责主业+普惠金融”

不畏浮云遮望眼，风物长宜放眼量。古人虽有“虱多不痒，债多不愁”之说，但也有“千里之堤溃于蚁穴”之警示，通过天眼查平台和国家知识产权局的统计数据，可以看出中小企业在2020年的专利申请数量大幅增加至228万件，占比达到总量的68.4%，且专利数量远超平均水平。此外，中小企业在国家知识产权优势示范企业中占比也高达76%，在平均有效发明专利拥有量和知识产权质押融资平均件数方面29.4件、1.08件的成绩，也都高于2.9件和0.01件的全国平均水平。这说明中小企业在创新和市场敏感度方面的效率和灵活性更强，更容易实现“从0到1”的创新。

因而，有些中小微企业为了抢占市场份额，沉迷于所谓的“高速发展”，在本身不具备足够的市场风险抵御能力的情况下，依旧抱着翻盘的美好期待超额贷款，采购生产线、进行设备升级换代，直至超过了自身资金、人才、技术等多方面的周转能力，最终无法同时抵御多重考验，陷入拆东墙补西墙的窘境，无奈宣告破产。2017-2020年三年间，小微企业注册注销比持续下滑，注册率也持续走低，2020年，小微企业注册注销降至1.41，仅613万家小微企业完成注册，这一数值相较于2019年减少了百分之五十六点三，而435万家的年度注销数量相比较前一年度增加了百分之八十四点三，占比直冲百分之十一点七的历史峰值水平。短期来看，中小微企业经营压力主要源自于经济K型复苏、疫情反复、上游成本涨价、叠加环保限产、拉闸限电等因素的影响。长期而言，我国的融资体系以银行为主导，中小微企业受制于自身经营规模、经营风险高，同时还存在缺乏有效的抵押和担保等情况，使其难以达到银行贷款要求，获得贷款支持，除此之外，金融去杠杆和融资渠道不畅也限制了企业的转型升级速度。

担保机构亦然，随着社会信用体系不断完善与健全，加之政府财政力量的兜底保障，为了凸显自身实力，赢得社会名誉，个别担保主体急于抢占市场份额，而在担保风险尽调审核时降低标准，在缺少对申保企业实际偿债能力展开深入分析的情况下，便盲目将担保服务规模一次性做大，忽视了单笔业务融资额度越大，债权人的违约成本就越大的事实，导致违约事实发生时，不得不承受巨大的担保赔偿损失。

此刻，唯有保持初心、坚守主业，才能让普惠金融真正惠及民生。2018年至2022年，我国普惠小微贷款余额从8.2万亿元增加到23.8万亿元、年均增长24%，贷款平均利率较2017年下降1.5%。针对在疫情中，正常营业受到严重影响的中小微企业、个体工商户和餐饮、旅游、货运等行业，国家给予各类优惠政策，例如阶段性贷款延期还本付息，国家及各级各类金融机构通过普惠小微贷款阶段性减息、分等级减税降费等手段，持续优化营商环境，减轻企业负担，让资金流向市场的各个毛细血管，充分带动共同富裕，带动经济结构多元化，不断增强市场活力。

聚焦山东，作为企业与银行间的桥梁纽带，2022年山东省全省16市政府性融资担保机构实现新增担保业务额1046.81亿元、在保额1186.12亿元、累保额1662.21亿元，业务规模由2021年的全国第6跃居到2022年的全国第4，多项支小支农业务指标位列全国第一或前茅，累计为全省40余万户小微、“三农”主体降费让利30多亿元。定位潍坊，为深入推进全市中小企业转型升级，市财政局联合业务主管部门，按照“优存量、扩增量、提质量”的思路，不断优化中小企业支持政策，先后出台中小企业梯度培育工程、中小企业提质工程、中小企业倍增工程全方位打造一流优质的中小微企业发展服务载体，完善培育优质中小企业壮大民营经济发展措施，推动我市民营企业发展并驾齐驱。

作为国家推动经济发展的重要抓手，各级融资担保机构应时刻不初心使命，朝乾夕惕坚守支小支农的主责主业，以普惠金融理念为风向标，进一步明确职责使命，坚持不以营利为目的的准公共定位，严格将主责主业定位于小微企业和“三农”等普惠领域融资担保业务，重点关注和支持单户担保金额500万元及以下的小微企业和“三农”，弥补市场不足，降低业务门槛，做好基层服务保障，把环保、科技、新型市民生活等适应社会现代发展需要的新元素进一步渗透到融资担保服务当中，并不断拓展融资担保业务体系，以

促进金融资源和实体经济的有效互动，进而实现精准对接，并及时、积极地推动金融资本有效支持经济的关键行业和薄弱环节，实现精准扶持，并且，以稳步提升小微企业和“三农”融资担保在保余额占比为前提，积极推进综合融资成本的持续下降，同时，在保持经营可持续性的基础上，积极推动普惠金融的发展，充分履行职责和义务，用真实成绩贯彻党中央、国务院决策部署，严格执行省委省政府工作要求，切实将责任扛在肩上，主动担当、大胆作为，持续以“金融赋能”引导更多“活水”流入新旧动能转换、乡村振兴等重点领域，以多样化、高质效的融资担保产品促进小微企业普惠金融与时俱进，用实际行动跑出支小支农的加速度，真正实现中小微普惠金融业务“降本增效”。

（三）坚守“服务实体+灵活调节”

企业要发展，金融是后盾，担保是桥梁纽带。截至 2022 年，国家工业和信息化部先后认定 8997 家国家级专精特新“小巨人”企业，截止 2023 年 5 月，工信部发布了“第七批全国制造业单项冠军示范企业和产品”名单，包括单项冠军示范企业 604 家、单项冠军产品 596 个，这些企业及产品不断发挥着维持经济社会稳定的中坚作用，成为就业容纳器和创新驱动器。与此同时，市场竞争愈演愈烈，不仅对企业自身技术水平提出了高要求，对自主快速调节生产结构、及时准确推动技术升级换代提出了更高要求，企业融资需求也随之倍数增加。

为更好服务企业融资需求，助力实体经济发展，有效发挥服务全省经济发展的“稳定器”和“放大器”的作用，政府和融资担保机构应当立足于市场整体形势，有效地发挥其为全省经济发展提供“稳定支持”和“放大效应”的作用，各级政府充分发挥宏观调控职能，持续完善资本市场的多样性和层次性，积极鼓励创新和创业项目的风险投资以及并购活动，并逐步推动政府性融资担保体系多层次、网络化建设。融资担保机构则需要围绕提质增效、扩面增量的总体目标，深耕各条产业链，加强“风控+内控”双轨建设，大处着眼、小处着手、细节把控，扎实细致做好尽职调查、会议讨论、反担保手续办理以及保后检查等全过程工作，以便及时发现目前在保企业存在的风险隐患并准确地提供风险缓解措施。与此同时，融资担保机构还需要前置风险化解与防范工作，定期开展“回头看”自查工作，以积极推动自身服务实体经济的创新、绿色和数字化发展为目标，利用信息技术为金融服务的精准化提供动力，加快数字化转型，提升融资担保服务便利度和效率，塑造科创企业、先进制造业、战略性新兴产业的新赛道，逐步打通普惠金融精准直达小微企业、“三农”微观个体的毛细血管，切实解决企业融资难、贵问题。持续提升新时代普惠金融服务实体经济能力及金融服务质效，实现弯道超车、蓬勃发展，助力加快建设现代化产业体系，不断擦亮以支农支小为主业的行业底色。

二、多管齐下，激活政府性担保企业服务效能

（一）自上而下，促进政府性融资担保机构管理“一条线”

党的二十大报告提出“支持中小微企业发展”，作为全国第三大经济体，山东省主动出击，从更深层次贯彻落实国家和省关于“扎实稳住经济大盘”的工作部署，脚踏实地扛起“经济大省勇挑大梁”的责任担当，将加强党的领导贯穿于融资担保工作全过程，面对中小企业“货卖出去、钱收不回来”不再是个例的事实，应充分利用省先进制造业投融资平台，不断充实对我市优质中小企业的信贷服务、基金投资和上市培育服务信息，支持信用等级高、经营稳健的中小企业发行债券融资，通过股权融资、债券融资等多种方式开展融资，提高企业融资能力。

在融资担保扩面、增量、降费、提效等方面，全面、深入、扎实地贯彻落实党中央各类重大决策部署，推动中央小微企业充分发挥在融资担保降费奖补政策等方面的引导作用，切实将党的领导这一制度优势转化为金融治理效能，建立健全小微企业融资担保服务体系，积极发挥政府性融资担保机构的作用，逐步将年化平均担保费率降至1%以下。同时，不断整合小微企业融资担保政策支持措施，进一步完善小微企业资金保障政策扶持举措，进一步构建完善中小企业紧急转款业务结构，不断加强企业自身约束，引导紧急转款机构合理使用省、市级紧急转款基金，综合运用延迟还本付息、无还本续借和紧急转款等资金接续政策优势，弥补中小企业信贷“空窗期”，做到无缝

续借，确保中小企业流动性资金安全平稳。

同时，通过“金融+服务”的方式，加大特色产业培育发展，构建企业融通发展产业生态，着力提升特色产业集群建设水平，促进优质小微企业创新发展。此外，大力推动加强行业自律，全面严格规范融资担保从业人员行为及机构合规管理，以大家喜闻乐见的方式推动行业清廉文化建设，建立健全重大风险事项预警机制，切实促进行业机构自我教育、自我管理、自我规范，履行好辅助监管职责最终达到促进金融行业的规范和发展、提升特色产业集群的建设水平的目的，切实为优质小微企业提供信贷扩面增量支持，助力实现创新发展。

（二）开枝散叶，推动政银担协同发展体系建设“多层级”

独脚难行，孤掌难鸣。从 1993 年中投保公司宣布成立，融资担保已在我国走过整整 30 年的风雨历程。三十年来，融资担保企业规模和服务质量都取得了质的飞跃，其中离不开政府和各级担保机构的协同配合。为进一步充分发挥政策性担保公司融资担保增信作用，政府性担保机构要积极推动履行政府性、准公共性、政策性职能，将服务下沉到基层，积极主动发掘潜在客户，减少或取消反担保要求，降低担保费率，提升服务质效。同时，担保机构间互动合作意识不断增强，建立长效沟通机制、加大产品创新力度、筑牢风险防控体系、推动业务增量扩面。

首先，要不断完善可持续的银担合作机制和模式，在市场化原则的指导下，通过协商，将风险分担比例、贷款利率幅度控制在合理范围之内。融资担保机构要回归本源，聚焦主责主业，着力培育核心竞争力，持续创新多项担保产品，突破思维定式，拓宽银担合作渠道，在风险可控的前提下，提高放大倍数，做大业务规模；同时，要加强信息互联互通，探索创新普惠模式。利用大数据等现代化、信息化技术，推动发挥政府性融资担保“放大器”功能，撬动更多金融资本投身实体经济服务，指导政策性担保公司主动出击，充分发挥逆周期调节作用，全方位打好风险缓释组合拳，缓解小微企业和“三农”融资难题，切实为企业纾困解难，最大限度争取担保资源，助推高质量发展。

（三）双向融合，助力企业和“三农”融资需求“双保障”

上下同欲者胜，风雨同舟者兴。想要最大限度激发政府性融资担保机构在推动社会经济发展中的作用，仅仅凭借银行、企业、担保机构其中一方是远远不够的，只有打好“配合战”，凝聚体系合力以担惠企，才能实现效益最大化。

一方面，需要国家和政府适时、及时出台相关政策措施。2023 年中央一号文件再次强调要“引导信贷担保业务向农业农村领域倾斜，发挥全国农业信贷担保体系作用”，为“三农”融资担保发展树立航标，进一步建立健全适应普惠金融发展的融资担保制度机制，引导中小微企业规范化经营，着力提升核心竞争力，大力推进资产质量提升及企业信用升级。另一方面，金融部门积极引导各政府性融资担保机构严守准公共产品属性和政策性定位，深耕细作，突破传统信贷模式，创新反担保方式，不断创新融资担保产品，继续维持较低费率水平，切实解决小微和“三农”主体在融资过程中遇到的申请材料多、审批时限长等问题；除此之外，政府性融资担保机构要以“延伸财政职能”为己任，做好惠企政策“传送带”和金融服务实体经济渠道的“畅通剂”，坚持政策性目标、市场化运作，帮助体系成员机构解决授信难、分险难、代偿难，打通担保服务小微企业和“三农”等市场主体“最后一公里”。

三、求索不止，构建政府性担保高质量发展新格局

（一）以特色担保产品，扩大担保企业社会影响力

在 7 月份刚刚结束的山东省政府性融资担保体系 2023 年上半年经营分析会上，从济南融资担保集团“科创贷”“攀登贷”“激光贷”“种业振兴贷”，到淄博市鑫润融资担保“技改专项贷”“春风齐鑫贷”“齐惠商户贷”，全省 16 个市的 16 家国有融资担保公司，围绕自己的专项产品进行了分享交流，也为下一步担保体系的完善提供了新思路。

近年来，随着各个省市担保产品覆盖面的不断扩大，小微企业和“三农”对融资担保、再担保有了了解。一项项针对不同领域、不同产业的专项担保产品的应运而生，加之项目审批“绿色通道”的开辟，担保企业的社会影响力与日俱增，企业融资烦、难、贵问题被逐步破解，“政银担”创新合力从全方位汇聚，用“真本事”做出“真成绩”，真正实现权为民所用、利为民所谋，优质的服务也让“金融活水”润泽“三农”，让普惠金融成为小微企业

和“三农”发展的助推剂。

（二）以数字化转型升级，实现业务风险有效管控

从木牛流马到蒸汽机车，从农耕文明到工业文明，人类的生产力随着时代不断进步，来到21世纪，我们已经迈入了数字经济时代，信息化、无纸化早已被广泛应用到各个领域，金融机构努力将数字技术的创新与应用能力发展成为其核心竞争力。2022年1月，银保监会在《关于银行业保险业数字化转型的指导意见》中提出“加快建设与数字化转型相匹配的风险控制体系”的目标要求[3]，强调要将数字化风控工具嵌入业务流程，利用大数据、AI等技术，结合业务发展实际不断优化各类风险管理系统，促进风险监测预警智能化水平持续提升。融资担保行业也都磨砥刻厉、钻坚研微，全力学好数字化转型这门补齐短板、锻造长板、推动自身高质量发展的“必修课”。

首先，由于部分小微企业、“三农”主体内部管理机制不完善、不成熟，财务核算不够规范，抵押物担保物不足，致使其自身实力不强，进而导致融资担保风险过大、获得贷款成功率低。其次，由于外部环境的复杂性和不确定性，融资担保行业作为具有逆周期调节作用的行业，其服务能力和风控能力都面临巨大考验。最后，政策性担保机构作为准公共物品的提供者，为企业融资和社会发展带来了较大的正外部性，但其自身却承担了远高于收益对应的适当风险水平，这也是一个需要关注和解决的问题。因此，针对这些挑战和问题，融资担保行业需要加强自身的服务能力和风控能力，同时政府也需要给予相应的支持和政策引导，以促进其健康发展。

为此，政府性融资担保机构要以国家《关于建立中小企业信用担保体系试点的指导意见》为指导，坚持以政策性担保为主，商业性担保、互助性担保为辅的一体两翼担保模式，利用区块链、大数据、云计算、物联网等数字技术，改善融资担保行业信息不对称问题，从而推动增强获客能力、优化业务流程、降低业务成本、提升风控能力，同时，充分运用好国担基金直担SaaS系统，从业务流程再造、网络安全管控、内部精细化管理等方面入手，针对小微企业及“三农”融资担保过程中面临的融资申请手续多、尽调难、沟通成本高等问题，政府性融资担保机构要主动发挥带头、引导作用，紧盯绿色产业税收优惠、财政补贴等政策变化，定期掌握企业经营状况，准确研判、及时预警和处置项目风险，通过提升对各类风险的预判与驾驭能力，不断增强应对金融市场的不确定性和风险挑战的敏锐性。

在业务层面，持续加速推进数字化转型，继续完善“线上+线下”双向融资体系，聚焦于构建数字化核心能力体系，开发特色化线上业务产品，推进数字普惠金融平台全方位、一体化建设，以技术创新驱动金融服务精准化提升，打通普惠金融“毛细血管”，精准直达小微、“三农”等微观个体，助力实现“小切口、大场景、快应用”的“无纸化”业务办理，通过主动推进自身数字化转型升级拔锚启航，下好先手棋，打好主动仗，坚决守住不发生系统性金融风险底线，坚决做好防范金融风险工作。

（三）以配套政策健全，刺激担保市场增加有效需求

随着社会经济发展速度日趋增快，企业为适应市场的快速变化，主动或被动选择转型升级，融资需求也随之增加。7 月 27 日，国务院新闻办公室举行国务院政策例行吹风会，介绍“金融支持科技创新 做强做优实体经济”有关情况，提出进一步发挥保险和融资担保机构的风险分担作用，融资担保和保险有风险分担的天然职责和职能。

纵观整个担保业务流程，是一个闭环运行的系统，以申保企业提出融资需求为起点，以申保企业渡过发展瓶颈期、全额还款为终点，而企业敢不敢规划和实施自身转型升级目标，很大一个影响因素是国家有没有系统完善的融资担保体系措施。小微企业申请贷款能否顺利找到担保与再担保机构、银行放款有无足够反担保措施为保障、企业逾期或无法正常还款后银行如何向担保机构追偿、担保机构代为偿还后是如何快速有效寻找有力的政策支持向相关企业进行追偿，一系列的因素影响着融资需求的提出及融资过程的进行。

对此，需要国家根据发展实际不断出台配套措施，以推动金融赋能厚植资本力，放大金融经济价值，优化金融服务，在金融领域采取免征营业税和准备金税前扣除等财政金融政策的基础上，通过合理利用国家财政投入补助、注资等金融政策工具，对政府投资担保机构所承受的经营风险实施政府投资补助和三级分险，进一步优化存量、稳扩增量、严控风险，推进增信平台建

设、加快数字化转型，着力在夯实体系基础和防控系统性风险上补短板、强弱项、扬优势，做大做强担保体系、深化银担合作，围绕做好“六稳”工作、落实“六保”任务的要求，全面拓展政府性融资担保的服务边界，以加强金融体系的基础和防控系统性风险，并发挥政府性融资担保政策的逆周期调节作用和乘数放大效应，助推降低融资成本，促进供应链、产业链上下游协同发展，加速推进“两链融合”。

乘势而上开新局，砥砺奋进谱新篇。作为小微企业和“三农”实现新时代转型升级和高质量发展等目标的重要推动力量，省市县各级担保机构要牢记习近平总书记“要强化对市场主体的金融支持，发展普惠金融，有效缓解企业特别是中小微企业融资难融资贵问题。”的重要指示精神，始终坚持以人民为中心的发展思想，主动适应新型金融业态发展趋势，持续聚焦小微企业和“三农”普惠领域，盯准“优”，瞄准“新”，铆准“实”，始终保持高度警惕，不仅要下好防范风险“先手棋”，更要在应对和化解风险挑战方面“出高招”，全力以赴拼经济，引导更多金融“活水”流入小微企业、“三农”等市场主体，使其在打造政府资金“放大器”的基础上，逐步成为银行信贷风险的“减压器”、培育小微企业的“孵化器”，并整合各方优势资源，最大限度发挥支持地域经济发展“助推器”的作用，共同推进政府性融资担保服务体系建设，以实现金融资源的优化配置和高效利用，为经济社会发展持续注入融资担保澎湃活力。

参考文献

［1］徐松梅．政策性融资担保机构税收问题浅析［J］．财经界，2020（7）：235-236.

［2］周颖刚，陈亚建．构建中小企业担保基金 深化两岸经济融合发展［J］．财经智库，2020，5（1）.

［3］李珮．融资担保数字化转型 驱动高质量发展［N］．金融时报，2022-08-15（6）.

政府性融资担保服务区域优势产业研究
——以潍坊市特色产业为例

潍坊市再担保集团股份有限公司　孟志华

一、潍坊市整体产业发展情况及面临的融资问题

（一）潍坊市产业发展概况

潍坊产业基础较好，区位优势明显，综合实力较强，以农业和制造业“双强”城市著称。习近平总书记肯定“三个模式”成功经验，机械、化工、食品、造纸、纺织等产业集群达到千亿级规模，新一代信息技术、生物基新材料、高端装备等战略性新兴产业发展迅速，重型发动机、微型麦克风等近30种产品产销量居全球首位。

近年来，潍坊综合发挥各方面优势，积极调整产业结构，探索延伸产业链、创新产业体系的新模式，全力推进产业动能转换、提质增效、转型升级，整体看具有体量大、门类全、企业优、聚焦度高等特点。一是体量大。潍坊制造业总量约占山东的10%、全国的1%，2022年规模以上工业产值和营收双过1.1万亿，在全省位居第二，在全国属于全国地级市工业前十强。二是门类“全”。全国41个工业行业大类中潍坊拥有37个，包含所有31个制造业行业，涵盖200多种主要产品，其中60多种产品市场占有率全球第1、全国第1。三是企业“优”。培育了潍柴集团、歌尔股份、豪迈集团、潍柴雷沃重工、晨鸣集团、孚日家纺、得利斯食品等知名企业；拥有中国500强5家，

中国制造业500强9家，省级以上“专精特新”“单项冠军”“隐形冠军”等优质企业946家，被誉为“冠军企业之都”。四是聚集度“高”。动力装备、高端化工、食品加工、新一代信息技术4个产业集群规模过千亿，省级“雁阵形”产业集群达到17个、省小微企业特色产业集群达到8个，其中动力装备产业集群入选国家先进制造业集群，产值约占全省的2/3、全国的1/3。

（二）潍坊市产业融资面临的主要问题

作为国民经济的重要基础，实体产业在推动经济增长、扩大就业、稳定税收等方面有着十分重大的作用。近年来，我国在金融服务实体经济取得较好成效的同时，产业端金融供给不平衡不充分、小微企业融资难融资贵问题依然较为突出，融资困难仍然是制约实体产业发展的重要因素。从潍坊市产业融资来看，主要存在以下问题：

1. 融资渠道单一，银行贷款占比较高

我国的金融体系仍以间接金融为主，实体产业融资的主要来源还是银行信贷，其审批流程侧重依靠财务报表、固定资产抵质押和强担保，风险逻辑还是基于企业的主体信用。在这样的风险逻辑下，产业端的小微企业、民营企业、贸易流通型企业等天然地处于不利地位，难以满足不同产业、不同类型、不同商业模式的小微企业对融资额度和融资期限的需求。

2. 抵质押物不足，登记机制不健全

产业端的多数企业发展时间短，实物资产不够雄厚，在贷款时不能充分提供有效抵质押物给银行或其他金融机构作为抵押。且国内抵质押品管理机制还不顺畅，如应收账款融资面临确权问题，在应收账款融资服务平台上，实际登记的应收账款经债务人确认的比例仅略超20%，制约了后续的抵质押融资配套服务。

3. 抗风险能力弱，业务集中度高

小微企业企业经营不确定性强、产业附加值低、利润空间小，对市场相关动态变化的应对能力欠缺，经营的不确定性较强，尤其是制造业产业链还存在环节多、节点间关系复杂及节点种类多样化等特点，在日常经营中大量资金也往往被原材料采购、存货和账期等挤占，承受着巨大的资金链压力，

当外部环境影响较大时，容易发生“断链”风险，使企业的融资问题更为突出。

4. 信息不对称突出，信用体系建设有待加强

小微企业普遍财务制度不健全，信息缺乏透明性，金融机构很难通过企业提供的信息掌握其营收能力和发展状况。同时我国中小企业社会信用体系建设尚处于起步阶段，中国人民银行的银行征信体系收集的数据范围有限，工商、税务、海关等部门的数据信息缺乏制度化共享机制，对金融机构信贷审批的帮助有限，市场化的信用服务机构及平台较少，信用评级体系不健全、标准不统一，很难对小微企业融资提供针对性服务。

二、潍坊市部分特色产业发展现状及融资问题

（一）潍城区基础农田改造及肉牛种业提升项目

1. 项目概况。潍城区近年来大力发展特色农业，加快农业产业结构调整，推进农村一二三产业融合发展，积极培育市级以上农民合作社示范社、家庭农场和新型农业社会化服务组织，以新理念、新机制、新模式做强产业集群，做大产业规模，做优产业特色，走出了一条“支部+合作社+企业”的乡村振兴新路子。

潍城区现代农业产业园采用了“党支部领办合作社”的新机制，依托于“基础农田改造+肉牛种业提升”农牧相结合的产融模式，由潍坊绿野农机合作社、望留街道望隆合作社、十亩田村（党支部领办）合作社联合运营，园区总占地面积300亩，总投资约2.5亿元，涵盖粮食烘干中心、现代化肉牛养殖基地、数字冷链物流电商产业园三个板块，突出“党支部领办合作社”服务功能和引领示范作用，以生态循环理念、全产业链经营模式，推动现代农业产业发展，带动农民增收致富。

2. 融资问题。经现场调研发现，土地流转和肉牛养殖环节融资需求较大，融资主体分别为国有控股企业与养殖户，但融资过程存在以下三方面问题：一是资产评估不准确，贷款额度较小。养殖户表示部分银行不认可肉牛等活体抵押，即使认可活体资产的评估价格也不准确，担保价值被低估，授信贷

款额度较小，难以满足融资需求。二是融资门槛高，融资渠道受限。养殖户反映银行对养殖业的了解不足，没有深入产业内部，真正了解产业链特点、交易特点、风险特点等，只是设置过高的融资门槛，将很多有潜力的养殖项目排除在外。三是融资成本较高，加重运营成本。少数养殖户反映，银行在进行信用评估时存在主观性，对小规模养殖户更为严苛，不愿意放贷或需要较高成本才能放贷，造成较大财务压力。

（二）青州市花卉苗木产业

1. 产业概况。青州作为江北最大花卉产销基地，种植历史悠久，主要产品涉及多肉、盆栽、观赏苗木等，是全国多肉植物主要种植地、盆栽植物主产区，花卉产业已成为青州的名片和支柱产业，在青州经济发展中占据重要位置，“青州花卉产业集群”成功入选 2022 年山东省“十强”产业“雁阵行”集群。

青州把发展花卉产业作为促进农民增收和新农村建设的主要措施来抓，到目前已形成“一片”（黄楼街道花卉片区，占青州市种植规模的 60%）、“四区”（城区花卉种植区、益都花卉种植区、王坟镇花卉种植区和云门山花卉种植区）的种植格局。目前花卉种植户、种植企业一般通过流转或租赁农地建设大棚种植花卉。小规模种植户种植面积多在 2000 平米以下，以家庭劳作为主，雇佣临工为辅，产品销售方面一般是花卉经销商上门收购；大规模种植户、种植企业种植面积多在 4000 平米以上，基本以雇工劳作为主要形式，产品销售经由物流发往全国各地，也有部分会在花卉市场、高速公路服务区展厅现场销售。近年来电商平台兴起，直播带货也逐步成为青州花卉销售的主流方式。

2. 融资问题。经现场调研，了解到主要是种植户和种植企业，也有部分花卉配套产业客户存在融资需求，其中种植户花卉种植成本或季节性资金周转的需求，金额多在 100 万以内；大规模种植户与企业种植资金需求一般不超过 500 万元，如果涉及大棚建设，资金需求有望达到 800~1000 万元。客户主要反映花卉种植不确定性较大，回收周期较长，且价格波动较大，因此银行在贷款过程中设置了较高的准入门槛，审批链条长，审批通过率低，且审批金额与申请金额差别较大，并且续贷额度存在压降现象，影响了资金周转。

（三）昌邑市机械装备产业

1. 产业概况。机械装备业是昌邑市的主导产业，拥有规模以上机械制造企业44家，已经形成了较为齐全的产业链条。目前，我市机械装备制造业主导产品有汽车配件、农机配件、纺织机械、塑料机械等十大类1000多个品种，是国内最大的汽车轮毂、制动鼓、刹车盘生产基地。其中，汽车零部件、农机配件、弹簧制造加工等产业集群雏形初现。

近年来，昌邑市机械装备产业以提升扩大汽车配件、农机配件生产能力为基础，逐步向风力发电机组、风电配件、精密铸件、农用机械整机等高端领域发展。逐步形成了以浩信机械、康迈机械、昌盛智能制造为主的汽车零部件及农机配件制造业；永富弹簧、精密弹簧为主的弹簧制造加工业；中云机器、华玉塑料机械、凯德塑料机械为主的塑料机械制造业；以瑞其能电气、亿润新能源为主的新能源装备业；以碧桂园满国环境、华宝消防器材为主的环卫装备业。

2. 融资问题。经调研，昌邑市机械装备行业多数为中小企业，规模水平和集约化程度偏低，设计和制造技术能力不强，智能化技术应用较少，而在投资新建、技术改造、转型升级过程中项目资金普遍投入较大，投资回报期过长，部分项目甚至需要8～10年才能回本，因此银行在贷款过程中更为谨慎，中长期信贷投放偏少，难以满足企业发展需求，企业发展信心不足。

（四）寿光市蔬菜产业

1. 产业概况。山东省寿光市是闻名全国的“蔬菜之乡”。寿光设施蔬菜种植面积约60万亩，年产量达450万吨，日成交量超过1500万公斤。除规模化经营的农业产业园区外，分散经营的大棚种植户生产的蔬菜主要依赖分布在各村的蔬菜合作社（也称为“田头市场”）进行销售。这样的“田头市场”在寿光有1487家，为6.6万户种植户提供蔬菜销售服务，年交易额达150亿元。

寿光坚持走“品牌兴农”之路，大力实施品牌化战略，持续完善电商产业链条，打造农村电商品牌。目前全市拥有“乐义蔬菜”“七彩庄园”2个中国驰名商标，认证“三品一标”农产品300多个，桂河芹菜、古城番茄等15个产品入选农业农村部全国名特优新农产品名录。2019年，粤港澳大湾区“菜篮子”产品潍坊分中心落户寿光，认证基地达到56家，启动运营了1500平方米的粤港澳大湾区“菜篮子”潍坊农品广州展示交易中心，日交易量达130余吨。蔬菜产业集团、农发集团、清水泊农场等龙头企业，先后在北京、上海、广州建设展示展销中心，形成了一批知名企业品牌。

2. 融资问题。根据走访调研发现，蔬菜产业链中超过80%的农户表示需要金融服务，包括贷款、担保、保险等。尽管农村金融机构数量有所增加，但仍有很大一部分的农户认为金融服务获取困难。部分农户办贷条件不符合银行准入要求，且没有充足抵质押物，部分农户没有形成一定规模，且经营期限较短，也难以在银行获得准入。因此部分农户只能借助非正规金融机构进行借贷，缺少监管的背景下，利率相对更高且不规范。

三、其他省市政府性融资担保机构支持产业发展的先进经验

（一）北京再担保创新“专精特新担保贷”，助力科创企业发展

科创企业由于“投入大、周期长、轻资产、无抵押”等特点，在传统的信贷评价体系中受到诸多限制。为此，北京再担保公司根据多年业务经验，设计开发了“专精特新担保贷”从实际控制人、股权治理结构、经营情况、财务情况、贷款用途及反担保等6个大项31个小项进行综合权重赋值，通过数据获取、自动代入生成担保额度，以此推动科创企业担保业务的批量化评审，在控制成本以及风险的前提下，为科创业务进一步提升规模创造了条件。自“专精特新担保贷”产品发布以来，北京再担保及所属国华担保和石创担保已累计为80余家科创企业提供超过3.2亿元的资金支持，大幅提升了科创企业的融资效率。

（二）西部（银川）担保服务实体经济，探索“产业+金融+担保+营销”模式

西部（银川）担保有限公司发挥担保的桥梁作用和资源整合优势，研究新零售，把销售作为突破口，探索实践“产业+金融+担保+营销”的服务模

式。利用公司在行业研发、金融工具综合运用、数据测算等方面的优势，支持黑毛驴等市场前景较好的产业落地，支持该区传统优势产业羊绒、葡萄酒等转型升级，帮助科技型企业设计商业模式，打通上下游，解决企业销售难题，既可以降低公司的担保风险，也可以延伸到整个行业，扩大客户粘性和范围，从而形成了系统性救助企业、打造产业的路径和方法。

（三）宁波担保创新“财政+金融+产业”模式，落地“惠通”系列业务

宁波市融资担保有限公司积极发挥“财政+金融”的政策牵引撬动作用和国有金融资本在普惠金融领域的作用，创新研发符合产业导向、贴近客户需求的政策性融资担保业务产品，通过细分市场、精准定位，力求多元化、高质量地满足小微企业个性化融资需求，推出“惠通”系列产品。“惠通”系列产品主要围绕宁波市重点领域、重要产业发展需要应运而生，包含“人才保、稳业保、甬跨保、科创保、文旅保、振兴保、服务保、军民保”八个创新子产品，取得良好成效。

（四）兴泰担保聚焦科创企业融资需求，创新“政信贷”等系列业务产品

安徽兴泰担保集团深入贯彻安徽省委省政府关于科技强省建设决策部署，聚焦科创企业全周期需求，打造政信贷、科技贷、投保贷、知识产权质押贷等多维度产品体系，累计为近 4400 户科创企业提供融资担保超 171 亿元，成功助推 17 家科创企业成功上市。比如围绕新能源汽车上下游企业，专项推出“新能源汽车产业贷”业务。同时，扎实做好省、市重点产业链服务工作，围绕集成电路、新型显示等 16 条重点产业链开展专题调研，并在每周进行成果交流，深挖业务机会；全面推进产业链相关科技成果转化项目落地，为安徽优势产业延链补链强链提供有力金融支撑。

四、潍坊市政府性融资担保服务区域优势产业现状、问题及建议

（一）潍坊市政府性融资担保机构支持产业发展方面现状

近年来，潍坊市政府性融资担保体系在潍坊市再担保集团引领下，围绕“产业+担保”进行了诸多探索与实践，取得积极成效：一是“农业+担保”方面。围绕“三个模式”内涵及要求，开发“富民生产贷”“潍担兴农贷”

“潍担E菜贷”“农业龙头企业+扶贫”等产品模式，探索出一条“担保+体系+政策+科技”支持农业经营主体的新路子，累计支持“三农”主体融资50余亿元，帮助3681名建档立卡贫困人口实现稳定增收。二是“制造业+担保”方面。针对发展前景好且完成股份制改造的轻资产高新技术企业推出“投保联动”业务；开发“潍担技改贷”“出口融易贷”“铝型材集采贷”等政策性担保业务；开创供应链上下游企业批量担保“1+N+1”模式，持续向创新创业、“专精特新”等政府引导支持领域倾斜，累计为高新技术企业提供担保支持1227笔、63.6亿元，为科技型中小企业提供担保支持1270笔、46.6亿元，其中为瞪羚、专精特新、隐形冠军企业提供支持661笔、35.6亿元。三是“服务业+担保”方面。针对服务业客户普遍资产轻、规模小、用款频次高等特点，集团通过金融科技赋能，以运营潍坊市财金服务平台为契机，推动融资担保向线上化、智能化转型升级，在PC端、微信公众号端和移动APP端同步上线担保专区，实现线上申请、授信、审核的数字化链条闭环功能，开发“智慧潍担”和“数字潍担”小程序，引入最新个人信息识别功能和政务数据自动比对审核机制，大幅提高客户审核效率，最快可实现“秒批秒贷”，有效提升担保服务体验。

（二）潍坊市政府性融资担保支持产业发展面临的问题

潍坊市政府性融资担保支持产业发展的主要问题在于政府性融资担保工具作用未形成广泛认知和共识，担保多被认为是辅助、次要的融资工具，担保与产业的结合紧密度不够。对标济南、济宁等地市先进做法，比如济南推出应对疫情影响的“纾困贷”，支持民营企业重点培育库的“攀登贷”，济宁针对农业产业化龙头企业推出的“农业龙头贷”，均由政府相关部门确定重点支持白名单，并设立融资促进专项资金，综合运用担保费补贴、降费奖补、风险补偿、贷款贴息等政策，由政府性融资担保机构实现有针对的精准服务。而我市市县两级相关部门对政府性融资担保在“政策工具篮子”中的作用效能重视程度不足，集团自身对接政府部门时获得的助力较少，服务乡村振兴、园区建设、创新创业等专项领域的担保业务占比不高，与我市重点产业集群、县域特色产业、产业支持政策、企业需求结合还不够密切。

（三）发挥政府性融资担保作用助推产业高质量发展的建议

对比部分发达国家来看，我国融资担保业务的整体覆盖面和杠杆放大效率不高，对中小微企业的融资支持力度有待提升。结合政府性融资担保机构应继续坚守服务普惠金融的职责使命，应继续保持和强化以支农支小、支持战略性新兴产业为主业的底色，充分发挥政府性融资担保机构职能作用，聚焦区域资源优势，紧跟政策扶持导向，推动支农支小政策与政府担保政策有效衔接，创新业务产品，丰富业务渠道，推动实现中小微企业融资“扩面、增量、降价、提质、防风险”。

1. 完善政府性融资担保制度体系。坚持“几家抬”的思路，准确把握产业发展自身的客观规律，进一步完善国家、省、市、县担保机构之间的联保、分保及再保等机制，扩大担保业务覆盖和融资杠杆效应。构建完善政府性担保机构的资本金补充机制、业绩考核机制、风险分担机制，适当提高担保代偿率等风险容忍度。

2. 设立政府性融资担保产业引导基金。围绕各地特色产业设立相关政府主导、社会资本参与的产业引导基金，由政府性融资担保机构运作，对符合条件的产业项目优先提供融资担保支持，一旦发生风险则由产业引导基金予以风险补偿，通过“担保+基金”模式解决产业融资难题。

3. 强化融资担保与供应链业务融合。发挥供应链票据交易背景真实性无可替代、法律承认的无因性、核心企业信用的优质载体、扩大供应链金融融资可得性四大优势，通过担保赋能，组建产业链优化提升联合授信体，将“融资担保+供应链票据”打造成为企业级“数字货币”，稳定全产业链资金安全。

4. 推动政策性业务和市场化业务互补。在批量化担保业务模式下，支持范围主要为单户1000万元以内的小微和“三农”主体，难以全部覆盖市级重点支持的规模以上企业等经营主体。对于融资额度较大的产业链主体，明确并兼顾短期目标和长期目标，完善信用贷款、中长期贷款、抵质押融资的配套机制，创新知识产权、股权、应收账款、存货等反担保措施，坚持商业可持续的市场化原则，开展更为灵活的市场化担保业务，助力产业主体“青山常在、生机盎然”。

5. 加快产业政策与融资担保的融合。构建长短效益兼顾、激励约束相容、创新监管协同的中小微企业融资制度，建立融资担保机构与政府部门的沟通平台，通过对接农业产业化及乡村振兴、创业担保、技术改造、知识产权及科技成果转化等领域相关部门，梳理金融政策和奖补贴息资金，综合运用贴息、奖补、分险、增信等多种方式进行政策融合，形成针对性更强的财政担保政策，注重支持政策的差别化和统筹性，着力健全中小微企业全生命周期的融资支持政策。

6. 强化互联网技术和金融科技赋能。顺应数字经济发展趋势，积极应对产业融资旱涝并存、供需不匹配、配套机制不完善等问题，采用金融科技手段加强数据要素的市场化应用，通过搭建数据共享平台，解决政府部门数据归集、共享和应用的问题，帮助缓解信息不对称、降低金融机构运营成本，提高产业链上下游企业信贷可得性，在建生态、搭场景、扩用户上实现有效突破。

参考文献

[1] 胡萍. 融资担保机构：加快数字化转型赋能普惠金融业务 [N]. 金融时报，2022-11-28（7）.

[2] 阚晓西，易赟，刘宝军. 政府融资担保体系建设的国际比较与借鉴 [J]. 财政科学，2018（9）：40-46.

[3] 纪敏，祝红梅. 小微企业融资的分析与比较 [J]. 中国金融，2019（13）：92-94.

[4] 马艳. 潍坊：构建一座盛产“冠军企业”的城市 [N]. 中国工业报，2023-06-20（2）.

经验总结类

探索多业态布局，赋能担保新发展
——关于政策性担保与市场化业务协调发展的专题调研

山东省融担投资管理有限公司　程阳、张文扬

开展市场化业务是政府性担保机构提升经营发展水平、保证可持续发展的重要手段，部分省市已先行先试，取得了有效成果。为学习有关省市经验做法，山东融担投资管理有限公司对广东省、江苏省、陕西省政府性担保机构开展详实、深入的调查研究，挖掘省外龙头政策性担保机构在主业为核心多业态布局、政策性与市场化业务协同发展等方面的先进经验，探索加强山东政策性担保行业健康可持续发展、加快实现山东省政府性担保事业新突破的科学路径。

一、基本情况

广东粤财担保公司（以下简称“广东粤财”）成立于2009年，注册资本60.60亿元，是全国首家获得AAA主体长期信用等级的省级担保机构。其业务板块包括普惠业务、信用增进、信用保函、信用管理、体系建设与信用征信。

深圳担保集团有限公司（以下简称“深圳担保集团”）成立于1999年，前身为深圳市中小企业信用担保中心，注册资本114亿元。深圳担保集团知

企所需，全力培育未来“独角兽”企业，提供直接融资与间接融资相结合的创新金融服务。业务板块主要包括融资担保、金融产品担保、保证担保、创业投资、科技金融、资金业务、产业金融等。

深圳市高新投集团有限公司（以下简称“深高新投”）成立于1994年，实收资本138亿元。作为国内最早成立的担保投资机构之一，深高新投始终以解决中小微科技型企业融资难题、助力高新技术产业发展为使命，为企业提供自初创期到成熟期的全方位投融资服务，核心业务包括：融资担保、创业投资、金融增信、保证担保、小额贷款、典当贷款、商业保理等。

江苏省信用再担保集团有限公司（以下简称“江苏信保”）始创于2009年，连续多年被国内权威机构评为AAA信用级，逐步形成了涵盖再担保、融资担保、融资租赁、科技小贷、基金投资、金融科技、典当以及资产管理等不同板块相互支撑、协调发展的综合性、多元化金融服务体系，打造出独具特色的“政策性引领、市场化运作、集团化协同、综合化服务”的江苏信保模式。

陕西省信用再担保有限责任公司（以下简称“陕西再担保”）经陕西省政府2008年11月批准成立，以再担保业务和股权投资为纽带，构建全省统一的政府性融资担保体系，撬动金融资源流向小微、“三农”及实体经济，实现了体系业务在省内县区全覆盖。其业务板块包括流动资金贷款担保业务、固定资产贷款担保业务、综合授信担保业务、投标保函业务、履约保函业务、科技金融贷款、“数保贷”业务、股权投资业务。

二、经验做法

（一）开展主业为核心的多业态布局

广东粤财、深圳担保、深高新投三家公司担保业务除政策性担保分险业务外，积极布局股权基金、融资租赁、保理、小贷等市场化经营业态，打造中小企业创新金融服务生态圈，为企业提供覆盖全生命周期的综合性普惠金融服务；江苏信保形成涵盖再担保、担保、融资租赁、小贷、基金投资以及资产管理等不同板块相互支撑、协同发展的综合性、多元化金融服务体系，打造出独具特色的江苏信保模式。

（二）推进政策性担保与市场化业务的协同发展

广东、江苏、陕西三省政府性担保机构在依托普惠业务做大做强中小微企业的同时，利用股权投资建立自身的造血机能，针对不同的企业类型精准定位，助力各个阶段提供“全生命周期”的一揽子投融资创新链条服务。以低风险的责任担保平衡高风险的债务担保，以供应链票据、科创金融、创业投资、基金等股权投资、财务顾问等服务寻求高收益，“反哺”低收益的融资担保业务，形成政策性担保与市场化业务协同化发展，有效实现了国有资产保值增值。

（三）以客户为中心，实现多元赋能

广东粤财打造“一核两主三支撑”业务体系，以信用普惠发挥信用枢纽作用，以信用增进与信用保函作为主要业务，以信用管理、体系建设与信用征信作为支撑业务，发挥 AAA 信用优势，服务各类客户。深圳担保和深高新投，通过多业态布局为企业量身定制覆盖全生命周期的投融资服务。江苏信保运用政策性与功能化两类手段，打造独具特色的总包综合金融解决方案与园区保综合金融服务模式。陕西再担保积极建立担保全链条运作模式，为企业提供一揽子金融服务，培育多个利润增长极，以其他业务收入反哺政策性业务。陕西中小担坚持场景化金融思路，开发消费金融板块，通过供应链金融为产业链上下游提供多元化融资服务；依托棚改等项目为园区平台提供融资服务；与陕西金控综合金融业务平台开展合作、实现联动，延长投资、基金、交易等金融服务链条，布局全金融生态产业链。

三、山东省政策性担保事业开展多业态布局的必要性

（一）有效满足全省体系成员发展诉求

目前，山东省政策性担保体系各成员之间协同作用尚未得到充分发挥，在战略定位和行动上尚未达成统一步调。调研期间收集全省各体系成员诉求如下：一是要丰富担保产品线。目前省担保集团的产品线较为单一，缺少自上而下的尤其是区域特色产业集群、供应链金融与科创金融方面的系统性产品支持和政策支撑。二是要优化资产质量。在经历三年疫情及经济下行期后，各地体系成员的存量在保业务风险暴露呈上升趋势，需要“政府性担保+供应

链”“政府性担保+科技链”的有益结合以优化资产结构。

（二）提升全省政策性担保事业的可持续发展能力

一是通过丰富产品、业务模式，更大限度地为在保客户提供多样化金融服务，推进客户群体二次开发，提升山东政策性担保事业支小支农的质量与效率。二是有利于各个体系成员构成业务功能上的错位补充，增强全省政策性担保体系的市场竞争力。三是通过市场化业务反哺担保主业，既增强了主动获客能力与营收能力，也提升了全省政策性担保体系可持续发展能力和自身造血水平。四年有利于强化全省体系协同，提升体系凝聚力。在聚集现有政策性担保基础上，利用市场化业务助力全省体系成员突破现有业务瓶颈，并打破资本金与业务数量达到上限的困境，从而增强体系成员机构间业务黏性，打造担保体系协同发展的山东样板，提升全省担保体系可持续发展能力与凝聚力。

（三）有力增强在保客户抗风险能力

截至 2023 年 8 月底，作为全省政策性担保体系龙头机构的省担保集团，已累计为全省 48 万户小微、“三农”经营主体提供担保贷款 2444 亿元，在保贷款 1421 亿元，在保规模在全国政府性担保机构中位列第 3。庞大的在保客户数量与其小额、分散造成的“高风险、低收益”的金融需求形成鲜明矛盾。而在保客户的部分金融需求如应急转贷、盘活应收账款、科创金融等存在业务短板、市场空白，成为进一步丰富全省政策性担保体系成员服务能力的重要突破口。

四、启示与建议

（一）积极打造创新金融服务生态圈

为加快融入山东省科创金融高质量发展大局，聚焦各地市推动实施的科创金融扶持政策，作为全省政策性担保体系的龙头机构，省担保集团应致力于打造具备品牌效应的全流程创新金融服务生态圈。经营理念方面，优化围绕主业的业态布局。将科创金融、供应链金融作为两大拳头产品进行重点推进，一方面，全方位配套科创基金、应急转贷、股权基金、融资租赁、保理等经营业态；另一方面，深挖客户潜力，引入供应链票据等风险缓释工具，降低风险代偿，优化整收入结构。技术要素体系建设方面，打造一流科技金融交易平台。依托上海技术交易所的科技能力与省担保集团的业务优势，实施“平台+生态”战略。通过对知识产权确权、确价，落地科技金融服务、产业数据分析、科技项目管理三大支撑平台。基于担保业务、知识产权、绿色环境、工业和技术交易等数据，建设面向全省的科技金融智库，科技产业大数据，构建省内科技金融生态。

（二）着力推广“供应链+政策性担保”服务模式

供应链票据与担保进行创新性结合，具有较好的示范带动作用和良好的推广应用价值，是供应链金融的创新之举，也是担保行业摆脱传统业务模式束缚的机遇。省担保集团应积极引入供应链票据等风险缓释工具，推动“供应链+担保”助力体系发展。将“供票+担保”作为提升主动获客能力、提高资产质量的途径。同时进一步完善、推广供应链金融服务平台，利用平台汇集体系成员合力，实现各行业串联协同，形成全省全产业链综合大市场，为实现担保行业高质量发展提供有效解决方案。

（三）推动建立“投担联动”的业务模式

国务院常务会议审议通过的《加大力度支持科技型企业融资行动方案》指出，金融机构要把支持初创期科技型企业作为重中之重，加快形成以股权投资为主、“股贷债保”联动的金融服务支撑体系。通过多年的发展，全省政府性融资担保体系获取了相对稳定的客户群体。进一步探索建立“投担联动”的业务模式，对于体系的未来可持续发展具有十分重要的意义。对标深高新投“投资与担保联动”机制，省担保集团应以市场化的机制打造专业投资团队，专注于优势行业的早期投资项目，充分利用融资担保业务的独特优势，通过“股权+债权”的方式全方位服务投资企业，不断提升投资企业价值。通过直接股权投资与担保有机结合，扶持一批中小科技型企业发展壮大，在境内外资本市场公开上市。

（四）探索建立协作机制提高市场竞争力

一是部门与业务板块间协作层面，省担保集团内部应根据实际情况及未来发展需求，将业务板块细分提升至战略发展层面。在谋篇布局、聚焦主责主业的同时，积极拓展市场化业务。在各个板块或部门之间建立良好的沟通和协作机制，推动各个板块或部门之间的协作和资源共享，确保集团服务实体经济的决策部署令出一门、一贯到底，提高集团未来竞争力。同时集团应发挥“抓总”作用，强化部门与业务板块间的理念协同，确保全员心往一处想、智往一处谋、劲往一处使，下好“守正创新”一盘棋。二是考核与成果共享层面，由集团指定牵头部门，发挥“考核”的指挥棒作用，参考广东模式，将科创担保、非融资性担保、投资公司市场化业务、资产清收等盈利性业务纳入考核。三是人才队伍建设层面，对标深圳担保、深高新投，开发博士后流动站等研究机构，进一步引进博士，提升硕士员工占比；着重引进跨学科背景的复合型人才与各类产业人才，丰富集团人才队伍的专业背景与知识结构；大力支持员工培训与进修，提升政策和业务研究能力。

（五）协力打造全省担保新业态

一要强化独立自主的经营理念。山东担保集团主业聚焦再担保业务，对财政资金与国家担保基金的依赖性较强，自身造血能力较弱。下一步，集团应发挥引领作用，在全省体系内牢固树立独立自主的发展理念，提升全省担保体系的造血意识。二要以市场化为切入点，推进集团与体系成员多级联动，打造全省担保新业态。进一步发挥资源统筹与调度能力，在拓展政策性担保业务的同时，以推广市场化业务为契机，加强与体系成员的多级联动，打造实质性帮扶机制；在为体系成员统筹资源的同时，输出集团的市场化理念、模式、平台与方案，助力体系成员推进业务转型与多元化发展，提升造血能力。真正加强体系成员对省担保集团的理念认可与业务联络，实现全省担保一盘棋、省市县担保一体化，增强山东省政策性融资担保体系凝聚力、综合竞争力与可持续发展能力。

关于山东省省级再担保风险补偿政策的分析与建议

山东省投融资担保集团有限公司　冯贺龙

编者按：省级再担保风险补偿政策实施以来，对全省政府性融资担保体系的建设与发展起到了积极推动作用，为合理评价政策实施效果，本文通过对省级再担保风险补偿政策实施成效、必要性分析、兄弟省份做法、支持标准测算等内容进行梳理分析，提出财政政策支持政府性融资担保的有关建议。

2019 年 9 月，为加快推进全省政府性融资担保体系建设，建立健全融资担保风险补偿机制，山东省财政厅印发《山东省财政厅关于印发山东省省级再担保风险补偿资金管理暂行办法的通知》（鲁财金〔2019〕33 号）。政策发布以来，对全省政府性融资担保工作起到了积极促进作用。本文以政策实施对象省级再担保机构山东省投融资担保集团有限公司（以下简称“省担保集团”）实际运营情况为依据，对山东省省级再担保风险补偿政策相关问题进行研究分析，希望能为财政支持政策制定提供参考。

一、山东省省级再担保风险补偿政策概况

（一）政策主要内容

鲁财金〔2019〕33 号文件规定，山东省省级再担保风险补偿资金（以下简称“风险补偿金”）主要用于对省担保集团开展再担保业务发生的代偿进

行补偿。

风险补偿金每年由省财政通过预算安排，具体规模根据省担保集团再担保业务规模、代偿率以及风险补偿金结余等相关因素测算确定。

对符合补偿条件的业务，代偿率在8%以内的部分，风险补偿金按照代偿率对省担保集团实行分档补偿。其中，对于代偿率小于1%（含1%，下同）的部分，风险补偿金按照省担保集团再担保代偿额（纳入国家融资担保基金再担保的业务，按照扣减国家融资担保基金补偿后的净代偿额计算，下同）的100%对省担保集团给予补偿；对于1%～3%的部分，按照省担保集团再担保代偿额的80%补偿；对于3%～5%的部分，按照省担保集团再担保代偿额的60%补偿；对于5%～8%的部分，按照省担保集团再担保代偿额的50%补偿。超出8%的部分不予补偿。

办法所称代偿率，其计算公式为：代偿率=当年累计发生代偿的原担保项目未清偿金额（即贷款金额扣除债务人已清偿部分）/当年向省担保集团累计备案的原担保业务融资金额，不同于融资担保行业监管部门确定的“代偿率”指标统计口径。

（二）政策执行情况

按照文件要求，风险补偿金委托省担保集团管理。省担保集团设立风险补偿金专用账户，专款专用、独立核算。2020年，省财政厅划拨省担保集团降费奖补资金3000万元，其中2000万元用于充实风险补偿金。账户资金使用情况如下：

2020年度，省担保集团无实际代偿支出，账户未发生资金支出。2022年，根据《山东省财政厅关于核销省级再担保风险补偿资金的通知》（鲁财金〔2022〕30号），账户核销风险补偿金59.12万元。2023年，省担保集团根据2022年度实际代偿情况，于8月份申请风险补偿金1599.18万元，现处于省财政厅审批中。

（三）政策实施取得的成效

一是打通了央地融资担保合作分险通道。省级再担保风险补偿政策的出台，使省担保集团成立当年即顺利加入国家融资担保基金体系，打通了国家和我省融资担保合作分险通道，将更多中央财政支小支农优惠政策引入我省。二是推动了全省政府性融资担保体系建设。在省级再担保风险补偿政策的基础上，省担保集团与各市逐一对接，讲清政府性融资担保的政策要求，以及对各市经济发展的重要作用，推动全省16市参照省级政策出台了本地区代偿补偿政策，为构建“国家融担基金—省担保集团—市县担保机构”一盘棋格局提供了坚实基础。三是促进了财政政策与金融政策的有效结合。作为财政支小支农的有效手段，政府性融资担保可有效增强金融机构服务中小微企业和“三农”等弱势群体的意愿和动力，而风险补偿政策的出台，则从根本上推动形成了“敢担愿担能担会担”的长效保障机制，提升了政府性融资担保服务实体经济的能力。

二、省级再担保风险补偿政策的必要性分析

（一）国家和省文件政策有要求

从国家层面看，《国务院关于促进融资担保行业加快发展的意见》（国发〔2015〕43号）明确要求，综合运用资本投入、代偿补偿等方式，加大对主要服务小微企业和“三农”的融资担保机构的财政支持力度。《国务院办公厅关于有效发挥政府性融资担保基金作用切实支持小微企业和“三农”发展的指导意见》（国办发〔2019〕6号）进一步要求，强化对政府性融资担保机构的保费补贴、资金补充、风险补偿等正向激励。

从省级层面看，《山东省人民政府关于贯彻国发〔2015〕43号文件促进融资担保行业加快发展的意见》（鲁政发〔2016〕11号）要求，健全完善省级融资担保代偿补偿机制。《山东省人民政府办公厅关于印发推动政府性融资担保机构支持小微企业和“三农”发展的实施意见》（鲁政办发〔2020〕15号）要求，加大财政支持力度，建立资本金动态补充、风险补偿、业务奖补等机制。《山东省民营经济发展促进条例》要求，县级以上人民政府应当建立健全政府性融资担保体系，完善资本金动态补充、再担保风险补偿、担保业务降费奖补等机制，为民营经济发展提供风险保障。

（二）国家融担基金合作有规定

《国家融资担保基金有限责任公司再担保业务管理暂行办法》规定，省级再担保机构申请与国家融担基金开展再担保业务合作，应当有地方政府的风险补偿政策支持。同时，将“有保障可持续发展的地方财政风险补偿政策支持”作为合作机构准入基本条件，并在《国家融资担保基金再担保合同》中予以约定。

（三）省担保集团可持续发展有需要

目前看，省担保集团可持续发展面临三大问题，亟须财政政策支持。

首先，担保费率低，担保费收入难以覆盖两项准备金。根据国家和省委、省政府政策要求，省担保集团对再担保业务实行优惠担保费政策，即，单户担保金额 500 万元及以内业务按照责任额的 0.3%收取担保费，单户担保金额 500 万元以上业务按照责任额的 0.5%收取担保费。2022 年省担保集团平均再担保费率仅为 0.26%，与国家融担基金披露的 2.5%的市场化平均担保费水平差距较大。按照《融资性担保公司管理暂行办法》规定，省担保集团需按当年担保费收入的 50%提取未到期责任准备金，并按不低于当年年末担保责任余额 1%的比例提取担保赔偿准备金，按照年度新增再担保业务 1000 亿元、年末在保 1000 亿元估算，两项合计费率达 1.26%，超过当年平均再担保费率 1 个百分点，造成公司持续性政策亏损，且再担保规模越大亏损越多。

其次，资本金规模相对较小，其运作收益难以弥补亏损。省担保集团目前资本金为 33.05 亿元（含未履行转增手续的 23.05 亿元），位居全国第 17 位，远低于全国省级政府性担保机构 54 亿元的平均水平，更远低于安徽担保集团 186.86 亿元、河南中原再担保集团 130 亿元、江苏信用再担保集团 115.60 亿元、深圳担保集团 114.05 亿元、浙江担保集团 100 亿元、甘肃金控担保集团 100 亿元资本金水平，与我省位列全国第三的经济总量相比明显不匹配。资本金运作收益是政府性担保机构的主要收入来源。目前，省担保集团每年资本金运作收益仅有 7000 万元左右，而且随着存款利率水平的逐步下调，这块收益也会逐步减少，根本无法弥补因担保费偏低造成的政策性亏损。

最后，潜在代偿风险较大，经营风险进一步加大。当前，宏观经济发展内外部环境更趋复杂严峻，全球经济正经历百年大变局，不稳定不确定因素增多，国内需求收缩、供给冲击、预期转弱三重压力尚未得到根本解决，各类型经营主体经营修复尚存一定不确定性。因此，小微、“三农”等民营经营主体在短期内将继续承受“三重压力”造成的压力和影响，融资需求依旧迫切。从全国来看，截至6月底，国家融担基金公布的全国累计代偿率已达1.48%。从我省来看，截至8月底，省担保集团累计代偿率为0.29%，较年初呈现快速攀升态势，这对省担保集团可持续发展形成较大的经营压力。

三、部分省份的做法

为支持省级政府性融资担保机构充分发挥引领作用，实现可持续发展，不少省份相继出台了风险补偿、保费补贴、业务奖补等支持政策。

江西、辽宁等省份风险补偿比例较高，其中，江西对纳入国家融担基金备案范围内的再担保分险项目，省级融资担保风险补偿基金对省融资担保公司实际承担的代偿补偿资金予以全额补偿；辽宁省财政出资建立2.9亿元再担保体系风险补偿和保费补贴资金池，构建“前有保费补贴，后有风险补偿”的扶持政策，加大对辽宁担保集团及五市科技担扶持力度，对于辽宁担保集团及五市科技担开展的政策性融资担保业务，省级按照单个融资担保项目融资金额（含债权人承担风险责任部分）的40%予以补偿，并给予0.5%~2%的担保费补贴。

湖北、山西、陕西等省份保费补贴比例较高，一般按照2.5%~3%的标准予以补差，在此基础上，湖北和山西分别以年末在保责任余额和年末在保余额为基础对担保机构进行风险代偿补偿补贴或补充代偿资金池，陕西对再担保机构实际损失的50%予以补偿。

河南、江苏、浙江等省份资本金规模较高，通过做大省级担保集团资本金规模，获得较高资金运营收入的形式进行政策支持。比如，河南（中原再担保集团）资本金130亿元、江苏（信用再担保集团）资本金115.60亿元、浙江（担保集团）资本金100亿元，分别是山东担保集团资本金规模的3.93倍、3.50倍、3.03倍，按照资本金运作年均收益率2.9%计算，可在一定程

度上弥补因担保费偏低造成的政策性亏损。在此基础上，三省分别对再担保机构实际损失的40%~60%予以补偿。

四、财政政策支持标准测算

为对省级再担保风险补偿等财政政策支持标准进行测算，结合省担保集团实际情况，假定：一是在不考虑担保代偿的情况下，省担保集团保费收入可以维持公司正常运转；二是短期内省担保集团资本金规模维持不变，2023年末在保业务完成任务目标1500亿元，且进入稳定经营状态，年度新增业务和解保业务基本平衡，金额约为1000亿元；三是省担保集团准备金计提已达到要求；四是省担保集团发生的代偿损失全部通过省级风险补偿金或资本金运营收益予以平衡。

在以上假定条件下，着重分析资本金规模与风险补偿政策的关系，分析如下：

省担保集团资本金年运营收益=资本金规模33.05×年均收益率2.9%=0.96亿元。

（一）假如按照鲁财金〔2019〕33号文件进行风险补偿

1. 短期情况下：省担保集团代偿率控制在1%以内，省担保集团每年实际承担损失=解保金额1000×风险比例20%×代偿率1%=2亿元。省级风险补偿金可实现全额覆盖。

2. 中期情况下：省担保集团代偿率控制在全国平均水平1.48%以内，省担保集团每年实际承担损失=解保金额1000×风险比例20%×代偿率1.48%=2.96亿元。

省级风险补偿金补偿金额=当年累计备案金额1000×代偿率1%×风险比例20%+当年累计备案金额1000×代偿率0.48%×风险比例20%×补偿比例80%=2.77亿元。省担保集团实际损失与风险补偿差额0.19亿元。

资本金运营收益可覆盖风险补偿差额。

3. 长期情况下：省担保集团代偿率控制在熔断上限3%以内，省担保集团每年实际承担损失=解保金额1000×风险比例20%×代偿率3%=6亿元。

省级风险补偿金补偿金额=当年累计备案金额1000×代偿率1%×风险比例20%+当年累计备案金额1000×代偿率2%×风险比例20%×补偿比例80%=5.2亿元。省担保集团实际损失与风险补偿差额0.8亿元。

资本金运营收益可覆盖风险补偿差额。

（二）假如对实际损失的50%进行风险补偿

1. 短期情况下：省担保集团代偿率控制在1%以内，省担保集团每年实际承担损失=解保金额1000×风险比例20%×代偿率1%=2亿元。

省级风险补偿金补偿金额=当年累计备案金额1000×代偿率1%×风险比例20%×补偿比例50%=1亿元。省担保集团实际损失与风险补偿差额1亿元。

资本金运营收益可基本覆盖风险补偿差额。

2. 中期情况下：省担保集团代偿率控制在全国平均水平1.48%以内，省担保集团每年实际承担损失=解保金额1000×风险比例20%×代偿率1.48%=2.96亿元。

省级风险补偿金补偿金额=当年累计备案金额1000×代偿率1.48%×风险比例20%×补偿比例50%=1.48亿元。省担保集团实际损失与风险补偿差额1.48亿元，去除资本金运营收益后仍亏损0.52亿元。

为实现收支平衡，资本金需增加=0.52÷2.9%=17.93亿元。

3. 长期情况下：省担保集团代偿率控制熔断上限3%以内，省担保集团每年实际承担损失=解保金额1000×风险比例20%×代偿率3%=6亿元。

省级风险补偿金补偿金额=当年累计备案金额1000×代偿率3%×风险比例20%×补偿比例50%=3亿元。省担保集团实际损失与风险补偿差额3亿元，去除资本金运营收益后仍亏损2.04亿元。

为实现收支平衡，资本金需增加=2.04÷2.9%=70.34亿元。

（三）假如无风险补偿政策

1. 短期情况下：省担保集团代偿率控制在1%以内，省担保集团每年实际承担损失=解保金额1000×风险比例20%×代偿率1%=2亿元。与资本金运营收益相差1.04亿元。

为实现收支平衡，资本金需增加=1.04÷2.9%=35.86亿元。

2. 中期情况下：省担保集团代偿率控制在全国平均水平 1.48%以内，省担保集团每年实际承担损失 = 解保金额 1000×风险比例 20%×代偿率 1.48% = 2.96 亿元。与资本金运营收益相差 2 亿元。

为实现收支平衡，资本金需增加 = 2÷2.9% = 68.96 亿元。

3. 长期情况下：省担保集团代偿率控制熔断上限 3%以内，省担保集团每年实际承担损失 = 解保金额 1000×风险比例 20%×代偿率 3% = 6 亿元。与资本金运营收益相差 5.04 亿元。

为实现收支平衡，资本金需增加 = 5.04÷2.9% = 173.79 亿元。

五、结论与建议

为推动我省顺利融入国家融担体系发展大局，保证政府性融资担保的可持续健康发展，省级再担保风险补偿政策必不可少。建议：一是加强同省财政厅等主管部门的联系和沟通，争取鲁财金〔2019〕33 号省级再担保风险补偿政策的延续；二是做好省级再担保风险补偿政策退坡准备，一旦补偿标准降低或风险补偿资金账户迟迟无法有效补充，积极向主管部门建议，综合运用实施风险补偿、做强资本金、制定保费补贴和业务奖补政策等手段，加大对省担保集团及全省政府性融资担保体系政策支持；三是做好长效政策支持机制争取，省财政厅和省地方金融监督管理局于 8 月份联合印发《山东省政府性融资担保机构奖补资金管理暂行办法》，对政府性融资担保机构开展符合条件的业务给予资金奖补，但该政策有效期仅为一年，且受预算总额限制，对此应加大沟通协调力度，争取短期支持政策转化为长效支持机制，确保政府性融资担保在服务普惠金融事业中持续发挥规范引领作用。

聚焦主责主业
创新构建“强链助企”金融服务模式

山东省融担投资管理有限公司　郑璐

近年来，广大政府性融资担保机构以习近平新时代中国特色社会主义思想为指导，坚持聚焦支小支农融资担保主业，在服务经济社会薄弱领域、助力实体经济发展的普惠金融工作中发挥了越来越重要的作用。融资担保行业运行呈现出减量增质效果显著、资本实力持续增强、业务规模有效扩张、整体风险有所缓解、财务指标总体趋好等积极变化。

目前，传统担保业务已经到达相对成熟阶段，在现有银担合作模式下，发展已经趋缓。在这变革发展新时代，如何全力贯彻新发展理念、构建新发展格局，成为一个重要课题。面对新挑战，山东省投融资担保集团有限公司（以下简称：山东担保集团）主动走出传统担保业务模式，助力市场纾困解难，创新构建“强链助企”金融服务模式。

一、顺应时代，守正创新，推动新时代政府性融资担保高质量发展

经中国人民银行批准，2016 年上海票据交易所成立，2020 年供应链票据平台成功上线。此后，国家多部委及省级主管部门相继印发系列政策措施，推动和支持供应链票据发展，进一步夯实政策基础。供应链票据具有可拆分流转、交易真实、强制信息披露等特点以及信用流通性好、法定无因性等优势，为供应链金融提供了新的结算工具。供应链金融作为政策性担保工具的

全新应用场景，不仅为政府性融资担保机构提供了全新的赛道，也为担保行业发展提供了创造性的思路。

山东担保集团审时度势、守正创新，积极稳妥发展供应链金融服务，依托制造业产业链核心企业，在有效控制风险的基础上，加强数据和信息共享，创新构建了“政府性担保+供应链票据”强链助企金融服务模式，为产业链上下游企业提供方便快捷的金融服务，为推动新时代政府性融资担保高质量发展贡献力量。

二、聚焦主业，稳中求进，打造全生命周期、全价值链条的综合性金融服务平台

山东担保集团认真贯彻落实省委、省政府关于融担推动山东民营经济等部署要求，强化对民营经济全链条的融资支持，发挥好政策性担保机构“四两拨千斤”的作用，围绕主责主业，拓宽延长“支小支农”服务链条，聚合金融资源，以担保链为依托，通过供应链、科技链赋能，构建金融生态链服务体系，打造全生命周期、全价值链条的综合性金融服务平台。

（一）成立专门机构

2023 年 3 月 16 日，经集团党委研究，成立了山东融担投资管理有限公司筹备组（以下简称：融担投资公司）。融担投资公司成立以来，紧紧围绕集团年度工作会议及集团化改革各项工作部署，聚焦推进公司高质量筹建，坚持“稳扎稳打、迈小步、不停步、蹚路子、建团队、创模式、打基础”的工作基调，攻坚克难，扎实进取，各项工作取得明显成效。

（二）搭建综合平台

融担投资公司借助山东省大力支持供应链发展的机遇，依托担保体系，搭建“1+3N”综合供应链普惠金融科技平台。“1”，以担保增信为核心元素。借助担保体系对产业链上的中小微企业融资提供担保增信，解决核心企业授信不足的问题，解决商业承兑汇票流通性差的问题。“3N”，N 核+N 链+N 银行。N 核：平台可以为 N 家核心企业提供服务，不局限于某一家核心企业，围绕山东省政府发布 594 家核心企业白名单开展业务合作。N 链：对于中小

微企业而言，可以实现在一家平台注册，同时与多家核心企业产生支付结算关系，并通过平台，实现流转、融资。N银行：借助合作伙伴和集团良好的银保关系，可以吸引所有银行作为资金方导入平台，破解银行排他性。

（三）提供服务保障

近一年来，融担投资公司创新搭建的供应链票据平台，除具备市场主流供应链票据平台功能外，还具备了电子债权凭证和票据撮合交易等功能，应用于供应链金融场景，为山东担保集团及体系成员展业提供平台支撑；同时沉淀企业数据，为集团源源不断提供宝贵的数据资产，可供集团或体系成员用于企业精准画像，进一步提升担保行业业务质量。

三、强化使命，勇于担当，构建融资担保服务新模式

山东担保集团探索设计研发了供票承保、供票质押两类产品，创新构建“强链助企”金融服务模式。供票承保通过票面追加票据保证，大幅度提升中小微企业持票意愿，并降低其变现成本；票据质押基于现有银担合作模式，追加供票为反担保措施，拓展中小微企业的融资渠道，为担保公司争取到额外的反担保措施。目前，以上模式均已完成试点，运行平稳。

案例一：增加核心企业信用价值，实现供票支付流转。

威飞海洋装备制造有限公司（以下简称“威飞”）专注于海洋装备自主研发制造，解决了中国水下油气开发的关键卡脖子技术，填补国内技术领域空白，入选了第六批山东省制造业单项冠军企业名单。同时，威飞契合黄河流域生态保护和高质量发展重大国家战略和山东省海洋强省战略。当前公司处于快速发展期，资金需求大，存在对供应商占款问题。通过我方平台，威飞将供应商的应付账款转化为山东省融资担保有限公司（山东担保集团子公司）作为票据承兑保证人的供应链票据，并将供应链票据支付给供应商，供应商可将供应链票据继续向下流转支付，解决了占款问题。

模式价值与创新亮点：一是供应链票据的属性决定了票据比应收账款更有认可度。平台开具供应链票据代替中小微企业的应收账款，实现了应收账款票据化。这是国务院和金融监管部门数次发文、大力提倡的方向。二是担

保公司对票据承兑作出保证，大幅度提升供应链票据的承兑能力，得到了供应商认可。三是核心企业通过供应链票据，解决了付款问题，实现了企业信用的传递。该模式系国内担保与供应链票据相结合的首创。

案例二：政府性担保赋能，实现供应链票据融资。

济宁市恒润水务集团有限公司通过我方供应链票据平台进行供票签发，体系成员济宁财信担保对该笔流转的供票提供背书担保增信，加保后的票据被拆分给 8 家小微企业供货商。8 家小微企业通过青岛银行济宁分行成功贴现。该笔业务通过结构化搭建业务流程，实现了不同企业的应收账款与应付转款依靠供应链票据流转，担保公司为链上供应商批量提供增信和融资，通过贴现，降低供应商的融资成本，高效率、高质量盘活核心企业应付账款，实现了供应链票据融资可得。山东担保集团、济宁财信担保完成全国首笔供应链票据票面背书加保业务。

该笔业务的落地，标志着山东担保集团及其体系成员单位、战略合作伙伴共同探索的“政府性担保+供应链票据”模式，完成了包括供应链票据开票支付、背书流转、贴现融资等环节的全链路、全流程嵌入担保增信服务。

模式价值与创新亮点：一是授信增量。针对核心企业授信饱和问题，无法将企业信用向链上中小微企业传导。平台引入担保增信后，吸引银行等资金方为核心企业批复间接授信，在未增加实质性风险的前提下，增量间接授信通过供应链票据将核心企业信用传递至链上中小微企业。二是政府性担保对票据质押融资做出增信，既解决了中小微融资问题，又大幅度降低了其融资成本。三是核心企业作为票据承兑人，进一步提高银行等金融机构对中小微企业的支持意愿。该案例为核心企业补链强链提供了金融服务样板，该产品模式也是国内政府性担保与供应链票据相结合的创新。

四、坚守定位，合理布局，业务取得初步成效

融担投资公司围绕集团“十四五”战略规划，科学谋划发展战略。坚持“一手抓基础、一手谋发展”的工作原则，合理规划经营建设布局，做实基础营销体系，保障业务稳健发展。

（一）积极探索供应链金融新模式

创新搭建特色供应链金融平台，首创“N核+N链+N银行+担保增信”的金融生态模式，开发出供应链数字债权转让凭证、供应链票据、票据撮合3套交易系统，申报软件著作权3项，设计融担链上保产品4类，积极推进供应链票据保贴保押、供票质押融资等产品。签发全国首笔基于担保公司承兑保证增信项下的供应链票据，推进各行业串联协同，着力构建全省全产业链综合大市场，提升我省产业链供应链韧性与安全水平。截至7月末，累计实现累计开票金额14349.8万元，完成流转17750.8万元，数字债权转让凭证完成开票及流转3300万元，同时储备了鲁商发展、泰山钢铁等核心企业，为后续业务发展打下坚实基础。

（二）稳步推进转贷业务产品创新

深度对接各地担保机构和银行，积极推广线上标准化产品。开创性引入有限合伙制度，设计了线上、线下标准化、包行包户、通道类业务等独特、成体系的产品模式。创新性引入供应链票据质押丰富风控举措。截至7月末，完成转贷业务249笔，总金额8.35亿元，资金全部收回。

五、党建引领，擦亮品牌，在支小支农中实现更大作为

融担投资公司将在集团公司的坚强领导下，保持战略定力，明晰战略发展方向，创新模式和产品，强化资源整合力度，着力构建“一核引领（党建）、双轮驱动（数智与人才）、三链联动（供应链、科技链、担保链联动机制），全力打造全国一流、极具融担特色的金融服务平台”的“1231”战略发展框架。

（一）以党建引领推动高质量发展

以习近平新时代中国特色社会主义思想为指导，深入贯彻落实国家和我省关于促进实体经济发展、推进乡村振兴的一系列决策部署和工作要求，认真贯彻落实林武书记视察农担、融担时的指示要求，牢固树立“抓党建就是抓发展、抓发展必须抓党建”的工作理念，努力把党的政治优势、组织优势和群众工作优势转化为创新优势、发展优势、竞争优势。

（二）以特色品牌推动高质量发展

继续与各合作机构共同努力，整合担保增信、金融科技和支付工具等助企资源，聚力推动供应链票据的支付、流转、融资，靶向发力，精准破解供应链末端中小微企业融资难、融资贵、融资慢等问题，合力打造“融资担保+供应链票据”金融服务模式的山东样板，打响供应链金融强链助企山东特色品牌。

（三）以全面深化内部管理推动高质量发展

践行支小支农初心，坚持服务实体经济，切实转变经营模式，深化管理水平，按照精细化管理、专业化经营、协同化发展理念，继续优化管理架构；积极引进专业人才，强化制度保障，全面提升整体经营管理水平；继续按照全面风险管理的要求，加强风险防控体制建设，突出“三道防线”的作用，在业务制度、产品方案、风控模型、机构合作中强化预防管理；树立规范化、标准运作的典型案例，在推动高质量发展中展现更大作为。

新形势下，政府性融资担保机构要坚守定位，扶持小微企业及“三农”主体，不断提升对战略性新兴产业及优势产业等重点发展领域的支持力度；要不断创新，革新经营文化和理念，充分运用现代信息技术，深度融入万物互联的数字化发展进程；要坚守社会责任，以稳健务实的作风及担当奉献的情怀，去构筑新时代融资担保行业的发展基石与风控藩篱，为扶持小微企业和“三农”，以及普惠金融事业发展做出新的更大的贡献。

构建科技担保体系，助力科创企业“乘风破浪”

——关于政府性融资担保助力科创企业发展的调研报告

济南融资担保集团有限公司　任太江

为充分发挥政府性融资担保在金融资源配置中的重要引导作用，更好地为科创企业融资增信提供担保服务，了解济南融资担保集团支持科创企业发展的有关情况，济南担保到我市科创企业进行了走访调研，查找问题、寻找对策，形成了调研报告。

一、调研背景

创新是我国现代化建设全局的核心，金融是实体经济的血脉。建立科学有效的科技金融支撑生态，实现精准的金融精准灌溉，是催生经济发展“科创之花”的生命源泉。济南作为全国首个科创金融改革试验区，从设立之日起就被赋予了深耕市场需求、打通行业痛点和突破制度难点的重任。济南融资担保集团作为我市政府性融资担保体系核心，如何贯彻落实市委、市政府印发的《济南市建设科创金融改革试验区实施方案》部署要求，优化创新科创担保工作，为科创企业发展赋能添力，助力济南经济高质量发展，是当前亟须研究的重要课题。

（一）科创金融改革支持科创企业发展的意义

科创金融是指以科技创新为核心，以金融服务为手段，为科技创新企业提供融资、投资、风险管理等全方位金融服务的一种新型金融模式。科创金融的出现，一是有助于推动科技创新。可以为科技创新提供更加便捷的融资渠道，降低融资成本，提高融资效率。同时，科创金融还可以为科技创新提供更加专业的金融服务，如风险评估、投资咨询等，帮助科技企业更好地实现创新发展。二是有助于促进产业升级。科创金融有助于拓宽科创企业多元融资渠道，纾缓科创企业“融资难、融资贵”的问题，帮助提高科技成果转化和产业化水平，促进产业升级。三是有助于推动金融创新。科创金融可以为金融机构提供更加灵活的监管政策，鼓励金融机构创新金融产品和服务，满足不同客户的需求，促进金融机构的创新发展。四是有助于推动经济转型。通过发挥科技型骨干企业引领支撑作用，推动创新链产业链资金链人才链深度融合，引领科技成果转化和科创企业创新发展，进一步推动实体经济的高质量发展。

（二）政府性融资担保在科创金融改革中被赋予重要使命

2021 年 11 月，经国务院同意，中国人民银行等八部委联合印发《山东省济南市建设科创金融改革试验区总体方案》，济南市正式获批全国首个科创金融改革试验区，具备了在科创金融领域先行先试的政策优势。2022 年 7 月，市委市政府专门印发《济南市建设科创金融改革试验区实施方案》，将政府性融资担保作为科创金融服务体系重要组成部分，赋予济南融资担保集团设立主业突出、经营规范、实力较强、信誉较好的政府性科创融资担保公司，打造匹配科技创新型企业全生命周期的信贷产品体系等具体任务，这既是集团作为国有金融机构、政府性融资担保机构的重要职责使命，同时也是我们在科创金融领域先行先试、深化改革的重大发展契机。

二、调研发现的问题

在实际调研中发现，科技金融服务在供需两端的不匹配问题，在一定程度上制约了金融支持科技创新发展效能的充分发挥。银行信贷作为金融支持科创企业的最主要的融资渠道，在匹配科创企业发展特点上存在局限。

（一）金融机构较难匹配科创企业融资需求

科创企业大多属于技术密集型企业，特别是初创期科创企业投入较大，因而融资金额普遍较高，传统商业银行经营模式以稳健、风险控制为主要考量，较难科学地评估科技成果的潜在价值和科创企业的经营风险，更倾向以抵押质押等方式来覆盖风险，较难匹配科创企业轻资产、高成长、高风险的发展特点。

（二）金融机构较难匹配科创企业融资期限

科创企业只有将科技成果和核心技术等资源转化为相关产品和服务，才能获取回报，受技术研发周期较长、技术更新换代较快等因素影响，科创企业投资周期较长，对资金的需求期限较长，但是银行对科技型中小企业的贷款以短期流动性贷款为主。

（三）金融机构服务较难匹配科创企业经营特性

科创企业的资产主要是以知识产权为代表的无形资产，固定资产较为匮乏，需要专业的银行、担保机构提供服务才能获得相应资金支持，银行等金融机构拥有的科技领域专业人才相对匮乏，对科技产品前景、企业市场竞争力较难把握，出于风险管控要求，普遍对科创企业授信较为审慎。

三、其他担保机构的先进做法及经验

（一）山东担保集团多措并举，助力科创企业腾飞

近年来，山东担保集团强化产品创新，坚持科技赋能，围绕科技和工信部门认定的科技创新型企业，靶向用力，累计服务省级以上科技创新类市场主体2610户，提供4045笔担保贷款，累计规模达135.08亿元。

1. 成立专门机构，开发专门产品。一是2022年12月，山东担保集团决定成立科创业务部，并计划出资2亿元设立山东科创融资担保有限公司，建立省市县科创担保体系，更好支持省内实体经济高质量发展和转型升级。二是弱化资产抵质押等反担保措施，为企业融资减轻负担，完成了科创类业务企业白名单建立。三是完成科创担保产品开发，针对高成长性科技企业因轻

资产、历史短、信用记录不足、扩张资金需求量大、应收账款质量不高等现实情况导致的传统融资难题，集团创新开发并计划发布“鲁担科创贷”“鲁担知识产权贷”等产品。

2. 丰富合作渠道，创新反担保措施。一是全力构建全省科技金融体系。山东担保集团积极对接省级各政府部门，针对更好地发挥“政银担”协同作用，构建科技创新金融服务平台，支持科创担保更好地服务科技型企业发展等多个角度进行沟通。二是主动寻求与银行业务合作。山东担保集团汇总了驻济各银行“科创”金融产品，与工商银行、邮储银行、齐鲁银行等 20 多家银行达成合作，并与合作金融机构建立科创类企业互推机制，对科创类企业办理业务实行“优先受理、优先调查、优先审查、优先审批”。三是对于科创型中小企业重技术、轻资产的特征，山东担保集团积极探索知识产权质押、股权质押等新型反担保措施，助力科创企业发展，将科创型中小企业的知识产权等无形资产变为可评估价值、可交易的资产，助力科创企业快速发展。

（二）安徽构建全省科技融资担保体系，护航科创企业发展

安徽省创新政策性科技担保工作机制，巧用金融工具扬长避短，依托政府、银行、担保三方资源共享、风险分担，建立科技企业融资生态新模式，扎实“下好创新先手棋”。

1. 把脉“两只手”，以创新工具扬长避短。为应对政府这只“看得见的手”专业性、灵活性不够和市场这只“看不见的手”的资本逐利性强，科技企业融资需求得不到满足的特点，早在 2018 年，安徽省便成立以安徽省科技厅为牵头单位，安徽省财政厅、省信用担保集团等为成员的科技融资担保工作联席会议，率先设立全国首家省级政府性科技担保公司，在原担保体系基础上，构建全省科技融资担保体系。一个以省科技担保公司为龙头，135 家政府性担保机构共同组成的体系链，服务对象主要为高新技术企业、科技型中小微企业、科技型初创企业，担保费率不超过 1%。省市县（区）联动，全省 16 个省辖市 57 个县区与省科技担保公司合作“科技贷”，地方建立总计近 3 亿元科技融资担保贷款风险补偿资金池，科技担保体系纽带作用进一步加强。

2. 完善政策支持体系，汇聚金融活水。安徽省财政安排 2 亿元，试点设立科技企业贷款风险补偿资金池，支持银行和担保机构择优分档给予科技型企业1000万元、500万元、200万元以内的贷款额度；对发生贷款损失的金融机构，资金池予以20%~35%的补偿。通过风险池机制，一方面，地方推荐有融资需求科技企业，建立白名单库，银行和担保机构以“名单制”方式精准服务；另一方面，银行和担保机构风险得到进一步分散，担保机构敢担保、银行敢贷款。2023年一季度，风险池入库企业20137户，22家合作银行、34家合作担保机构通过省综合金融服务平台，累计放款总金额644.83亿元、12224户、25108笔，其中，人工智能、先进制造等新兴产业行业企业占比达90%以上。

四、济南担保集团科创担保探索实践情况

2022年7月，济南市委市政府立足高水平建设科创金融改革试验区，构建一流科技创新生态体系，专门印发了《济南市建设科创金融改革试验区实施方案》，为贯彻落实市委市政府部署要求，济南融资担保集团充分发挥政府性融资担保体系优势，将科创担保作为重中之重，集全力积极推进，将财政政策、产业领域、企业周期、资金需求等经营场景与市场化产品有机融合，促进信用分层和担保资源优化配置，满足企业不同发展时期的多样化融资需求，为科创金融发展提供“济南担保方案”。一是做强科创担保专业载体。以科创型企业融资增信服务为导向，以济南市融资担保有限公司为科创担保专营子公司，建立了专业运营服务团队，全面优化业务流程，通过“预授信+白名单”，精准对接科创企业。二是完善科创担保产品体系。研发推出“济担—科创贷”系列产品，针对不同发展阶段、不同类型科创企业的差异化融资需求，细化制定了“科创快贷”“科创易贷”“科创项目贷”“科创技改贷”“科创强农贷”等各类产品，推出了“济担-攀登贷”精准支持科创龙头类民营企业，以定制化融资服务精准满足企业需求。三是提高科创担保支持额度。会同国家融资担保基金、山东省投融资担保集团，加大政府性融资担保体系对科创企业的担保支持力度，将单户贷款担保额度由1000万元提高至5000万元，并纳入体系分险，实施优惠费率，有效减轻科创企业融资成本。四是

优化担保服务。坚持“数字技术+数据要素”双轮驱动，通过银担业务系统直连互通，推动科创担保服务线上化、数字化、智能化转型，大大提高了审批效率，同时依托大数据风控模型，实现数字增信赋能，通过知识产权质押、应收账款质押、中长期研发费用融资支持等方式，摆脱传统抵质押反担保路径依赖，有效提高科创企业信贷可得性和获得感。

截至6月底，集团已与中国银行、济南农商行等19家银行签订“科创贷”专项合作协议，实现业务落地42笔，合计金额14500万元；本年度新增科创类担保1775笔、担保金额12.91亿元；在保3014笔，在保金额22.39亿元。支持服务省级专精特新企业39家，省级瞪羚企业19家，高新技术企业298家，科技型中小企业229家，创新型中小微企业122家。

五、关于做好担保支持科创企业发展的对策和建议

（一）打造专业科创担保团队

科创担保需要兼备金融领域和科技领域的专业知识及相关经验，并能够根据实际业务需要，解决相关问题的高质量金融科技人才。本着打造“专营机构+专业团队”的担保服务体系原则，加大具有科技、新兴产业和金融复合背景的专业人才引进力度，完善人才使用和激励机制。加强业务培训提高科创金融服务综合技能，坚持理论和实际相结合，学以致用，全面提升团队营销业务技能和服务科创企业的专业素养。

（二）推进多维度产品创新

完善现有全周期产品体系，结合“济担-科创贷”的落地推广经验，在推出重点支持科创龙头类企业的“济担-攀登贷”基础上，运用投行思维，分析科创行业优势，更好发挥政策引导和财政资金带动作用，继续深化研究在科技型企业初创期、成长期、成熟期的系列担保产品，确保科创企业发展的各个时期的合理融资需求得到有效满足。

（三）加大宣传推广力度

“为有源头活水来”，通过大力的宣传，才能让惠企政策的“甘霖”滋润科创企业发展的“土壤”，充分利用集团13个区县担保分中心辐射覆盖济南

市全部行政区划的优势，扎根区县、积极对接当地政府、银行、科创企业，把市委市政府、集团惠企政策宣传到位；用好公众号、新闻媒体等线上方式，加强传播力、引导力，加大对金融支持科技创新工作和突出成效的宣传，提高社会关注度，进而提升集团支持科创企业发展的影响力、公信力；积极学习各地各金融机构支持科创企业的亮点做法和先进经验，推广可复制、可借鉴、可操作的创新机制、模式和产品。

烟台融资担保集团有限公司
运用“四位一体”工作机制推动集团
高质量发展调研报告

烟台融资担保集团有限公司　李宁、孙淑萍

烟台融资担保集团有限公司（以下简称“担保集团”）是烟台市财政局出资并控股的市属一级国有金融企业，2020年12月正式成立，2021年1月开始运作，担保集团定位为不以营利为目的、准公益性的政策性担保机构，以支持全市小微企业和“三农”主体融资为主责主业。组建两年多来，担保集团构建了“四位一体”工作机制，以“双轮驱动”为根基，以多元业务为支撑，以科学管理为基础，以党建引领为保障，引领集团走上高质量发展快车道，业务排名从成立之初的全省倒数第三跃升至全省第五名，在2022年度全省体系考核中包揽“先进单位”“突出贡献”“改革攻坚”三项头奖，取得了“代偿率最低、年度业务增速最快、省担龙头产品业务量最大”三个全省第一。

一、担保集团基本情况

（一）职能定位

担保集团注册资本金10.606亿元，实收注册资本12.7亿元。作为政府性融资担保体系内的市级平台和龙头公司，通过与国家融资担保基金开展合作，担保集团已正式加入“国家-省-市”一体化政府性融资担保体系，主要肩负着为中小微企业、“三农主体”的融资提供增信担保，解决其融资难融资贵问题的职能，发挥着增加地方税收和助力经济发展的“稳定器”“压舱石”作用。

（二）财务情况

担保集团自成立以来，2021 年报表利润总额 106. 25 万元，考虑为小微、“三农”等经营主体让利因素，按照市场化担保费率 2. 5%测算，利润总额可达 4468. 9 万元；2022 年报表利润总额 306. 28 万元，考虑为小微、“三农”等经营主体让利因素，按照市场化担保费率 2. 5%测算，利润总额可达 10349. 33 万元；截至 8 月末，报表利润总额 234. 42 万元，考虑为小微、“三农”等经营主体让利因素，按照市场化担保费率 2. 5%测算，利润总额可达 8757. 21 万元。三级资产比例合规，其中Ⅰ级资产占比 58. 08%，优于限额 38. 08%；Ⅰ级与Ⅱ级资产之和占比 75. 39%，优于限额 5. 39%；Ⅲ级资产占比 24. 61%，优于限额 5. 39%。

（三）组织架构

担保集团现有在册股东 5 家，国有股权占比 100%。董事会共有 4 名董事，监事会共有 3 名监事，经理层共有副总经理 4 名。董事会下设 7 个专业委员会。担保集团下设 12 个职能部室、5 个业务部室、2 家全资子公司、3 家分公司。

（四）人员架构

担保集团现有 88 人，在岗职工平均年龄 37. 85 岁，研究生及以上学历占比 22. 73%，本科学历占比 69. 32%，是员工队伍的主力军。现有党员 43 名，其中正式党员 42 名，预备党员 1 名。

二、“四位一体”工作机制的主要做法

（一）以“双轮驱动”为根基，主营业务战略变革

政府性融资担保机构的传统业务模式普遍以与银行机构合作为客户来源，在业务发展上深度依赖银行。张安民董事长在 2023 年政府性融资担保机构高

质量发展论坛中曾指出："担保功能作用的发挥，必须要与银行相向而行，才能激发银行的积极性，重构银担合作的信心"，在当前经济发展弱修复期、融资需求较为疲软的发展态势下，谁能抓住市场、抓住客户、抓住需求，才能赢得先机。政府性融资担保机构要想改变依赖银行被动的局面，就必须走银行推送与自主产品营销相结合的"双轮驱动"发展战略。今年以来，担保集团从改变营销打法、自主产品研发、布局科创板块等领域着手，开始对主营业务进行战略性变革。

1. *改变业务营销打法，区域合作开始发力。*担保集团原有业务板块分为业务一部和二部两部门，对授信合作的31家银行平均分开，各负责十余家的银行业务对接，并综合承担存量业务、再担保业务、批量业务、二八业务的尽职调查、手续办理、资料归拢、上传备案等工作职责，从时间、精力、能力上都无法保证对各县市区银行分支机构和业务经理的对接与营销。今年上半年，担保集团调整了业务营销打法，由原来的按银行条线推动业务，变为目前的按区域、网格化、无缝隙业务营销。一是在组织架构上调整。设立了融资担保业务一部、二部、三部、四部和龙口分公司，业务四部承担起存量业务、批量业务、再担保业务全部的手续办理、资料归拢、上传备案等工作，业务一部、二部、三部和龙口分公司腾出精力，各自负责3~4个县市区银行分支机构的专职营销工作，所有业务经理全部下沉，按区域网格分工负责与辖区银行分支机构的走访对接、深度联系和业务营销，着力解决县市区银行分支机构和业务经理业务推送不到位的问题。二是在营销技能上提升。为帮助业务经理解决原来因分工不同导致的对担保业务政策掌握不深、不透、不全的情况，组织"每周夜校"，一、三、五晚上集中上课，周六上午集中考试，培训内容覆盖担保政策、法律法规、制度流程、银行合作和业务准入条件等，经过一段时期的"补课"，业务经理的政策把握、专业水平、营销能力有了明显提升，极大适应了按区域营销的战略变革。三是在区域合作上发力。担保集团协调14个县市区政府（管委）分别召开了由政府主持，财政、金融、科技、工信、农业、银行等参加的政银担合作推进工作会议，进一步深化区域政银担合作。随着市县一体化整合工作推进，龙口市5000万元增资款已到位，今年年初，担保集团设立龙口分公司并正式运行，截至8月末，已为2008户企业提供担保贷款20.03亿元，为51户企业提供应急转贷资金6.78亿元；莱阳市增资款也即将到位，莱阳分公司也进入筹备阶段。

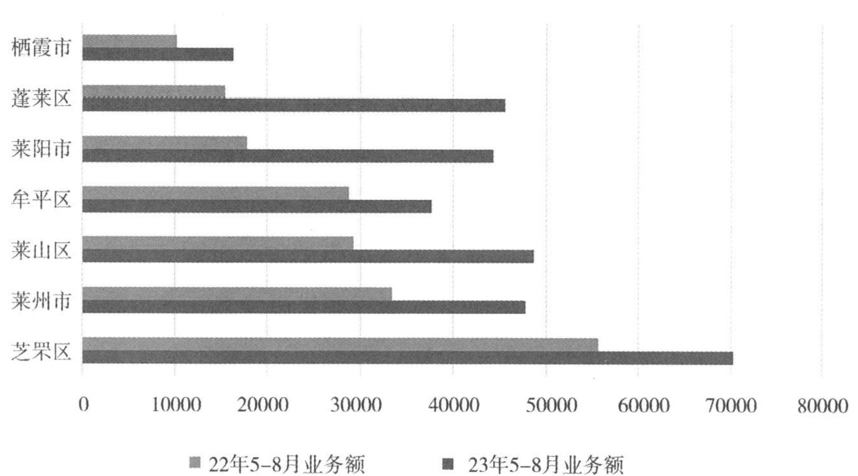

主营业务战略性变革为区市业务增量带来了明显的工作成果，以蓬莱、莱阳、莱州等区市为例，5~8月业务额度对比去年同期，分别提高了215%、150%、40%。

2. *创新担保产品，聚焦产业发展实现双轮驱动。*担保集团始终紧密围绕中央、省、市相关政策要求，结合细分领域客户融资需求，增强市场营销意识，根据市场需求变化持续推动多维度产品设计与创新，2022年以来推出了烟担科技贷、“专精特新”贷、富农贷、电商贷、园区贷、疫援贷、进口贷等36款创新产品，提供多元化融资解决方案，精准解决不同群体的差异化融资需求。截至8月末，已有烟担海珍贷、烟担倍增贷、“专精特新”贷等31款创新产品落地，金额共计110亿元。其中烟担海珍贷面向海珍品养殖、加工、销售主体，已为283户企业提供了3.32亿元担保贷款，助力海洋经济发展；“烟担倍增贷”服务烟台市企业倍增计划，已为27户企业提供了2.22亿元担保贷款，推进制造业高质量发展；“专精特新”贷重点支持各级“专精特新”

企业，已为128户企业提供了5.13亿元担保贷款，有效缓解科创型企业融资难、融资贵问题；曾受国务院督导组肯定的“鲁担园区贷”业务持续发力，助力市级重点园区建设，共为267户企业提供8.83亿元的担保贷款。2023年8月17日，省长周乃翔对省政府研究室呈报的《莱阳把农产品加工业打造成特色富民产业的调研报告》做出批示给予肯定，其中涉及烟台融资担保集团通过融资担保支持莱阳预制菜加工企业的做法：烟台融资担保集团“创设‘烟担预制菜贷’，对从事农产品加工行业不少于1年、近12个月累计销售收入不低于100万元的小微企业、‘三农’等市场主体，单户担保授信额度5万~1000万元、期限不超过12个月，银行审查审批通过后，融资担保机构采取批量担保模式，‘见贷即保’，截至今年7月，开展业务21笔，发放贷款4603万元”。

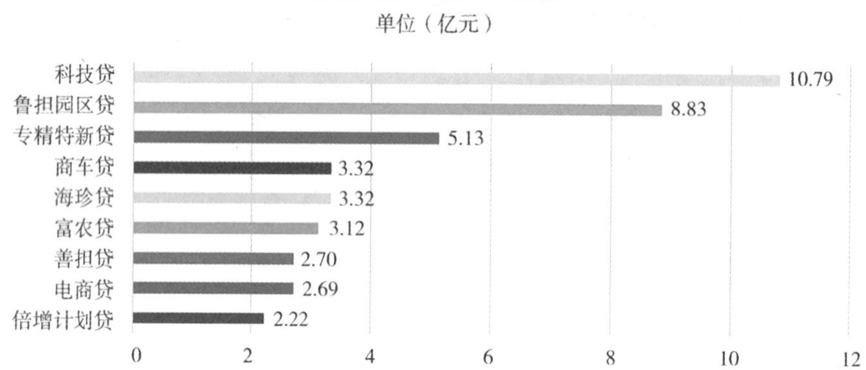

今年年初，担保集团又设立了产品研发专门机构——“产品创新部”，由主要负责人亲自挂帅、配备专门人员，广泛调研了解区域经济、产业集群，了解银行的需求偏好，在现有31款产品的基础上优化创新了三款产品，一是和财金集团联合推出“烟担投联贷”，面向财金集团投资的高新技术类企业，构建“投资+担保”联动业务模式，为初创期高新技术企业优化股权结构，拓宽企业融资渠道，解决企业融资需求。二是与进出口银行联合推出针对具有进出口业务的经营良好的或属于科技型中小企业的“进出口贸赢贷”，通过场景共建与数据共享，解决具有进出口业务的小微企业融资问题。三是与保函业务相结合，对参与政府采购投、中标的小微企业，推出“烟担政采贷”升级版，由传统二八业务向批量业务转变。

3. 争取政策支持，精准滴灌科创型企业。为破解全市科创类企业“轻资产、无抵押、融资难”的问题，助力科技类企业发展，今年年初，担保集团布局设立科技担保分公司，主要面向科创、技改类企业，围绕技术研发、成果转化、装备购置、新旧动能转化等经营活动，提供更有效的融资担保服务。一是建立增信、分险、贴息、风险补偿、降费奖补等方面机制，发挥政策引导优势。协同市科技、工信等部门，先后制定出台《烟台市科技信贷风险补偿资金实施细则》（烟科〔2022〕73 号）、《烟台市“技改贷”贴息和担保支持办法》（烟工信〔2022〕73 号）等办法，在扶持高新技术企业和科技型中小企业方面，建立资金风险池，创新政府、担保机构、银行“4∶4∶2”分险合作机制，并对担保公司备案的科创类业务，给予企业贷款本金 1.5%的信贷补贴；在扶持技改类企业方面，对总投资额 200 万元~5000 万元由市政府性融资担保机构担保支持的工业技改项目给予分档贴息，最高可达 100 万元。二是推动“白名单”制度建立，服务特色企业发展。推动建立具有政府公信力的企业“白名单”制度，建立“政府引导、银行愿贷、担保敢担、企业受益”的联动协作机制。截至目前，已归集高新技术企业、国家科技型中小企业、瞪羚、独角兽、技改等各类企业名录 4000 余户，其中“科技型中小企业”2985 户，“高新技术企业”596 户，“专精特精企业”435 户，“技改贷”120 户，采取点对点营销对接方式逐户对上述企业进行精准服务，取得一定成效。三是优化担保方案，灵活设计反担保措施。紧密围绕特定领域生产发展需要，推出“烟担科技贷”“专精特新贷”“烟担技改贷”“知识产权质押担保贷”4 种科技类担保产品，以及围绕动产抵押、专利权、知识产权质押的担保形式，以满足不同企业、不同发展时期的需要。截至 8 月末，担保集团已为 333 户科创企业提供担保 379 笔，金额 16.05 亿元。

（二）以多元业务为支撑，科学布局可持续发展

集团组建之前，市融资担保公司因经营管理不善，从 2019 年开始爆发不良业务，截至 2020 年底已累计代偿 10.63 亿元，仍有 8 家银行和 4 家国有机构总额 17 亿元的代偿债务需要偿还，公司已经资不抵债，频频被诉，银行授

信全面停止，新增业务无法开展，而原市再担保公司当时又不具备直保功能，自身再担保业务又严重“吃不饱”，发展也受限制，可以说烟台市的市级政府性融资担保工作一度严重停摆，陷于谷底。担保集团组建之初，面对薄弱的业务基础，统筹布局、全面谋划业务板块，确定了以“融资性担保业务”为主、以“非融资性担保业务”和“应急转贷业务”为辅的“一体两翼、一专多能”多元业务发展格局，一方面坚守主责主业，另一方面延伸对企业的服务链条、拓展普惠金融服务领域，走上自我循环补助的可持续健康发展道路。

1. 凝心聚力稳健经营，主营业务量质双升。担保集团组建之初，困难重重，举步维艰，各个银行普遍持不信任、不合作的态度，在2021年7月之前，有10家银行与担保集团建立授信，实际开展合作的仅有3家，合作业务仅有3448万元。面对困境，担保集团凝心聚力、全力奋进，找出银担合作的难点和堵点，分析认为，打不开局面的关键在于银行对体系内批量担保业务模式理解不够、对新设立的担保集团与市融资担保公司的关系不清楚，面对这种情况，主要负责人亲自带队、分管副总反复对接，持续与各银行机构，讲政策、摆利益、谈合作，积极推进银担合作。成立首年，能否实现确立的年度目标，事关新组建的担保集团的社会形象、事关全体干部职工的信心、事关驻烟银行机构对体系内政府性融担业务的认可，担保集团没有退路、只有前进——在2021年四季度组织“奋战100天，赢得首年红”百日会战，业务经理披星戴月跑县市、下海岛，终于实现担保额46亿元，同比原再担保时期增长了11倍，这极大鼓舞了干部职工的信心。2022年开局，又组织“首季开门红”业务攻坚行动，一季度新增业务25亿元，为全年业务增量打下基础，2022全年实现新增担保额100亿元，同比增长116%，担保集团终于迈入新增业务“百亿俱乐部”。2023年，担保集团再次组织“首季开门红”，在半年即将结束的时候开展“6月攻坚月”和“10天业务冲刺”活动，面对免保费政策到期、新增贷款增长不足等不利因素，经过反复攻坚，最终实现“时间过半、任务过半”，预计年内可实现新增业务120亿元以上，同比去年增长20%。

分析担保集团目前的体系内业务情况，1000万元以下业务占比100%，500万元以下业务占比70.11%，信用保证类业务占比60%，业务平均结清退出率 64.63%，平均担保费率 0.25%，平均贷款利率 4.5%，平均单笔业务额度 98 万元，平均代偿率 0.02%。截至目前，担保集团已与 33 家银行建立授信，累计为 1.85 万户小微企业融资担保 225 亿元，在保余额 130 亿元，业务规模在全省从担保集团成立之初的倒数第三上升至第五名，业务规模和质量在全省实现"V"型反转、冲入第一方阵，在稳市场主体、保民生、保就业中贡献担保力量。

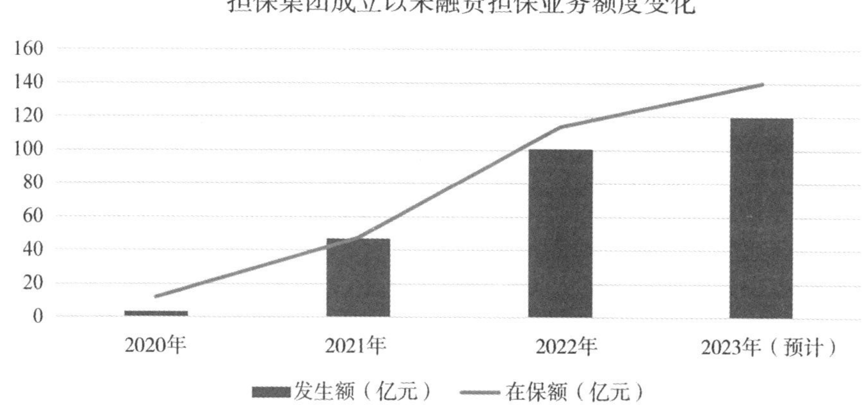

2. *拓展非融资担保业务，解决企业流动资金难题。*担保集团组建之初，在原业务范围的基础上合理布局增加了非融资担保业务，切实解决工程施工、贸易、物流等行业企业因缴纳保证金占用流动资金的难题。一是科学布局把握关键，着力打通业务渠道。在农民工工资支付保函通道方面，积极对接住建局、人社局开展摸底考察，及时了解农民工工资政策动态，已提供 0.82 亿元的农民工工资支付保函服务，有助于缓解企业财务压力，保障农民工劳动报酬权益。在银行授信合作方面，确定以国有行为主，股份制银行为辅的保函授信方向，积极对接中国银行、农业银行、建设银行、交通银行等十余家银行，协调新增保函授信工作，力求突破分离式保函业务发展瓶颈，成功落地建行山东首笔分离式保函、农行山东首笔分离式保函业务，已提供 1.14 亿元的银行分离式保函服务，有效解决企业自身银行授信不足，缩减保函办理周期。二是布局落地业务新品，持续深化服务链条。先后推出了"涉路工程履约保函”“预售监管资金现金保函”“汇率避险保函”3 款新产品。其中“涉路工程履约保函”，面向全市涉路工程项目，免去企业银行开户等繁琐手续；“预售监管资金现金保函”，结合烟台市《关于稳经济促发展的若干政策措施》，想方设法为房地产行业纾困，帮助房地产企业渡过行业“寒冬”；“汇率避险保函”根据开展省市支持中小微企业汇率避险增信服务试点工作要求，为外贸企业提供资金融通支持。三是科学制定营销思路，围绕重点主动出击。因非融资保函业务市场化属性突出，没有明确的市场监管条例，大多数非融资性担保公司为民营中介机构，手续简单、收费较低、市场竞争激烈。经过前期调研，确定了坚持以省市重点项目为“发力点”，多跑客户、勤跑项目、主动营销、建立相对稳定合作关系。烟台机场二期扩建工程作为省、市重点建设项目，担保集团在了解到项目涉及农民工人数较多、甲乙双方需要缴纳的保证金较大等问题后，积极与烟台机场集团对接，先后为项目提供了 11 笔农民工工资保证金，保证金金额 3269 万元，切实解决了流动资金被占用问题，为市级重点项目保驾护航。

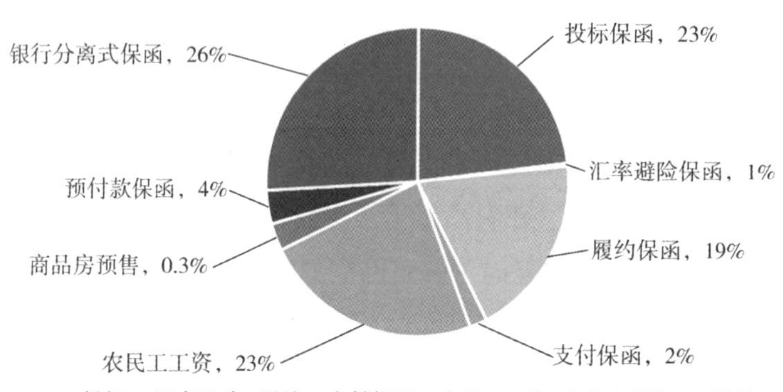

非融资担保业务，形成了以投标保函、履约保函、农民工工资支付保函为传统优势、以银行分离式保函为新兴支柱、汇率避险保函、支付保函、商品房预售资金监管保函等业务多点发力的“3+1+N”业务格局。截至 8 月末，担保集团累计为中央企业、地方国企、民营企业等各类市场主体 169 户，开

展业务544笔，提供3.78亿元的保函服务，一方面为企业置换流动资金、降低融资成本、冲减财务费用，切实发挥担保“四两拨千斤”的作用；另一方面，也丰富了担保集团业务板块，实现了累计458万元的营业收入。

3. 布局应急转贷业务，解决企业资金周转困难。2021年5月，为解决贷款即将到期而还贷出现资金压力的企业短期资金融通困难，担保集团设立了烟台兴融中小企业应急转贷基金有限公司（以下简称“兴融公司”），加入山东省应急转贷服务体系，实现了为企业开展“到期续贷”业务的合规化。一是规范操作流程，确保业务开展合规有序。秉持全员、全业务、全链条的风险管理理念，根据应急转贷的风险特征和业务开展中遇到的问题，依据上级有关指导文件，建立严格制度规范，印发了《烟台兴融中小企业应急转贷基金有限公司转贷业务（配资）操作暂行细则》《烟台兴融中小企业应急转贷基金有限公司非标准化应急转贷业务操作指引》等制度，确保业务开展风险可控、高效合规。二是加强银行合作，更好确保转贷资金安全。应急转贷业务开展中，最大的风险点是资金挪用与银行抽贷，通过业务经理严格规范操作流程，可以有效规避资金挪用，而对于如何防范抽贷，依赖于与银行有效地沟通合作。在与银行担保业务合作的基础上，银担双方互信得到进一步提升，应急转贷业务联系更加紧密，推动银行在转贷业务中讲“真话”、讲“实话”，更好地确保转贷资金安全。截至8月末，担保集团已累计为502户企业提供了256.11亿元的应急转贷服务，平均转贷期限3天，费率不超过0.8‰/天，远低于民间借贷成本3‰的平均费率。

（三）以科学管理为基础，增强发展内生动力

担保集团组建以来，认真吸取市融资担保公司、原再担保公司因管理混乱、制度缺失、有令不行、团队作风涣散而陷入经营困境的经验教训，实施科学有效管理，坚定不移地在制度建设、激励机制、专业决策、企业文化、数字化转型等方面下功夫，全力克服历史遗留问题、管理基础薄弱、团队战斗力不强、银担合作不畅等不利因素影响，短时间内打开工作局面，为业务高速发展打下坚实基础。

1. 强化制度建设，用制度管人管事。无规矩不成方圆，担保集团首先从

制定规范化、标准化的工作制度着手，坚持用制度管人管事。在业务领域，2021 年先后制定了批量业务管理、融资担保业务管理、担保业务审批管理、尽职调查管理、业务合同管理、出保审核管理、保后管理、业务档案管理等 16 个管理办法和操作指引、细则，实现全要素规范、全流程管理。针对党建、财务、行政、法务等其他层面共制定《党支部议事规则》《“三重一大”决策实施细则》《违规经营投资责任追究实施办法（试行）》《印鉴管理制度》等 67 项制度，实现集团制度规范全覆盖。后续两年，随着业务发展需要及内外因素变化随时进行补充、修订、调整，新增制度 11 项，对原 46 项制度中的 171 处进行了修订，确保制度的合理性、适用性。完善的制度体系，保证了干部职工的行为规范和纪律准则，保证了各司其职、各负其责，保证了按流程和标准开展业务，保证了风险底线的把控，保证了各项工作井井有条、有序运行。

2. *建立激励机制，激发干事活力*。加强目标管理和绩效考核，每年制定考核方案，以当年业务发展情况为基础，综合考虑来年预期发展因素，将各业务部门和职能部门的年度目标计划分解到月，业务部门以数量目标为主，职能部门以定性质量目标为主，对各类目标月月考核跟踪。强化绩效考核，按岗分档实行年薪制，岗位工资与绩效工资并行，岗位工资固定发放，绩效工资按考核发放，多劳多得、干好多得。2021 年、2022 年，根据部门工作性质，划分为一线业务部门、二线风控和法务部门、三线职能部门，岗位工资和绩效工资比例分别确定为 5∶5、6∶4 和 7∶3，一线业务部门绩效工资比例明显加大，突出了绩效导向，为一线部门多干多得留足了空间。2023 年，进一步加大集团全员绩效考核标准，将所有员工的岗位工资和绩效工资比例全部确定为 5∶5，为全集团整体向业务看成绩、服务业务发展做出鲜明的导向，同时增加了季度绩效考核，将绩效考核体现在经营目标实现的全过程。

3. *建立健全决策机制，实现科学民主决策*。一是在决策机制上限制“一把手”权力。在董事会下设了战略发展、风险管理、财经预算、法务和法务资产、人事及薪酬、业务评审、企业文化与行政管理等 7 个专业委员会，人员由专业性强、责任心强、经验丰富的高管、部室负责人和业务骨干组成。

对一般性业务事项和经营项目，由相关专业委员会进行研究、审核、把关定调，交由经理层组织实施；对集团各类重大事项、经营决策和担保项目，由专业委员会提出咨询、审议、评估的意见和结论，预先进行研究、把关和定调，为董事会和股东会提供决策意见。专业委员会决策机制建立以来，2 年内共召开各类会议 539 次，研究议题 586 余个，杜绝了以往依赖主要领导业务决策带来的风险和弊端。二是在业务流程上限制“一把手”权力。担保业务和应急转贷等业务流程一改以往由主要负责人任意决定的路径，对每笔业务实行实名签字制度，业务部门完成尽职调查报告后，要经过主办业务经理、辅办业务经理、业务部负责人、业务部分管领导、风险经理、风险部负责人、风险部分管领导逐人逐级签字并提交业务评审委员会审议；业务评审委员会根据尽职调查报告及合规性审查报告评审并签署表决意见表，经三分之二（含）评委通过，方能提交主要负责人审批，整个业务流程主要负责人只拥有“一票”否决权，没有强制建议权，严格限制了“一把手”的权力。

4. 凝练文化提升能力，锤炼过硬队伍。一是高度重视企业文化建设，坚持文化铸魂、精神引领。按照自下而上、全员参与的原则，用两个月的时间集中进行企业文化建设，由全体职工共同凝练出了公司愿景、使命、精神、理念等企业核心价值观，明确了企业的责任和发展目标，明确了应倡导什么反对什么，明确了企业与个人之间不可割裂的纽带关系，把每人的个体价值观向企业的核心价值观靠拢，营造出了凝心聚力、团结奋进、共谋发展的大好局面。二是重视人才招引与培养，提升团队综合素质。采取人才招引与自行培养相结合的战略，一方面，引进“双一流”高校毕业生、海外留学生、普通高校毕业生 19 名，通过自主招聘业务、风险、法务、财务、策划等人才 20 多名，提升团队整体专业水准。另一方面，集团采取请进来教、走出去学、关门培训的形式来自我提高，先后聘请职业授课人、大学教授、银行专家等多批次来公司授课，先后赴潍坊、淄博、济宁、德州、临沂等担保公司取经，以“每周夜校”“部门内训”“领导讲台”“员工 PK”等多种形式进行内训，围绕政策解读、担保法规、产品营销、产品创新、数据赋能等方面，2 年来共举办线上、线下各类培训 230 余次。

5. 加快数字化转型，筑牢风险防范底线。一是启动烟台融担数字化平台建设，打造包含传统担保、批量担保、非融担保、应急转贷四大业务板块全流程线上化、政务数据获取及画像、数据库建设、线上自主获客、业务报表和分析、宣传展示的多功能融担信息平台。二是采购风险预警平台，解决逐笔逐项查询企业公开信息耗时长、效率低的问题，提高了尽职调查效率，实现了在保客户公开信息实时监控，提升了风险防控水平。三是深入研究分析现有业务风险特征，结合所在区域特色产业，不断优化业务准入条件，逐步将风控关口前移穿透至产品设计以及获客环节，从源头上提高业务质量，降低代偿风险。四是根据贷款银行、贷款分类、反担保措施、贷款存续期限、代偿率等信息，综合分析在保业务风险水平，并进行分类管理，对于重点关注业务逐笔与贷款银行进行沟通交流，深入了解企业还款能力和还款意愿，多维度进行风险把控。

（四）以党建引领为保障，党建经营协同发力

加强党的建设是国有企业的“根”和“魂”，政府性融资担保机构必须度重视企业党建工作，铸牢理想信念之“心”、锻造干事创业之“魂”，时刻把党组织和党员队伍建设抓在手上，把党的政治优势、组织优势和群众工作优势转化为企业的竞争优势、创新优势和科学发展优势。担保集团组建后，始终坚持党的领导，把加强党的建设贯穿企业发展全过程，以习近平总书记重要论述精神统一思想、统一意志、统一行动，层层压实党建工作责任，先后开展“党建制度规范年”“党建质量提升年”“党建品牌建设年”活动，积极推动集团党建与经营工作同频共振、协作发力，企业党的建设得到全面加强，为企业快速发展提供了有力政治保障。

1. 突出抓好政治建设，持续夯实党建责任。一是强化党建引领。坚持“围绕发展抓党建、抓好党建促发展”，在理论武装、学习提升上，推动干部强基铸魂。充分发挥党支部的政治核心和领导核心作用，推动“三张清单”、党建入章、前置研究落地落实，保证党组织“把方向、管大局、促落实”，党的领导全面覆盖生产经营各领域。二是严格规范组织生活。全面加强和规范党内政治生活，定期召开党的建设工作会议，制定并落实年度党建工作要点，

健全完善制度机制，严格落实《关于新形势下党内政治生活的若干准则》，高质量组织开展民主生活会、组织生活会，严格落实“三会一课”、民主评议党员和党员领导干部双重组织生活制度，严格执行“第一议题”制度，每月组织一次理论中心组学习，不断增强党内政治生活的政治性、时代性、原则性、战斗性。三是压实党建工作责任。坚持党建与业务工作同谋划、同部署、同考核，把党的领导融入企业经营发展各方面各环节，发布实施支委会议事规则及党支部研究决定事项、前置研究讨论事项及负面事项清单。明确支委会、股东会、董事会权责边界，明确议事规则和决策程序，切实将支委会研究作为股东会、董事会、经营层决策“三重一大”事项的前置程序，切实把党的领导融入公司治理各个环节，充分发挥党支部的领导核心和政治核心作用。

2. 突出做好固本培元，全面筑牢基础根基。一是夯实党建基石。围绕制度、流程、档案、阵地等党建基础工作，抓制度、抓规范、抓标准，进一步夯实党建基础，推动经营规范，强化制度流程再梳理。完善健全党建制度26项，编制集团《党建、业务制度汇编》《工作流程指南》《员工应知应会手册》，做到工作制度化、流程清单化、执行高效化。二是深化阵地升级。严格按照有场所、有设施、有标志、有党旗、有书报、有制度的“六有”标准，打造规范化党员活动室，推动集团党建阵地建设提档升级。结合时效性推动党建文化、廉洁文化上墙，积极打造党员活动室、党建文化长廊，使党员学习有场所，活动有阵地，努力厚植党建氛围。三是常态化开展理论学习。认真学习习近平总书记最新重要讲话和重要指示批示精神，扎实开展“不忘初心、牢记使命”、党史学习教育等主题教育，推动学习往深里走、往心里走、往实里走。以学习提升集团干部职工的专业化能力，努力营造“处处是课堂，时时受教育”的浓厚党建氛围，不断提升党建活力。组织全体党员收看灯塔大课堂，每日督导学习强国学习情况，每月公示学习强国积分排名，召开积分落后员工督导调度会，对排名落后的员工进行提醒谈话。

3. 坚持党建带群建，大力挖掘党群工作新能量。整合资源，加强协作，推动职工干事创业增活力、有力量，共同凝聚发展合力。一是党建引领工建，打造活力工会。建立工会组织，维护职工合法权益；健全关爱保障机制，借助工会平台，广泛开展暖心活动、关爱行动和运动会等丰富多彩的文体活动，深入践行企业核心价值观，增强集团的凝聚力和职工的归属感。二是坚持党团共建，凝聚青春力量。坚持“青年+”思路，打造“有为读书会”“扬帆青年突击队”等品牌，号召青年员工立足本职，提升综合素质，勇于开拓创新，为集团业务发展贡献青春力量。三是强化党建赋能，激发妇女贡献。利用“三八”妇女节、母亲节等节庆日，开展插花、烘焙、陶艺等活动，激发女性职工活力。发出巾帼建功新时代倡议，倡导女职工崇德向善、弘扬新风、巾帼建功、争创一流的浓厚氛围。四是不断丰富学习内容，活化教育载体。综合运用领导宣讲、专家辅导、外出参观、“学习强国”平台等形式，推动学习往深里走、往心里走、往实里走。集团成立以来组织参观红色教育基地 6 次、参加庆祝建党 100 周年各类活动 8 次，与驻烟高校、各大银行、省投融担集团等党组织结对共建活动，进一步加强政治建设，突显思想引领。

下一步，担保集团将聚焦产业链、供应链、乡村振兴、“三农”、产业集群发展，抓市场、抓需求、抓客户，关注区域特色与政策方向，精准设计惠企助贷产品，通过政策引导、产品创新，全面提升小微企业融资的便利性、可得性、普惠性，充分发挥融资担保增信分险优势和金融杠杆作用，为激发地方企业主体活力、稳定经济大盘贡献担保力量。

探索政府性直担机构运作模式
进一步完善政府性融资担保体系

青岛融资再担保有限责任公司　纪鑫、李梦婵

一、充分认识发展政府性融资担保体系的重要意义

（一）融资担保体系

融资担保体系是指由各类融资担保机构组成，为市场主体进行担保，帮助其从银行等金融机构获取资金，以满足融资需求的系统机制。

一般来讲，中小企业出现信用不足又需要银行贷款时，银行会要求通过增加抵押担保或信用担保等方式来增加企业的信用，降低银行经营出现坏账的风险，融资担保机构就在这个阶段介入，很好地满足了各方面的需求，营造了一个“多赢”的局面。国务院指出，融资担保是破解小微企业融资问题的有效方法，应当以此来推动大众创业、万众创新。2010 年以来，融资担保主管部门出台了大量政策举措，旨在帮扶该行业发展，进而更好地服务实体经济。

（二）政府性融资担保体系

政府性融资担保体系，由政府出资建立的融资担保机构组成，不以营利为目的、具有准公共产品属性，为帮助服务对象更好地融资而进行一系列政府和市场行为，包括融资担保的政策、规划、监管、风险控制以及业务开展等。这其中，政府性融资担保机构是主要的参与者，居于主导地位，一定程

度上体现政府意志。

政府性融资担保机构是由政府支持建立的，其运行模式基于政府、银行业以及融资担保机构三方合作。国家对政府性融资担保机构的业务运作机制有特定的要求，政府注入资本，提供政策激励等支持，政府性融资担保机构也要遵循收入覆盖成本和风险的原则，在保本微利的基础上运营发展，引领行业发展。在经济下行周期，政府性融资担保机构要发挥好“政策传导器”“信用放大器”“经济助推器”的重要作用。

（三）发展政府性融资担保体系的重要意义

中央高度重视解决中小企业的融资难问题，习总书记在2018年召开的民营企业座谈会上强调，要优先解决民营企业，特别是中小企业融资难，甚至融不到资问题。中央政治局多次召开会议，研究讨论支持民营经济和中小企业发展问题，提出保居民就业、保基本民生、保市场主体等“六保”工作，指出为应对新冠疫情对经济社会造成的冲击，要积极作为帮助中小企业渡过难关，推动各项政策落地，进一步降低中小企业融资成本，提高其生存能力，增强发展后劲。在供给侧结构性改革的宏观政策下，聚焦支持中小企业发展，以构建完备的政府性担保体系为切入点，着力破解中小企业融资难问题，是符合当前国情和市场经济发展的现实需要。

1. 顺应了经济社会的发展趋势

政府性融资担保体系是随着国内中小企业和民营经济的发展，在尚不健全的金融体制和金融环境下，为满足因市场交易主体的巨大信用担保需求，在政府与市场的双重作用下应运而生的，是社会信用体系的一部分，也是我国金融体系的一个重要补充。政府性融资担保体系作为普惠金融的重要组成部分，是破解小微企业和“三农”融资难融资贵问题的重要手段和关键环节，实实在在地起到了缓释融资风险的作用，对于稳增长、调结构、惠民生具有重要作用，取得了良好的社会效益和经济效益。

2. 促进了中小微企业的发展

近年来，随着政府性融资担保体系规模不断扩大，融资性业务覆盖面不断扩大，政府性融资担保机构为中小微企业提供融资服务和促进地方经济发展的作用日益增强。截至 2022 年底，国家融资担保基金团结带领政府性融资担保体系充分发挥逆周期调节作用，当年新增政府性融资担保业务规模 1.2 万亿，服务担保客户 138.89 万户，有效缓解了小微、“三农”等普惠市场主体融资难题，取得较好成效。其中主要是中小微企业的经营性贷款担保，弥补了中小微企业缺乏抵押资产、信用信息不对称的缺损，架起了中小微企业与银行之间的桥梁，在缓解中小企业融资难等方面起到了积极的作用，取得了较好的经济效益和社会效益。

3. 防范化解金融风险

当前个别地区面临较大风险，特别是部分企业担保圈风险频繁爆发，已经影响到地方金融业的安全稳定。通过发挥政府性融资担保体系的增信扩能、分险补偿、引领规范等重要作用，对那些符合国家产业发展方向、技术先进、产品有市场、暂时遇到困难的实体企业给予重点帮扶、精准支持，防范化解风险稳增长。

防范化解金融风险，需政府进一步提高治理能力，在政府性融资担保体系建设中，切实担起主体责任，通过制定政策、设计制度等方式，加强机构自身管理并引导合规经营，解决中小企业融资难、融资贵的问题，进而为维护社会稳定发挥作用。当中小企业出现风险无法正常还款时，仅担保机构先行代偿还不够，需要有特定主体来承担这种高额风险，需要政府以信用为背景支持进行行政干预和调节，通过资金直接注入和进行补贴奖励等方式，降低代偿风险，增强融资担保机构保持开展担保业务的意愿。

二、青岛市政府性融资担保体系发展现状

（一）青岛市担保行业总体情况

截至 2022 年 12 月末，全市担保公司 28 家，从业人员 470 人，主力合作银行 16 家左右，年度融资担保业务累计 273.81 亿元，在保户数 4178 户，平均放大倍数 2.18 倍。国有控股机构实收资本及融资担保在保余额均占融资担保行业的 70%以上，成为融资担保行业的中坚力量。

（二）政府性融资担保体系相关政策

早在 2016 年青岛市就出台了《青岛市人民政府关于加快融资担保行业发展的实施意见》（青政发〔2016〕22 号），明确指出“组建市级融资再担保机构”“发展政府性融资担保机构”。

2017 年，由青岛市金融工作办、市财政局、青岛银监局共同出台了《关于印发〈促进银担合作提升服务实体经济能力若干措施〉的通知》（青金办字〔2017〕62 号），再次强调了“做强政府性担保机构”“推进再担保体系建设”，并提出“建立担保贷款风险分担机制”，要求成立融资担保风险代偿补偿基金，重点对小微企业和“三农”等担保项目进行风险补偿，与担保机构、再担保机构、合作银行按照一定比例分担风险。

2021 年，青岛市下发了《青岛市人民政府办公厅关于充分发挥政府性融资担保作用支持小微企业和“三农”主体发展的实施意见》（青政办发〔2021〕12 号），提出以下实施意见：

（1）坚守准公共功能定位。力争 3 年内实现支小支农担保业务占比达到 80%以上，逐步将平均担保费率降至 1%以下。

（2）优化机构布局。形成资源共享、协同发展的全市政府性融资担保机构体系。

（3）完善银担合作机制。推动建立政府性融资担保机构和银行业金融机构等共同参与的风险分担机制，原则上银行业金融机构承担比例不低于 20%。

（4）建立担保费补贴机制。对担保机构开展符合条件的单户担保金额 1000 万元以下且年化担保费率不超过 1.5%的融资担保业务，由市财政按规定给予年化担保费率 0.5%的担保费补贴，对单户担保金额 500 万元以下且年化担保费率不超过 1%的融资担保业务，由市财政按规定给予年化担保费率 1%的担保费补贴。

（5）建立再担保风险补偿机制。对国家融资担保基金开展的符合条件的业务，按照国家有关规定执行；对市级融资再担保公司开展的符合条件的业务，划分为代偿率小于 1%、1%～3%、3%～5%、5%～8%四档，分别按照再担保代偿额的 100%、80%、60%、50%补偿；原担保机构代偿率超过 5%时，市级融资再担保公司暂停业务合作。

（6）建立业务奖补机制。对当年新增融资担保（再担保）发生额 4 亿元以上，且单户担保金额 1000 万元以下的业务占比不低于 80%的政府性融资担保（再担保）机构，根据绩效考核情况，按现行财政体制，给予最高 1000 万元的业务奖补。

（7）加强绩效考核。建立健全绩效考核评价体系，突出各级政府性融资担保、再担保机构聚焦支小支农、保本微利运营、发挥增信作用等政策导向。

青岛市对于政府性融资担保体系的相关制度不断健全，着重鼓励、引导担保机构加入政府性融资担保机构体系中，对服务小微企业和“三农”等政策性经营主体为主要经营目标的融资担保、再担保机构，财政资金对其代偿和担保费予以补偿和奖励。

（三）成立市级融资再担保公司

按照市委、市政府工作部署，2021 年 7 月 1 日，青岛融资再担保有限责任公司（以下简称“青岛再担保公司”）由财通集团发起、市区两级财政共同出资成立，专业从事融资性担保、再担保业务的市级政府性担保机构，注册资本 10 亿元。7 月 29 日，青岛再担保公司举行了成立揭牌仪式，标志着全市首家市级再担保机构正式成立，填补了青岛市融资担保行业中再担保市场空白。

截至 2022 年底，青岛再担保公司全年实现业务投放 62.81 亿元，其中，直担业务规模 35.56 亿元；再担业务规模 12.94 亿元；非融资性担保业务规模 14.31 亿元。自公司成立以来，实现业务规模 72.78 亿元，服务户数 2000 余户。青岛再担保公司定位于不以营利为目的，准公益性，以构建全市政策性融资担保体系为目标，充分发挥增信分险的政策导向作用，与担保机构、银行机构等金融类机构积极探索产品创新及合作模式，切实缓解小微企业和“三农”融资难、融资贵问题。

三、省内外先进政府性融资担保机构发展现状

（一）潍坊市再担保集团股份有限公司

潍坊市再担保集团成立于2011年11月，注册资本24.55亿元，第一大股东为潍坊市政金控股集团有限公司，持股比例38.87%，主管部门为潍坊市财政局。公司为潍坊市担保体系建设牵头单位，承担着市级再担保职能，资本市场主体信用等级AA+。

潍坊再担保聚焦政府性融资担保主责主业，围绕“增量、降本、扩面、提质”目标，全面提升支小支农业务覆盖面和可得性，帮助小微企业渡过难关、恢复发展。2022年，共为各类市场主体提供融资担保支持6万余户、业务发生额246.8亿元；在保余额279.6亿元，业务规模同比增长34.02%，位列全省第一。

2022年末，潍坊市共有融资担保机构19家，其中国有独资及国有控股机构15家，政府性融资担保体系成员10家。全市融担机构资本金规模75.5亿元，政府性融资担保体系成员资本金总额57.85亿元，为全市融担机构资本金总额的76.62%。潍坊再担保体系运营模式与山东省的体系运营思路保持一致，各区县设有政府性直担机构的，由该直担机构承接区域内直担业务开展，潍坊再担保提供再担保服务；区县无政府性担保机构或不愿开展政府性担保业务的，由潍坊再担保直接开展直担+再担业务。

潍坊市在融资担保体系建设中的措施主要有以下几点：

1. 制度层面

2020年6月，潍坊市为全力支持小微企业应对疫情冲击，搭建支持小微企业融资的政府性融资担保增信体系，开展“政银担”风险共担业务，进一步推动银行业金融机构扩大信贷规模，印发了《关于政府性融资担保增信体系支持小微企业融资的实施意见》（潍财金〔2020〕14号），文件主要要求及政策有：

（1）银行在开展“政银担”业务时不再收取政府性融资担保机构保证金，并向该类业务的小微企业提供优惠贷款利率，一年期内银行贷款利率按

照不超过印发之日一年期 LPR+100 个基点执行，一年期以上按照不超过印发之日五年期 LPR+100 个基点执行。

（2）符合银行准入条件的政府性融资担保机构，对于支持范围内小微企业，在最高代偿率上限范围内全面开展以下担保业务。政府性融资担保机构最高代偿率上限为 8%，并设定 3%、5%、8%三条预警线。

当代偿率达到 3%时，银行需向承办担保机构做出加强风控措施的说明，提出避免和解决风险加大的措施，承办担保机构同时向市再担保集团通报以上情况；当代偿率达到 5%时，银行应向承办担保机构做出分析风险增加原因，提出避免和解决贷款风险加大的措施，同时承办担保机构须向当地财政部门和市再担保集团通报以上情况，市再担保集团将以上情况向市财政局、市地方金融监管局、人民银行潍坊市中心支行、潍坊银保监分局等相关监管部门汇报；超过 8%后，承办担保机构不再承担代偿责任。

（3）“保市场主体、保就业”业务。对于贷款额 10 万元以下个体工商户、小微企业主，以及贷款额 100 万元以下、贷款用于缴纳租金或发放工资的小微企业，政府性融资担保机构承担 100%的风险。

（4）银担 2∶8 分险业务，除“保市场主体、保就业”业务外，银行承担贷款 20%风险责任，政府性融资担保机构承担 80%风险责任。其中对上级银行已与国担基金、省投融资担保集团签署银担“总对总”批量担保业务协议的，银行应先保证该业务在潍坊市落地，并积极向上级银行争取政策和额度支持。

（5）承办担保机构暂免收取担保费，市再担保集团暂免收取再担保费，仅由承办担保机构代收取省及以上再担保费。对于国担基金“总对总”批量担保业务，省及以上综合再担保费率为不高于 0. 1%/年；对于其他担保业务，费率标准按相关政策执行。

（6）对于市县两级政府性融资担保机构免费部分，由财政部门通过调整考核办法、提供降费奖补予以解决。

截止 2021 年 8 月，潍坊再担报集团在省担备案的担保余额 126. 94 亿元，同比增幅达到 675. 19%。

2. 潍坊再担保集团层面

对于政府给予风险补偿或参与风险分担的小微企业和“三农”等普惠领域，按市场化原则考察评估或与银行开展批量化业务合作，适当提高风险容忍度，适度降低担保、再担保费率及反担保措施要求。主要产品有：

（1）潍担稳企贷

面向贷款额10万元以下个体工商户、小微企业主，以及贷款额100万元以下、贷款用于缴纳租金或发放工资的小微企业，与银行开展批量化业务合作，政府性担保机构承担100%风险，实行优惠贷款利率和担保费率。

（2）潍担助企贷

面向单户或单笔贷款金额1000万元（含）以下的小微企业，与银行开展批量化业务合作，银担2∶8分险，实行优惠贷款利率和担保费率。

（3）潍担惠企贷

面向小微企业及非企业经济组织1000万元以下的贷款需求，与潍坊银行开展批量化业务合作，结合银行尽职调查、贷审结果，对符合条件的贷款企业出具担保确认函提供担保。

（4）抗疫保

面向国家、省和市级疫情防控重点保障企业及受疫情影响较大行业企业，通过担保和再担保费减半、无抵押信用反担保、快速绿色审批通道、纳入省级再担保备案分险等方式提供有针对性担保支持。

（5）助保贷

面向符合区域产业导向、相关部门推荐的小微企业，联合政府、银行按3∶3∶4比例建立政银担合作分险机制，银担批量化办理。

（6）创业担保贷

面向当年新招用符合创业担保贷款申请条件的人数，达到企业现有职工人数政策规定比例要求的劳动密集型小微企业，人社部门受理推荐，财政部门贴息、集团无偿担保。

（7）比例再担保

潍坊再担保集团对担保机构符合条件的担保业务承担一定比例的风险责

任，当债务人未能及时清偿债务发生违约时，先由担保机构履行代偿责任，再按约定向集团申请风险分担。担保机构追偿收回款项和债务人自行偿还款项在扣除合理追偿费用后按比例返还集团。

（8）银担“总对总”合作

国家融资担保基金与银行“总对总”合作，面向单户或单笔贷款金额1000万元（含）以下的小微企业、“三农”、创业创新市场主体、战略性新兴产业企业等符合国办发〔2019〕6号文件规定的担保支持对象，开展批量化业务。银行承担20%风险，国家融资担保基金、省投融资担保集团、市县担保再担保机构分别承担30%、20%、30%风险责任，设置3%担保代偿上限，实行优惠贷款利率和担保再担保费率。

（9）潍担“总对总”合作

潍坊再担保集团与银行“总对总”合作，面向单户或单笔贷款金额1000万元（含）以下的小微企业，开展批量化业务。银行承担20%风险，国家融资担保基金、省投融资担保集团、市县担保再担保机构分别承担20%、20%、40%风险责任，实行优惠再担保费率。

（二）安徽省信用担保集团

安徽省的融资担保体系建设以安徽省信用担保集团为核心，采用“4321”的新型政银担合作模式，即市县担保机构、省担保集团、金融机构和地方政府，按照4：3：2：1的比例分险。从2005年成立以来，安徽省信用担保集团累计为安徽省内小微、“三农”主体提供贷款担保超过10000亿元。有力地促进了地方经济发展。

安徽省在融资担保体系建设中的措施主要有以下几点：

1. 确定政府性融资担保机构的政策性定位。安徽省政府把应对小微企业融资问题当成政府关键工作内容，把政府性融资担保作为解决本省小微企业融资难题的重要工具。政策上明确要求针对小微、“三农”的担保费不能超过1.5%，政府性融资担保体系成员的小微、“三农”业务占比不能低于90%，确保政策性定位不偏离。

2. 积极构建全省政府性担保体系。安徽省信用担保集团在政府性融资担保体系当中占据领头位置，通过搞好党建、投资股权、再担保分险、科技赋能等多种方式做好体系的纽带作用，建立了覆盖省、市、县三级的省级政府性融资担保体系，与全省金融机构进行体系与体系之间的对接，发挥出体系的优势，截至 2020 年底，安徽省全省政府性融资担保体系成员已达到 137 家。

3. 建立政银担合作“4321”模式。安徽省 2014 年起在全国率先建立市县担保机构、省担保集团、金融机构和地方政府，按照 4∶3∶2∶1 的比例分险的新型政银担合作机制。通过风险分担，合作共管的方式，有效管控担保业务风险，调动各方积极性，减少风险恶意转移造成的业务风险。实际操作过程中，也得到了担保机构、银行、政府的广泛认可，在改善区域经济环境方面形成了合力，对全省的支小支农工作发挥重要作用。

4. 建立持续的资本金补充机制。安徽省政府在充分调研省内担保行业风险情况后，省财政建立了持续的资本金补充机制，省财政每年安排 31 亿元专项用于支持政府性融资担保体系中体系建设。其中一部分用于直接注入市县级政府性融资担保机构，一部分用于省级再担保集团向市县级担保机构注资参股，进一步做大做强安徽省政府性融资担保体系。

（三）深圳市中小企业信用融资担保集团有限公司

深圳市中小企业信用融资担保集团有限公司（以下简称“深圳融担”）成立于 1999 年 12 月 28 日，前身为深圳市中小企业信用担保中心，是深圳市委、市政府为解决中小企业融资难、促进中小企业发展而设立的专业担保机构，资信评级 AAA，资本市场信用评级 AAA 级，被国家工信部认定为“国家级中小企业公共服务示范平台”。

深圳市在融资担保体系建设中的措施主要有以下几点：

1. 制度层面

（1）深圳市级层面资本金补充政策

深圳市政府《关于促进深圳市融资担保行业加快发展的实施方案》（深府函〔2016〕276 号）提出，要通过重组、注资或出资新设等方式，在进一步强化现有政府性融资担保机构政策示范作用的基础上，形成 2~3 家资金和承保能力与其承担的政策目标相匹配的市级政府性融资担保机构，并积极推动各区（新区）设立区级政府性融资担保机构，或者建立与市级政府性融资担保机构的合作机制，但目前该市尚未出台具体的融资担保机构资本金补充政策。

（2）保费补贴（业务奖励）政策

深圳市地方金融监督管理局保费补贴政策。根据《深圳市国家中小企业发展专项资金小微企业融资担保业务降费奖补政策申报指南》规定，对符合条件的融资担保机构开展的担保费率低于银行同期贷款基准利率50%的小微企业融资担保业务的，在不提高其他费用标准（包括担保费、反担保费、评估费、公证费等附加手续费）的前提下，按照不超过银行同期贷款基准利率50%与实际担保费率之差给予补助；对符合条件的融资担保机构开展的单户担保金额1000万元（含）以下的小微企业融资担保业务，按不超过年度业务发生额的2%给予补助；对符合条件的融资担保机构开展的单户担保金额1000万元（不含）以上的小微企业融资担保业务，按不超过年度业务发生额的1%给予补助；对符合条件的融资担保机构开展的小微企业融资再担保业务，按照不超过年再担保额的0.5%给予补助；单个融资担保机构当年获得的降费奖补资金补助总额最多不超过2000万元。

（3）风险补偿政策

①深圳市地方金融监督管理局风险补偿政策

根据《深圳市国家中小企业发展专项资金小微企业融资担保业务降费奖补政策申报指南》文件精神，对符合条件的融资担保机构开展的小微企业融资担保业务发生代偿，且当年代偿率低于3%（不含）的，实行风险补偿，按照年度实际代偿额的10%给予补偿，单个融资担保机构一次性获得该项目的补偿额度最高不超过300万元。其中，年度代偿率=本年度累计担保代偿额/本年度累计解除的担保额×100%。

②深圳市财政局、贸易工业局风险补偿政策

根据《深圳市民营及中小企业发展专项资金管理办法》文件精神，对当年融资担保业务发生额占担保业务总额60%以上、平均年担保费率不超过银

行同期贷款基准利率的50%、单户小微企业银行贷款担保金额不超过800万元人民币，且发生代偿实际损失的融资担保机构，若融资担保小微企业户数占总户数60%以上的，按代偿实际损失的20%进行补贴；若融资担保小微企业户数低于总户数60%，但中小微企业户数占总户数80%以上的，按代偿实际损失的10%进行补贴；单户小微企业代偿最高补贴额100万元。

③深圳市中小企业信用再担保中心风险分担政策

深圳市中小企业信用再担保中心对该公司符合条件的政府性融资担保业务提供40%~60%的风险责任分担。

2. 产品层面

（1）“科技通”产品

该产品是由深圳融担推出面向科技型中小企业的免抵押、免质押、免留置信用担保贷款产品。产品定位于“高技术、轻资产”的科技型企业，这些企业由于发展前期规模小、缺乏信用记录、缺少抵押物、发展前景的不确定性等原因而无法在银行等传统金融机构获得资金，因此经常面临着融资难、融资贵问题。“科技通”产品已在深圳银行界、企业界取得良好反响，成为担保机构支持科技型中小型企业发展的创新范本。

在加大对科技型企业客户扶持力度的同时，深圳融担确保自身风险可控，在项目受理、项目预审、项目评审及项目保后跟踪4个阶段控制风险。“科技通”项目受理阶段，要求项目经理必须加强对企业的调研，深入了解企业核心技术，严格把控企业实际控制人及管理团队的资质条件；“科技通”项目部门预审过程中，部门审核负责人进一步严格审核客户企业资质条件以确定专项评审会上会项目；项目评审阶段，为“科技通”产品设置了专项评审会，优化评审委员会的组成，评审委员会中包含担保部门和创投部门资深从业人员，以确保对于客户企业资质和发展前景的准确判断；保后跟踪阶段，对于“科技通”项目设立专门台账，对在保项目进行日常监管。由于良好的风险管控手段，“科技通”产品代偿率连续3年控制在万分位。

（2）“知本贷”产品

该产品由深圳市高新投融资担保有限公司（以下简称：“高新融担”）

推出，针对拥有自主知识产权，运营正常的中小微国家高新技术企业，企业可直接获得100万元以上的信用贷款担保。相比之前中小微科技型企业只能以不动产作为抵押物的贷款方式，高新投融资担保公司“知本贷”产品的推出，使得企业能够以合法拥有的专利权、商标权、著作权中的财产权作为质押物，经评估后企业向银行申请贷款由高新投融资公司向银行提供担保，以解决中小微科技型企业的“融资难”问题，促进企业技术创新和可持续发展。

为确保“知本贷”产品风险可控，高新投融资担保公司采取了下列举措：

①建立复合型优质人才队伍

由于具备知识产权的企业多为市场新锐，其代表的行业往往技术层级较高，要求开展知识产权质押担保责任的企业深刻洞悉各类新兴行业发展趋势、熟知相关知识产权价值评估机制。为此，高新投融资担保公司建立了一支懂法律、晓科技、知管理的复合型人才队伍。并要求全体业务人员及时、积极地关注各类产业趋势动向以及产权交易市场变化情况，不断学习、更新相关行业知识，规避业务风险。

②加强评估体系建设

由于知识产权是企业研发能力的体现，对知识产权的正确认知，也可折射出对项目的正确评估。高新投融资担保公司按知识产权收益率、成本系数商业转化系数、价值稳定性与技术替代性等指标归类，结合企业财务、管理水平、发展沿革等情况，建立了一套内部知识产权评估体系模型，将知识产权质押融资风险进行定量与定性分析，为正确评估项目风险提供了标准。

③与专业评估机构开展合作，建成风险交叉排查体系在推行知识产权质押业务初期，高新投融资担保公司便聘请了行业领先的无形资产评估机构——北京中金浩资产评估公司对知识产权质押的业务特性及科技专利相关知识进行了培训分享；在业务中，联合评估公司对单个知识产权质押业务进行双向评估，采用内部风险分析报告与外部评估报告相交叉对比的方式，排查风险盲点。

四、青岛市政府融资担保体系发展面临的问题与相关建议

（一）面临的问题

根据省担集团统计数据，2022 年，潍坊再担保集团、济南支小支农青岛再担保公司、济宁财信融担集团分别新增再担保业务 221.80 亿元、191.75 亿元、126.89 亿元，分别列全省前三名。青岛再担保公司新增 38.35 亿元，位列全省第八位，业务增幅 570%。青岛再担保公司担保业务规模偏低具体原因分析如下：

1. 青岛再担保公司成立时间短，注册资本规模较小，公司人数相对较少

青岛再担保公司于 2021 年 7 月 1 日成立，注册资本为 10 亿元，成立时间较短，仍处于初创期，与其他市级担保公司相比，在注册资本、公司员工数量等方面仍有较大差距，缺少发展时间与竞争力。

2. 银行合作力度不足，分险模式推进效率欠佳

青岛再担保公司成立以来，一直致力于推进银行、担保机构分险模式。但从目前看，还是存在亟待解决的堵点。银行对参与合作的担保机构要求比较高，实质性合作力度还不够强，“二八分险”的合作模式落地存在现实性困难。尽管国家要求银行至少承担 20% 风险，但是从目前实际情况看，大部分合作银行对于（区）县担保机构风控水平、分险能力等方面的担忧，在批准体系成员准入上持非常谨慎的态度，造成银行与担保机构“二八分险”的新型合作模式难以在短时间内得到实质性落地执行，尤其对批量业务合作中 3% 这一代偿上限接受度不高，造成“二八分险”的新型合作模式难以得到实质性落地。

3. 合作直担机构展业能力有限，相对省内先进地区政府性担保体系建设仍有差距

青岛再担保公司按照监管要求，努力做大再担保业务规模，但市、区直担机构目前“小、散、弱”“单打独斗”等问题突出，担保机构主要分散在各国资平台，注册资本大多数在 3 亿元以内，净资产放大倍数普遍在 2 倍以内，获取银行授信的能力普遍偏弱，严重制约了青岛市融资担保行业的发展

质量和效能，可开展的政府性业务规模普遍不高，2023 年预计开展的政府性业务规模普遍不高，合计规模仅约 18 亿元，对青岛再担保公司的再担保业务整体规模形成不利影响。

同时，省内济南、潍坊、济宁等区域的政府性一体化建设起步较早，已取得成效，青岛市相较于他们的政府性一体化建设仍有差距。

（二）相关建议

1. 增加公司注册资本金。随着公司的不断发展壮大，青岛再担保公司后续将通过现有股东或其他投资者对公司新的投入，或是通过未分配利润用于股东出资缴纳而增加资本，进而提高公司的竞争力，更有利于公司开拓新的项目，扩大公司现有的经营规模。

2. 推动银担分险做大做强。青岛再担保公司将继续推广银担分险批量合作模式，加大引导推广力度，深化银行与担保机构战略合作，优先推动几个合作意愿强，已有相关业务落地的银行进行突破，提升银行和担保机构合作意愿，对接银行特色产品，推出更多符合青岛当地实际的再担保业务产品，设计合理的风险补偿及保费补贴政策，为银担分险业务的增量部分夯实基础。

3. 整合市、区担保资源做大规模。参考省内外先进地区做法，实施政府性融资担保机构市县一体化运营改革。通过青岛再担保公司出资设立专业直担公司或吸收合并、控参股，托管市、区担保公司等方式，推动市、区政府性融资担保机构一体化运营，实现"九个统一"，即统一组织机构、统一股权管理、统一资本管理、统一公司治理、统一业务流程、统一管理制度、统一风险管理、统一政策支持标准、统一信息化支撑。

4. 探索创新多元化担保业务产品。聚焦小微企业、个体工商户、农户、战略新兴等经济主体，进一步加大对业务产品开发投入，在做大做强传统再担、直保业务基础上，不断创新多元化融资担保产品。针对中小微企业数量众多、企业主体差异、融资需求多样的特点，分类施策，精准发力，切实为青岛中小微企业解决融资问题。

关于“打造全省一体化信息互联机制”的调研报告

山东省投融资担保集团有限公司　郝娟、袁媛

信息宣传工作是政府性融资担保事业的重要组成部分，是服务决策、指导实践、促进经验交流、推动企业发展的重要抓手，也是展示工作成效、塑造企业形象、争取社会认同和企业传播价值观念的重要途径。及时、准确、全面地做好全省政府性融资担保体系信息报送和对外宣传工作，不仅是各部门、各单位的基本职责，也是一项重要的政治任务。根据调研情况，各省、市政府性融资担保机构在信息宣传工作方面涌现出不少成功经验和典型做法，也面临着一些共性的困难和阻力。本文结合前期调研情况，就如何做好全省政府性融资担保体系信息宣传工作，打造全省一体化信息互联机制开展调查研究，并提出工作建议。

一、调研基本情况

根据2023年担保大调研工作要求，第五调研组先后赴兄弟省份河南、山西及省内烟台、日照等地各级政府性融资担保机构交流座谈、实地走访、参观学习，并向浙江省融资再担保有限公司、安徽省信用融资担保集团、江西省融资担保集团、湖南省融资再担保公司等省级机构开展电话调研、书面调研，就信息宣传制度建设、创新实践、机制运转等有关情况进行了系统树疏理和归纳。旨在通过调研有关省份在政府性融资担保领域推进一体化信息互

联机制建设的现状、成效与挑战，深入理解政府性融资担保在全省范围内构建一体化信息互联机制的必要性与可行性，并提出相应的政策建议，以期为后续的信息互联机制建设奠定基础，推动我省政府性融资担保体系的高质量发展。

二、典型经验

根据调研情况，各机构都表示信息宣传工作是全省政府性融资担保事业中一项全局性、基础性的工作，是加强思想引领、开展建言资政的重要手段，是服务民营经济健康发展、高质量发展的有力抓手。面对新的形势和任务，只有准确把握信息宣传工作的规律和要求，才能更好地与时代发展同步伐，与政府性融担工作共发展，与小微企业、三农经营主体的期待相适应。为此，各地各机构在信息宣传工作领域积极开展了一系列可借鉴、可推广的探索和实践。归纳来看，主要在“搭平台、建机制、强队伍、畅渠道”四个方面下足功夫。

（一）搭平台

安徽省信用融资担保集团创设《安徽再担保动态》《安徽担保动态》两大信息载体；山西再担保集团定期发布《山西再担保体集团体系建设简报》《市场主体倍增工程融资担保抓落实工作简报》《创业担保工作简报》三大简报；福建省闽投融资再担保公司每月编报《再担保工作简报》，每季度编报《再担保动态》；陕西省信用再担保公司自建《陕西担保》期刊，定期汇集行业政策、工作动态、经验做法等，成为服务领导决策，体系成员交流经验的重要渠道。浙江省融资再担保有限公司持续打造以“两报两网一号”为主要载体的宣传平台，做精两报，即《浙江担保信息》和《浙江担保专报》，为全体系先进工作经验提供展示平台；做强“两网”，即按照“外网打造品牌、内网增进交流”功能定位，加强推进集团外网全面的改版及 OA 的改造升级；“一号”即“浙江省担保集团微讯”微信公众号，成立专业化微信设计和运营团队，从文字、画面、报送频率等多维度提升公众号的可读性和活跃度。江西省融资担保集团开设集团官网，微信公众号、视频号，担保杂志等宣传平台，形成“一网两号一刊”自媒体矩阵。烟台担保集团目前已建成涵盖微信公众号、集团官网、今日头条、抖音号、百家号的自媒体矩阵。

（二）建机制

从调研情况来看，大部分省级机构都做到了以制度建设推动工作系统化、规范化。一是出台信息宣传管理办法。国担基金、四川省信用再担保公司、湖南省融资再担保有限公司、安徽省信用融资担保集团、江苏省再担公司等机构不断完善信息宣传组织管理、编写报送、考核通报等工作机制，进一步明确工作规范，压实工作责任，激发各部门、单位宣传信息工作的责任感和积极性。二是建立信息审核发布制度。各省市担保机构基本做到了对拟发布信息严把政治关、业务关、文字关和保密关，每篇信息稿均须经撰稿处室主要负责人和分管集团/公司领导审定。信息方面侧重于服务中心、及时高效、权威准确、问题导向等。宣传方面侧重于坚持政治统领、引导舆论、群众路线等。各信息宣传载体明确专人负责稿件编辑、审核、审定、发布等工作。三是健全信息宣传激励机制。各省市担保机构基本做到了以制度规范明确规定各部门任务量，并将完成情况计入绩效考核，向全体员工出题目、交任务、压担子。定期对机构的信息宣传稿件报送及录用情况进行通报，开展年度评优评选，表彰优秀组织单位及优秀宣传员，激发集团及体系内机构报送信息的积极性和主动性。此外，广东粤财融资担保集团对内形成定期沟通汇报机制，对外多形式加强与政府、合作银行、机构等紧密联系。湖南省融资再担保公司通过召开宣传工作专题研讨会层层压实责任，通过制定宣传工作年度方案，明确各部门信息宣传工作目标、任务，部门负责人带头把握新闻角度，提供新闻动态，确保宣传不漏项、不漏点。

（三）强队伍

一方面，突出体系协同联动。国担基金分别组建了全国合作单位办公室主任工作群、信息宣传联络员工作群，不定期召开合作机构信息宣传工作视频会，建立常态化联络机制。在合作担保机构中选育了一批政治可靠、熟悉业务、责任心强、有一定文字基础的信息宣传联络员进行立卡建档，动态管理。多数省级担保机构和部分实力较强的市级担保机构组建了全系统信息宣传联络员工作群，建立约稿机制，引导体系成员积极供稿，初步形成覆盖全省体系的信息宣传联络网。另一方面，强化人才队伍建设。浙江省融资再担保有限公司常态化举办行业信息宣传工作培训班，邀请业内专家面向体系内机构信息宣传员，就新闻写作、摄影技巧等方面进行授课，并安排信息宣传工作优秀组织单位做经验分享，从根源上提升了体系内担保机构的信息报送质量，助力全系统信息宣传员组稿能力和宣传意识提升。中原再担保集团不定期组织新闻写作培训，培养专兼职结合、精干高效的信息员队伍。烟台担保集团设立专门的信息策划师，主要负责自媒体平台的策划、运营及推广，进行新闻宣传、媒体联络和信息上报工作。

（四）畅渠道

一是畅通信息上报渠道。各省级担保机构围绕全省体系服务实体经济、地方发展实效，积极撰写信息稿件报送地方省两办、国担基金以及省财政、省地方金融监管局等，2022 年，江西省融资担保集团两期财政专报《我省政府性融资担保各项指标跃居全国前列》《省融资担保集团担保融资规模突破千亿元》获江西省主要领导肯定批示。安徽省信用融资担保集团《省再担保公司多点发力助企纾困》等 3 篇信息被安徽省两办采用。淄博鲁担技改贷被国务院办公厅《要情信息》专门刊发，获得山东省委主要领导批示。二是积极对接主流媒体。各省级担保机构通过强化多渠道信息传播，拓宽宣传覆盖面，营造社会各界关注和支持担保行业发展的良好舆论氛围。中原再担保集团筹划组织集团改革转型发展成效系列宣传活动，围绕中心工作在河南日报、大河财立方等省级以上媒体年刊载信息 300 余条，为公司树立品牌形象、凝聚社会共识奠定良好基础。安徽省信用融资担保集团建立与人民网、安徽日报等新闻媒体的联系通道，结合实际案例宣传体系成员单位在产品创新、助企纾困等方面工作成效。刊发江西省融资担保集团《稳企纾困出实招 市场主体强信心（大督查在行动）》在人民日报刊发，对融资担保发力，扩大金融覆盖面情况予以报道推广。烟台融资担保集团董事长赵志杰接受新华网专访，其担保产品“鲁担园区贷”在《人民日报》微信客户端刊发，并被国务院大督查专题报道。三是主动创新传播形式。江西省融资担保集团将微信视频号

作为有力宣传窗口，采用虚拟数字人技术，推出AI首席宣推官“丹丹”，以动画短片形式开设“丹丹微课堂”，花式介绍银担经营快贷、高新技术企业担保贷、文企担保贷等创新产品。浙江省融资再担保有限公司立足不同维度策划新媒体专栏，如“年度巡礼”系列报道，对浙江省地市政府性融资担保机构年度工作进行集中展示；“奋进新征程 担保助共富”系列，帮助辖区内机构树立共同富裕的典型案例，全方位打造浙江担保指尖上的宣传精品。重庆小微担保拍摄制作的行业微电影《以微光见曙光》，在第三届川渝法治微视频微电影大赛1200余部参赛作品中脱颖而出，荣获一等奖。烟台融资担保集团通过微信号、视频号打造“融资担保小课堂”“融资担保知识普及专栏”等特色栏目，全方位提升了集团知名度和影响力。

三、共性问题

经过调研我们发现，各担保机构普遍在重视程度、机制建设、队伍专业化程度等方面存在一些共性问题。

（一）立足全国

1. *发声渠道亟待拓展*。从全国省级担保机构的普遍反馈来看，目前政府性融资担保工作的权威发声渠道较少。在新华社、人民日报等中央媒体发稿较为困难；在中国财经报等专业媒体的供稿渠道尚未打通；国担基金官网的更新频次较低，《国家融资担保基金工作简报》每期只体现一地或一事；业内知名杂志《中国担保》为长春市中小企业信用担保有限公司创办，每年仅发刊4期。纵观全国，政府性融资担保事业的发声渠道较少，行业整体曝光率较低。

2. *信息流动不够顺畅*。对上报送信息，由于反馈机制不够及时顺畅，多数地方无信息采纳情况通报，或至少两个月以后才陆续下发，一线信息宣传联络员反馈上报后如“泥牛入海”，久而久之失去工作热情。对下收集信息，由于多数省级担保机构对市县担保机构是业务合作关系无隶属关系，激励政策能在一定程度上起到作用，但硬性考核约束作用效果不强，市县机构的信息宣传工作基本上处在一种优者更优，弱者摆烂的两极分化状态。

（二）立足全省

1. 对信息宣传工作重视程度不够。多数担保机构能够认识到信息宣传工作的重要性，但在业务创新发展的关键时期，信息宣传工作被摆在一个重要但不紧急的位置上，导致在信息宣传工作上人员、预算等资源投入不足。从事信息宣传工作的人员多为“半路出家”，反应不灵敏、掌握不全面、研判不准确等情况频出，“懂业务的不写信息，写信息的不懂业务”较为普遍。

2. 信息宣传机制不够完善。部分市县虽然强调“人人都是信息员，处处都是宣传阵地”，但缺乏配套办法。有的地方制度不切实际，“一刀切”规定各部门每月撰写多少篇信息，没有充分考虑各部室、单位业务的差异和工作推进情况。有些部门和市县机构单位报送的信息宣传文稿习惯于对日常工作进行简单罗列，亮点、特色不突出；有些缺少最新的中观数据，没有横向、纵向对比分析，无法客观反映工作成效；有些只有点上的情况，没有面上的延伸，与“站岗放哨”“桥梁纽带”、以文辅政、交流启发等要求还有差距。

3. 传播手段缺乏创新。缺乏理念创新、手段创新、内容创新是体系内信息宣传工作普遍存在的问题，在宣传渠道上，倾向于电视、报纸等相对传统的传播媒介，无法满足新媒体时代受众日益多元的新闻信息内容需求和操作习惯，还需在“故事化讲述、可视化呈现、‘年轻态’视觉产品”等方面下足功夫，在技术赋能、互动参与等方面下大力气。

四、启示建议

与其他兄弟省市相比，我们成立了专业化信息宣传专门机构——融媒体中心，形成了信息宣传工作的专人专岗，出台了集团公司及体系成员《信息宣传工作管理办法》，初步形成共聚共融发展的矩阵合力。但在具体实践中，距离“打造全省一体化信息互联机制”这一工作目标，距离“上大报、登头条、获批示”的工作要求还存在一定差距，以信息宣传为抓手争取上级党委政府政策支持的成效还不够明显。通过此次调研，集团融媒体中心将充分吸收先进省市政府性融资担保机构的经验做法，深入思考信息宣传工作如何管得住、用得好、叫得响。拟从以下四方面入手，持之以恒、稳扎稳打，努力

建设全省一体化信息互联机制，建强高水平信息宣传队伍，全力打造社会关注、媒体聚焦、公众信赖的“鲁担”品牌。

（一）强化部署、细化任务

一方面，强化组织领导。加强集团公司党委对信息宣传工作的领导，专题专项研究年度信息宣传工作计划。关键宣传节点直接部署，对重要活动的宣传方案亲自谋划，重点稿件亲手把关，以上率下，带动公司上下形成人人关心重视信息宣传工作的良好格局。另一方面，细化目标任务。组织召开全省体系信息宣传年度工作会议，根据国家及我省重大战略部署及宣传导向，结合各部室、权属公司、体系成员单位年度工作要点，对当年的宣传重点、工作亮点、关键节点等开展研讨论证，对信息宣传工作中存在的难点、堵点问题进行深入交流，以期压实工作责任，确保信息宣传工作不缺项不漏项，为做好全体系年度宣传工作打下坚实基础。

（二）健全制度机制

一是完善现有机制，落实落细《信息宣传奖励实施方案》，根据报送及采用情况，细化奖励标准，增设稿酬激励，对于已发布的信息宣传制度，分析执行过程中暴露的问题，修订不科学不合理的内容，做到规章制度既符合上级要求又切合工作实际。二是建立通报制度，定期对各单位信息宣传报送及采用情况进行通报，压实工作责任，激发各单位报送信息的积极性和主动性，营造比学赶超的工作氛围。三是强化考核，将各部室信息宣传得分与各单位年度考核结果挂钩，根据宣传任务完成情况，对排名靠前的集体和个人进行表彰。

（三）加强队伍建设

一是加强培训学习。按照全省一体化信息宣传互联机制要求，常态化举办全省政府性融资担保体系信息宣传工作培训班，坚持问题导向，针对市县担保机构工作需求科学安排培训课程，推动全省体系内容创作能力和信息宣传意识双提升。二是优化资源配置。为信息宣传人员参加工作会议、交流培训、业务研讨等方面提供便利，在人、财、物等资源配置上给予信息宣传领域一定程度上倾斜，夯实信息宣传工作保障基础；鉴于目前有机构无团队的现状，建议参照省农担公司4名专职人员的配置充实融媒体中心人员。三是加强内部交流。定期召开信息宣传工作研讨会，邀请信息宣传表现突出的部室单位就如何提高宣传质效、丰富宣传形式、拓展宣传渠道做经验分享。

（四）拓展发声渠道

一是建设《鲁担工作简报》。聚焦数字化转型、体系建设、产业创新、员工风采等工作，搭建体系成员间信息交流平台，相关动态、简报同步报送国担基金、省财政厅等部门。二是建设全省政府性融资担保体系网上案例库。集纳集团公司、各体系成员单位重要的产品发布、工作亮点、典型案例等，为全体系提供学习交流的网上平台，进一步提高信息宣传工作质效，持续放大鲁担品牌影响力。三是鼓励与地方媒体合作，用好集团公司与新华网、大众日报、山东广播电视台、大众网等主流媒体建立的畅通合作渠道，体系成员单位优质稿件、案例可择优刊发，同时鼓励各地与地方新闻媒体建立深度合作，加快形成省市县三级联动的媒体传播矩阵。

（五）优化内容供给

一是坚持内、外宣并重。宣传工作是对外宣传展示平台、宣传舆论阵地。信息工作是对内展示窗口，领导决策参考重要依据。二者都很重要，要同步推进，互为补充，形成合力。二是丰富传播内容。聚焦党委、政府中心大局，提出落实举措；聚焦民营经济领域热点、难点、焦点问题，提出建设性意见；聚焦民营经济领域新成就、新典型、新经验，及时汇报、宣传；聚焦兄弟省市、单位好经验、好做法、好思路，加强学习交流，切实提高宣传信息工作水平。三是增加短视频内容供给，针对当前视频化、移动化、碎片化的信息传播趋势，要积极顺应受众信息获取方式的变化，加强对短视频、微电影等内容的拍摄、制作、传播。

关于政府性融资担保支持乡村振兴的调研报告

济南融资担保集团有限公司　李波

一、调研背景及调研开展情况

（一）调研背景

重农固本是安民之基、治国之要。以习近平同志为核心的党中央高度重视农业农村工作，坚持把解决好“三农”问题作为全党工作重中之重。党的十九大提出实施乡村振兴战略并写入党章，党的二十大要求全面推进乡村振兴，这是以习近平同志为核心的党中央从党和国家事业全局出发做出的重大决策部署，是新时代做好“三农”工作的总抓手。习近平总书记多次强调，农业强国是社会主义现代化强国的根基，推进农业现代化是实现高质量发展的必然要求。党的二十大在擘画全面建成社会主义现代化强国宏伟蓝图时，对农业农村工作进行了总体部署：未来5年“三农”工作要全面推进乡村振兴，到2035年基本实现农业现代化，到本世纪中叶建成农业强国，将全面推进乡村振兴作为新时代建设农业强国的重要任务，要求把“三农”工作重心转移到乡村振兴上来。

2015年，中央决定对财政支农方式进行改革和创新，财政部、农业部、银监会研究制定了《关于财政支持建立农业信贷担保体系的指导意见》（财农〔2015〕121号），并于2016年正式建立全国农业信贷担保体系；2019年，国务院办公厅印发《关于有效发挥政府性融资担保基金作用切实支持小微企业和“三农”发展的指导意见》(国办发〔2019〕6号),完善政府性融资担保和再担保体系建设,引导更多金融资源支持小微企业和“三农”发展。

(二)调研开展情况

济南融资担保集团是我市政府性融资担保体系核心、农担体系龙头,承担着支持“三农”发展的重要职能,是农村金融服务体系的重要组成部分。为更好发挥融资担保政策性金融工具作用,围绕政府性融资担保支持乡村振兴,重点通过以下方面开展调研:

1. 学理论,进一步提高对乡村振兴的认识。今年4月22日-4月28日积极参加了市委组织部联合市农业农村局(市乡村振兴局)在浙江大学举办的“全市推动乡村振兴专题培训班”,结合主题教育专题读书班、学习班,深入学习贯彻习近平总书记关于“三农”工作、乡村振兴工作的重要论述,学习习近平总书记对山东提出的打造乡村振兴齐鲁样板的重要指示精神,进一步提高对做好乡村振兴工作重要意义的认识,将理论学习与本职工作结合,深入分析思考,提高理论联系实际、指导实践的能力。

2. 走出去,积极学习外地先进经验。在“全市推动乡村振兴专题培训班”过程中,深入浙江省学习乡村振兴工作经验,期间前往安吉县刘家塘村、萧山瓜沥梅林村等“三农”工作、乡村振兴工作走在前列的示范村实地考察,特别是前往“两山”理论的诞生地浙江安吉余村实地学习,直观感受习近平总书记直接推动实施的“千万工程”,走绿色发展之路、建设美丽乡村的生动实践和成果。

3. 找问题,深入一线了解政策落实中的“堵点”“难点”。深入多家农业龙头企业、农业贴息现场、区县中心、同业机构等进行了调研走访和座谈,进一步了解金融支农政策落实情况。特别选取了具有代表性的莱芜区口镇的4家农业龙头企业了解担保对重点产业、龙头企业支持情况,为化解三农“融资难”“融资贵”问题提出对策和建议。

二、济南市政府性融资担保支持乡村振兴总体情况

济南融资担保集团 2020 年 12 月正式成立以来，始终坚守金融服务实体经济初心，践行服务小微企业、“三农”发展的光荣使命，认真落实市委、市政府支农助农决策部署，坚定扛牢政府性担保主责主业，作为我市支持“三农”发展的重要金融力量，积极服务乡村振兴、服务黄河流域现代农业引领区建设。

（一）完善农业担保体系，凝聚政银担支农合力

充分利用融通各方优势，发挥好信贷引导和资源整合的重要作用，以高质量金融服务赋能乡村振兴。一是全面提升农业担保载体。在市农业农村局等部门大力支持下，顺利完成原市农担公司整建制划转工作，并深化实施公司改革提升，将公司名称变更为济南支小支农融资担保有限公司，注册资本金由 1.7 亿元增加至 10 亿元，调整职能定位、扩大经营范围、推进数字化转型，打造成为我市政府性融资担保、再担保专业载体。在划转改革中严格落实农业担保三独立原则，即：涉农业务独立统计、保费收入独立核算、风险补偿金独立共管，为农业担保业务稳健推进做好保障。二是全面覆盖县域。与各区县政府签订战略合作协议，以县域为重点，在全市 13 个区县设立担保分中心，并派出乡村金融服务队，通过“市级载体+区县中心”模式，打造横到边、纵到底、广覆盖的乡村金融服务体系，高效推动各级担保支农政策直通直达。三是全面开展银担合作。与 40 家各类驻济银行建立新型互信合作关系，获得授信额度超千亿元，对农业银行、邮储银行、农商行等支持“三农”发展的银行均作为重点合作对象积极推进业务发展。

（二）业务规模快速增长，撬动金融资源支农效果明显

济南融资担保集团成立以来，把“增量、扩面、降费”作为核心任务，不断做大农业担保业务规模，引导更多金融资源投入“三农”领域。据统计，截至 2023 年 6 月底，济南融资担保集团累计“三农”担保融资金额 70.59 亿元，累计农业担保 5.0 万笔；农业在保 1.5 万笔、在保金额 33.72 亿元，项目平均担保金额为 22.48 万元。从担保业务区域分布看，推动担保资源向县域领域倾斜，截至2023年6月底，本年度新增担保85.8亿元，其中除5个市内区域外的县域新增45.0亿元，占比57%；在保总金额202.5亿元，县域在保124.6亿元，占比62%。从合作银行看，各农商行本年新增业务规模占比30%，在保业务规模占比40%。

（三）落实贴息政策，支持新型农业经营主体发展

当前，家庭农场、农民合作社、农业社会化服务组织等各类新型农业经营主体已逐步成为保障农民稳定增收、农产品有效供给、农业转型升级的重要力量。担保集团作为济南市新型农业经营主体贷款贴息的实施主体，落实济南市农业局、财政局印发的《济南市新型农业经营主体贷款贴息管理暂行办法》（济农财字〔2017〕3号），每年度按照通知要求全面梳理新型农业经营主体信息，全面宣传发动，做好贴息政策宣传，收集审核申报资料，确保财政资金有效、精准惠及新型农业经营主体。2022年度共审核各类新型经营主体资料1658家，申请贴息合格主体1621家，共计申报贴息资金2471万元。在保障财政贴息通道高效、畅通的同时探索创新服务路径，以数字人民币形式完成农业贴息资金拨付，带动开立数币钱包930个，数币交易金额突破688万元，推动数字人民币在普惠金融领域推广应用，提升农业经营主体政策获得感。

三、济南担保集团支持乡村振兴的创新实践和经验做法

2021年11月，济南市政府办公厅印发《济南市支持打造农产品龙头企业的十条措施》（济政办字〔2021〕45号），明确要求充分发挥政府性融资担保作用，对农产品龙头企业加强金融支持，助力龙头企业做大做强。作为该项金融支持政策的主要落实主体，济南融资担保集团积极对接配合市财政局、农业农村局和地方金融监管局，协同合作银行，按照市政府有关会议研究确定的企业名单，加大对农业龙头企业和重点龙头企业担保支持。本次调研专门选取了政策支持的莱芜区出口型龙头企业进行了实地调研和座谈，从调研了解的情况看，融资担保对解决支持企业融资需求帮助较大，帮助企业有效应对疫情及国际不稳定形势对出口型业务的影响，政策支持力度大，取得良好成效。

（一）提高担保额度、纳入风险补偿，为龙头企业注入金融活水

按照政策要求，对市级以上农产品龙头企业，经上报市农业信贷担保工作推进领导小组备案后，增加担保额度至1000万元；按照市政府会议纪要，对出口额度大、基地在济南、与农民利益联结紧密、带动能力强的成长型出口农产品龙头企业，担保额单户最高增加至5000万元。同时对政策明确的重点支持企业全部列入政策性担保业务风险补偿范围，由财政对担保费进行全额补助，有效降低风险、降低企业融资成本，为发展主体注入了发展信心。目前已累计为出口农产品龙头企业及相关企业提供融资担保2.95亿元，其中重点龙头企业1.81亿元。

表1　农产品出口重点龙头企业担保情况表

企业名称	总放款额度（万元）（含关联企业）
山东省万兴食品有限公司	5000
莱芜泰丰食品有限公司	5000
山东晔霖食品有限公司	4100
山东一品农产集团有限公司	4000
合计	18100

（二）支持成效明显，企业发展良好

政策实施期间，正值新冠肺炎疫情影响较大、国际形势不稳定，对进出口企业造成不良影响。在金融支持政策保驾护航下，我市农产品进出口龙头企业发展良好，受疫情及国际形势冲击较小。据调研了解：

1. 泰丰食品2022年度实现销售额24.9亿元，同比增长10%，2023年1～4月份出口额达到6亿元，获得国家“国家级农业产业化重点龙头企业”“海关AEO认证企业”“全国果菜产业十大最具影响力地标品牌”等荣誉称号，销售市场扩展至100多个国家和地区。

2. 一品农产积极融入新发展格局，立足国际国内双循环实行转型发展，2022年实现1.7亿元出口额、国内销售额5000万元，2023年计划实现3亿元总产值。该龙头企业注重科技研发，2022年申报的“山东省调味蔬菜技术创

新中心”成功获批建设“山东省技术创新中心”，高端绿色调味品智能制造乡村振兴项目正在规划建设。

3. 晔霖食品表示，担保支持政策帮助企业应对疫情及大蒜等原材料涨价等不利因素影响，保证了企业的平稳健康发展。2022 年度企业实现销售额 6.1 亿，与 21 年持平。目前企业正在建设的海梅霖食品有限公司调味蔬菜（姜蒜）精深加工及保鲜果蔬冷链物流项目，计划投资 1.792 亿元，已列入 2023 年度山东省新型城镇化重点项目、2023 年度山东省新旧动能转换优选项目。

4. 万兴食品作为农业产业化国家重点龙头企业，拥有国际有机认证的万亩姜园，是全国农业产业化示范基地，2022 年度实现销售额超 20 亿，目前 2 万吨复合调味品项目已完工验收，8 月份即将投产，新上预制菜车间，作为龙头企业带动性强，带动企业 10 余家。

（三）龙头作用有效发挥，产业扶持、带动成效突出

莱芜生姜是济南市十大农业特色产业之一，根据市农委、农业农村局数据，我市十大特色农产品集中总产值 200 亿元，其中，莱芜生姜种植面积 7.5 万亩，产量 30.9 万吨，产值达到 120 亿，占到十大产业总产值的六成。对比济阳曲堤黄瓜，种植面积 5 万亩，产量 20 万吨，但产值仅 10 亿元。据统计，莱芜以不到全省 1%的耕地，创造了全省 10%的农产品出口额，生姜出口量占全国生姜出口量的 13%，世界市场 70%的姜片来自莱芜。从发展成效来看，莱芜生姜是我市十大特色产业中一二三产联动，带动效果好、产业链条完善、集群效应明显、科技含量较高的产业。具体来看，莱芜生姜产业发展优势主要有：

1. 产业链延伸。莱芜几家农业龙头企业围绕“生姜”形成了集种植、储存、加工、销售、出口的全产业链。几家龙头围绕生姜这个“主链”各自差异化发展，比如泰丰食品主攻出口贸易，依托其生姜出口的渠道优势带动其他产品出口，目前地毯、体育器材等产品出口也形成了良好的效益；一品农产在农产品加工基础上发力种业，围绕姜蒜选种、育种提高科研水平。总体看，莱芜生姜产业形成了既有链上带动，又有面上辐射的集群式发展良好态势。

2. 价值链提升。莱芜生姜产业通过一二三产联动，输出的产品不是姜、蒜等初级农产品，而是进行深加工、精加工的调味品，加工产品也从简单的保鲜姜块、腌渍姜块（姜片）、姜芽，逐渐发展到脱水姜片、姜粉、姜油、姜酒、姜茶等附加值较高品种，还通过积极对接国际市场需求，优化产品结构，通过进口黑胡椒等原料，与姜粉等调制成复合调味品，让产品卖出更高价格，创造更高产值。

3. 供应链贯通。以开放的思路发展产业、铸造品牌，积极主动融入“一带一路”，通过参加日本千叶国际食品展、比利时布鲁塞尔水产展、德国柏林食品展等沿线国家知名展会，开拓销售渠道、发现合作伙伴，出口对象扩展到欧美、日韩、东南亚等100多个国家和地区，跻身美国ASTA会员，成为味好美集团（世界上最大香辛料公司之一）、联合利华、雀巢、土耳其KUTAS（欧洲第一大香辛料采购商）等集团的全球供应商。同时积极融入“双循环”新发展格局，立足两个市场，在国内也已成为海底捞、锅圈食汇、呷哺呷哺等知名连锁机构供应商。

四、我市政府性融资担保支持乡村振兴存在的问题

目前，我市政府性融资担保在支持乡村振兴上取得了一定的成绩，特别是在支持农业产业发展上的经验值得总结提炼。但对照党中央、国务院和各级关于金融支农体系建设要求以及“三农”发展的融资需求还有一定的差距。根据调研情况及数据分析，主要存在以下问题和不足：

（一）“三农”担保业务量持续发展受限

2022年，济南融资担保集团围绕实施乡村振兴战略，推出“种粮大户贷”“富民贷”等担保产品，全年新增涉农类担保32.33亿元，同比增长124%。但2023年以来，涉农担保业务量进度较慢，截至2023年6月底，本年度新增农业类担保2461笔、担保金额9.77亿元，仅完成年度目标的32.6%；在保1.5万笔、担保金额33.72亿元。从集团总业务量来看，农业担保业务量占集团总业务量下降至11.4%，体现对支持“三农”主业倾斜不够；对比山东省农担在保585亿元，我市农业类担保在保金额仅占全省总额不到6%，作为农业大省省会，龙头带动作用发挥不明显。

（二）乡村振兴各领域支持力度不平衡

习近平总书记把乡村振兴的战略目标总结为“五个振兴”：即乡村产业振兴、乡村人才振兴、乡村文化振兴、乡村生态振兴、乡村组织振兴，这是总书记对实施乡村振兴战略目标和路径的明确指示。2022 年底召开的中央农村工作会议，习近平总书记再次强调，“五个振兴”是相互联系、相互支撑、相互促进的有机统一整体，要统筹部署、协同推进。目前，济南融资担保集团在支持乡村振兴中，突出产业振兴这个突破点，符合产业振兴作为乡村振兴重中之重的定位，作为实际工作的切入点方向是正确的，成效也较为突出。但对照统筹部署、协同推进的要求，我们在乡村人才振兴、文化振兴、生态振兴、组织振兴方面思考谋划不够深入，金融支持与农村人居环境整治行动、美丽乡村建设、齐鲁样板村、“第一书记”等乡村振兴的重点工作结合上，还缺乏针对性的担保支持政策和产品，作用发挥还不够明显。

（三）金融支持乡村振兴力量严重不足

目前，主要负责普惠性农业担保业务的支小支农公司共 20 人，为保障业务开展，除班子成员外，我们全部将人员放到区县分中心负责业务开展。但对照乡村振兴、“三农”发展的实际需求，我们的人员短缺问题仍非常严重，每个区县中心平均人员仅 1 人。虽然在业务开展中我们通过银担合作积极借助农村地区的银行机构及网点开展业务，但实际上，农村地区银行机构网点也偏少，仍难以适应分布广泛、数量庞大的“三农”主体融资贷款需求。基层力量薄弱导致服务“三农”发展、风险防范化解能力不足，区县中心对基层覆盖的质量不高，对于各级打造的特色产业园区等也缺乏专业的力量进行对接服务，无法满足业务拓展的正常需要。

五、学习借鉴担保支持乡村振兴先进经验

（一）山东省农业发展信贷担保有限责任公司

山东农担充分发挥政策性担保对资金引导的优势，积极融入农业场景，与乡村振兴政策、各地政府“同频共振”，“量体裁衣”开发了 400 余个担保服务方案，形成了支持乡村振兴的合力。比如，与省乡村振兴局、省工行、

省农行联合推出“齐鲁富民贷”；在省委组织部的支持下，开发了“强村贷”；与省妇联联合推出“巾帼贷”；与共青团山东省委联合推出“鲁青农担贷”等。在支持村集体经济发展方面，以党支部领办合作社为主体，综合运用卫星遥感等数字化手段，创办大田托管智慧服务模式，解决了“谁来种地”“怎样种地”“钱哪里来”和“怎么用钱”的难题，形成产业、资金“双闭环”，基层党支部用钱不见钱，实现资金规范化管理，种植成本下降12%、粮食增收10%。该模式目前已在潍坊、菏泽、聊城等多地“整县整镇”推进，有效助力了集体经济发展。

（二）浙江省农担公司

作为政策性担保公司，近年来浙江省农担公司坚持数字赋能、多跨协同，深入推进数字化改革，构建省市县协同、政银担合作服务机制，有效引导金融资金进乡村。聚焦解决农业融资流程繁、效率低的难题，以数字化赋能和政银担合作为抓手，着力建立健全省市县协同的农业融资担保服务体系、政银担合作产业支撑体系、数字化信用评价及风险防控体系，开发上线“浙里担”应用，创新家庭财务报表融资担保模式，多跨归集省公共数据平台、金综平台等各类涉农数据，建立新型农业经营主体数据库，集成信用评价及风险预警各类模型，与合作银行实现银担系统直连，并推出系列线上产品，推动银担数据共享、业务流程再造，担保申请、审批、签约等全流程线上办理，大幅提高贷款的办理效率。同时，发挥省级政策性农担平台的龙头作用，深入推进政银担合作，健全完善基层农担服务体系，持续深化财金协同支农机制，一县一业精准支持地方特色产业发展，开发推出“白茶贷”“瓜农担”“草莓贷”等线上线下纯信用产品，为农户家庭提供低门槛、低费率、纯信用的融资担保服务，探索形成多方联动、同向发力的“三农”投入新格局。

六、发挥政银担联动优势，以政府性融资担保赋能我市乡村振兴取得新突破

结合调研情况，借鉴先进经验，对充分发挥政府性融资担保体系优势，支持乡村振兴将重点从以下几点突破。

（一）积极对接乡村振兴各责任部门，勇当乡村振兴金融“先锋队”

作为我市政府性融资担保体系的核心，济南担保集团将进一步强化对支持乡村振兴工作的认识，积极围绕“五个振兴”重点对接主管部门、责任部门，整合乡村振兴金融支持政策，发挥集团政策性定位、市场化运作、专业化运营的优势，依托与全市各大银行的银担合作关系、多层次分险机制，健全农村金融服务体系，架起联结政府、农业经营主体、商业银行的桥梁，撬动更多金融资本和社会资本投入“三农”领域，支持乡村振兴发展，实现财政资金和金融资本、社会资本的有效配合、良性互动。同时，通过与各责任部门的对接沟通，建立密切合作关系，联合发动“第一书记”、党支部领办合作社等基层力量，探索“金融+党建”“金融+人才”“金融+园区”等新模式，加快推进“第一书记兴村贷”等政策性产品的落地，共同将金融服务向“三农”领域深度延伸，解决单纯依靠担保、银行等机构人员基层力量薄弱的问题，并可以发挥其扎根基层的优势，实现精准支持。

（二）突出支持重点，完善支持乡村振兴发展的担保产品体系

严格落实习近平总书记关于“三农”工作的重要论述，紧紧围绕建设农业强国的重点任务强化担保支持。

1. 全力保障粮食生产。粮食安全是“国之大者”，保障粮食和重要农产品稳定安全供给始终是建设农业强国的头等大事。围绕保障粮食生产，大力推动“稳农助农贷”产品落实，重点支持粮食种植、谷类种植、蔬菜种植、设施大棚种植、畜禽养殖等基础农业生产和农资、农机、农药、农业贸易等农业服务及相关配套产业。按 0.5%/年收取担保费，对种植养殖类反担保措施优先使用农村土地经营权、林权、大型农机具等农业生产设施的抵质押等，破解缺乏抵质押物的难题。

2. 大力支持种业发展。种业是农业的“芯片”。我们将认真落实习近平总书记关于“要下决心把民族种业搞上去”的重要指示，对济南市种业发展进行专项分析，围绕农作物种子、蔬菜种苗、畜禽良种等优势企业群体，研究推出“种业振兴贷”专项产品，重点对接山东鲁研农业良种有限公司、山东和康源生物育种股份有限公司、山东奥克斯畜牧种业有限公司等国家“育

繁推一体化”种业企业、国家种业阵型企业，发挥带动作用，推动种业产业集群发展，为我市打造“中国北方种业之都”提供金融支持。

3. 服务重点产业发展。总结支持莱芜生姜产业发展经验，围绕农业现代化发展，聚焦我市特色农产品集群及新兴的乡村文旅、预制菜、农业生产社会化服务等产业，因地制宜、深入场景，针对平阴玫瑰、历城草莓、商河花卉等特色产业研究制定符合产业发展特点的个性化服务方案，推出“玫瑰市花贷”等专项产品，促进一二三产融合发展，服务延长农产品产业链，助力企业扩大规模、提升价值，推动集群化发展，提高产业发展现代化水平。

（三）整合涉农信息数据，以数字化转型提升农业担保质效

运用金融科技赋能，坚持“数字技术+数据要素”双轮驱动，持续深入推进数字化转型，将数字思维、数字元素持续注入普惠农业担保业务全流程。通过打通银担数字通路，与银行业务系统实现直通互联，实现业务线上受理、线上审批、线上签约、线上保函、线上放款、线上补贴，提升农业担保服务效率和便利化水平。通过接入“泉城链”等省市大数据部门公共数据开放网，加大涉诉、反欺诈和多头借贷等三方数据采集，结合自身业务数据，有效整合涉农主体信息数据，搭建符合三农主体特点的风控模型，积极推进农业担保业务线上化、数字化、智能化转型，有效破解农业担保面临信息不对称、涉农主体信用不足、普惠业务不经济等先天制约因素，推动农业担保业务实现“三增一减”，即增强风险防控能力、增加客户覆盖面、增进服务效率的提升、减少业务运营成本，有效破解“三农”融资难、融资贵问题。

全面推进乡村振兴、加快建设农业强国是党的二十大做出的重要部署，市委市政府将“在乡村振兴领域求突破”列入项目突破年重点突破领域。济南融资担保集团将坚持以完善农村金融服务体系为己任，支持“三农”主体发展，服务乡村振兴，为打造乡村振兴齐鲁样板贡献担保力量。

坚持党建引领　推动融合发展
着力打造国企思想政治工作“融担样板”

山东省投融资担保集团有限公司　张明卫

山东省投融资担保集团有限公司（以下简称“山东担保集团”）成立四年来，集团公司党委积极承担举旗帜、聚民心、育新人、兴文化、展形象的使命担当，始终坚持党的建设引领思想政治工作发展，坚持齐抓共管、坚持守正创新、坚持长效机制共同发力，用好“指挥棒”，树好“风向标”，不断丰富形式载体，构建“大党建”格局，有效拓宽了国企思想政治工作思路，着力提升了思想政治工作的质量和水平，为集团公司的高质量发展提供了坚实的思想政治保障和强大的精神力量。

一、基本情况

山东担保集团是根据中央关于建立全国政府性融资担保体系、合力破解小微企业和“三农”经营主体融资难融资贵问题的部署要求，经山东省政府批准设立的省级政策性融资担保机构，于 2019 年 2 月由山东省政府召开大会正式成立，是全省政府性担保体系的龙头企业。

2023 年以来，山东担保集团根据中央经济工作会议提出的“保持量的合理增长和质的有效提升”工作要求，确定了“高质量发展年”工作思路，团结带领全省体系成员单位，全面贯彻落实党的二十大精神，深入开展学习贯彻习近平新时代中国特色社会主义思想主题教育，着力加强体系建设，做大业务规模，开展产品创新，调整业务结构，突出助企纾困和降费让利，加快推进数字化转型，上半年新增业务规模首次进入全国前三，全省政府性融资担保工作取得新成效，迈上新台阶。截至 2023 年 8 月底，省担保集团实现在保 1420.8 亿元，累保 2443.98 亿元，累计服务全省 48 万余户小微、“三农”市场主体，为助力山东实体经济发展做出杰出贡献。在国家融资担保基金 2022 年度考核中位居全国第一，并获对方顶格支持股权投资 2 亿元、业务奖补 1.06 亿元；2023 年 4 月，成功获评 2022 年度社会责任企业。

二、主要做法

山东担保集团党委始终坚持问题导向、目标导向、效果导向，将思想政治工作纳入党的建设日常性、基础性工作抓牢抓实，不断探索运用丰富多样的平台载体，进一步夯实思想政治工作的群众基础与实际效果，取得了示范性与创新性双丰收，创造了国企思想政治工作与党建高效融合的“融担样板”。

（一）坚持党建引领，确保思想政治工作舵定向稳

一是以核心作用护航工作开展。集团党委高度重视思想政治工作，始终发挥好党委领导核心作用，将思想政治工作作为推进“高质量发展年”的重要保障列入年度重点工作计划，实行一把手负责制，与党的建设、集团化改革、业务发展等工作同部署、共推进。成立省级文明单位创建工作领导小组统筹开展精神文明建设各项工作，做到精神文明建设与思想政治工作双提升、共促进。二是以主题教育擦亮政治底色。集团党委始终把政治建设放在首位，深入推进学习贯彻习近平新时代中国特色社会主义思想主题教育走深走实，结合实际制定印发了集团公司主题教育实施方案，组织开展了 4 期主题教育读书班，集团领导带队，分 8 个调研组开展了 2023 年度大调研工作，分别形成了小组和专题调研报告，为促进集团高质量发展奠定了坚实的理论和实践基础。三是以规定动作推动改革见效。认真落实民主集中制，严格执行“三重一大”、党委会前置研究制度，截至目前召开党委会 27 次，研究议题 127 项。创造性打造“穿透式管理+批量化业务+小微场景金融+新型银担合作+科

技风控赋能+数字化转型”发展模式，成功开辟了适合山东省情的融担发展新路径。

（二）聚焦主责主业，确保思想政治工作固本强基

一是以党业融合引领实体经济发展。以党建促发展，以党建促创新，健全完善全省融资担保体系，围绕“十强产业”和“四新经济”，累保跨越千亿大关，惠及全省48万户小微、“三农”主体，持续增强产品的普惠性、可得性，助力乡村振兴战略。立足科技赋能建设数字融担，数字化能力获得国担基金高度认可，服务改革发展大局。二是支小支农政策效应进一步释放。2023年上半年，合作业务平均担保费率0.53%，全年为小微、“三农”等经营主体让利超10亿元，进一步缓解了小微“三农”融资难问题，大力推动“首贷”破冰行动和信用担保，有力支持了我省实体经济发展。三是体系基础进一步夯实。在已建成覆盖全省16市、成员单位达60家的全省政府性融资担保体系的基础上，山东担保集团与烟台牟平区、潍坊青州市合作建立“担保体系共建先行县”，后续还将与淄博周村区、烟台莱山区等探讨推进共建先行县工作，“担保体系共建先行县”工作稳步推进。指导市级机构做大做强，推动市县一体化建设取得新进展。四是数字化转型进一步提档升级。继续加快业务线上化转型步伐，积极推进与中国银行、省联社、恒丰银行的系统对接，完成供应链金融一期功能上线和应急转贷项目优化升级；设计上线科创业务管理模块，持续推动大数据风控系统迭代升级；推进数据中台建设，顺利建成国担大数据中心山东分中心。五是服务重大战略更加精准有效。围绕服务全省绿色低碳高质量发展、省委省政府稳就业促创业部署、全省稳外资稳外贸、济南科创金融改革试验区建设等国家和我省重点战略、重点领域和重点产业方面，全面实施“担保+”服务，上半年创设推出“鲁担绿色产业贷”“鲁担巾帼贷”2款专项产品，更好发挥了政策性担保增信功能。

（三）全面从严治党，筑牢思想政治工作战斗堡垒

一是以制度建设锚定目标方向。起草印发了2023年党建工作要点及责任清单、意识形态和宣传思想工作要点、统战工作要点、精神文明工作要点和《关于加强员工思想政治工作的实施意见》，提前谋划确定了2023年度党建工

作责任制考核方案，为各个基层党支部做好全年工作提供目标方向。二是以评先树优锻造示范引领。在持续夯实月清月结工作制度的基础上，开展了支部档案评比活动，通过观摩其他支部档案、交流分类整理心得，为支部全年工作的规范开展提供了有效指引；开展“身边榜样”推选活动，并在《鲁担党建》设置专栏，刊登个人事迹；积极开展“两优一先”评选，一名党员和一个党支部分别荣获省属企业优秀共产党员和先进基层党组织，以示范引领锻造集团红色铁军。三是以党建创新激发组织活力。创新实施“党建观察团”制度，通过纪委成员、党群工作部成员、支部委员交叉列席支部党建活动，构建起“观察+总结+反馈”强责提效闭环机制，推动党支部组织生活实起来、严起来、活起来。组织各党支部与烟台、济宁、潍坊等6个规模较大的地市体系成员单位开展一对一“携手同心筑堡垒 互联共建促发展”活动，与体系成员单位之间积极营造“高度融合、合作共赢”的良好氛围。四是以党建宣传展现良好形象。策划改版《鲁担党建》，完成8期《鲁担党建》的组稿、编辑、出版工作，得到上级主管部门的高度认可；总结提炼集团党建工作经验做法，形成宣传稿件《打好党建“组合拳”跑出发展“加速度”》，分别被“学习强国”平台和《支部生活》采用发表，展示了集团党建引领发展的良好形象。五是以严风肃纪筑牢廉洁防线。组织召开2023年度党风廉政建设和反腐败工作会议、党风廉政警示教育大会，全面贯彻落实中央纪委、省纪委全会精神，党委书记与各党支部书记、部室和权属公司负责人签订《2023年度全面从严治党责任书》，全体员工签订《员工廉洁从业承诺书》，传导压力、压实责任；组织党员干部职工到山东省廉政教育馆接受廉政警示教育，开展上“七一”廉政党课暨集体廉政谈话，常态化开展“德廉知识”学习活动，营造全体干部职工齐心倡廉的廉洁氛围；畅通信访渠道，每半月安排半天时间开展接访活动，及时解决党员群众反映的突出问题；在五一、端午等重要节假日期间，及时传达学习中纪委和省纪委关于违反中央八项规定精神的通报，通过印发通知、明察暗访等形式，严明纪律规矩，督促党员干部职工过好“廉节”。

（四）推进规范管理，完善思想政治工作体制机制

一是内部管理科学高效。不断完善集团公司现有制度，先后围绕公司治理、行政后勤、组织人事、生产经营等方面制定制度100余项。编制《员工行为规范手册》，进一步明确员工礼仪规范，通过“鲁担大讲堂”对集团全体员工进行商务礼仪培训。定期组织“最美办公室”评选，有效促进了办公场所整洁度，办公秩序规范化不断提升。制定《关于争做“五型员工”的活动方案暨2023年度活动要点》，通过人人争做思考型、实干型、担当型、创新型、感恩型员工的具体实践，大力营造“踔厉开新局，实干走在前”的浓厚氛围。二是防控体系更加健全。牢固树立“坚守底线，动态平衡”的风险防控理念，树立全员风险意识，按照“统一管理制度、统一风控模式、统一业务系统”的思路，逐步统一全省各级担保机构风控门槛和标准，积极打造全流程风控体系，坚持按规章制度办事，全面推动项目审批去“权力化”，全力规避权力运行过程中的道德风险，将权力关进制度笼子。三是队伍建设成效显著。2023年上半年聚焦招才引智，多渠道引进人才53人，其中研究生学历40人，国内双一流及国外QS前200名高校人员29人。深化干部选拔工作，并组织开展了中层及以上干部集体履职廉政谈话。强化教育培训，在华为坂田基地、中央财经大学举办专题培训班，并有条不紊地推进日常培训工作。持续修改完善集团公司《绩效考核管理办法》，提高了员工的归属感和向心力。

（五）推动党带群团，助力思想政治工作塑形铸魂

一是文体活动精彩纷呈。“三八节”组织开展“重走长征路 做新时代女战士”主题活动；组建乒乓球、篮球、羽毛球、健步走、文艺书画等五个兴趣协会，并举办了第一届职工乒乓球比赛；举办2023年“融担亲子日”活动，加深员工亲属对融担工作的理解支持，充分体现集团对下一代的关心关怀。举办为期两天的以“奋进融担 共创伟业”为主题的山东省政府性融资担保体系首届职工运动会，各体系成员在运动交流中深化友谊，共同为山东融担事业贡献力量。组织参加了由省财政厅主办的2023年财政和金融企业职工运动会，获得乒乓球、羽毛球团体第三名和“优秀组织奖”。开展“2023

最美瞬间”随手拍活动，记录融担美好，展现融担风采。二是公益活动丰富多样。组织集团单身员工赴临沂市蒙阴县开展首届“青春心向党携手向未来”财金一家·红色之旅暨青年职工联谊活动；结合“五四青年节”，与驻地所在社区联合举办婚恋交友联谊活动；组织参加“益企勇担当 热血传爱心”无偿献血活动，34 名员工报名，14 人成功无偿献血，充分展现了融担干部职工良好的精神风貌。组织集团公司党员志愿服务队，与驻地齐音北社区开展了 2 次“双报到”志愿服务活动，弘扬雷锋精神，宣传节能环保知识，践行企业社会责任；建立“五老”志愿服务队，宣讲革命传统，激发爱国热情；组织开展“藏品入鲁”经贸交流活动，以实际行动助力藏区乡村振兴；落实好对生病住院职工、新婚职工、退休人员等慰问和节日福利发放活动。三是传统节日文化活动历久弥新。制定印发《关于组织开展 2023 年传统节日文化活动的实施意见》，举办“激情闪耀 再创辉煌”2023 山东省投融资担保集团年会盛典，凝聚了奋发向上的战斗合力；在端午节举办了“粽叶飘香 情满融担”主题活动；在“八一”建军节举办英模事迹报告会，感悟英模精神，砥砺初心使命。四是普法教育有序推进。在“国家宪法日”和“宪法宣传周”期间，组织员工集中观看学习宪法宣传纪录片，开展“宪法周 学法律”活动，充分发挥“智享鲁担”微讲堂平台作用，讲解宣传法律知识，营造“可看、可听、可学”的生动直观宪法法律教育氛围。

（六）注重舆论引导，打造精神文明建设工作前沿阵地

一是严格落实意识形态工作责任制。成立集团意识形态和宣传思想工作领导小组，定期分析研判意识形态有关工作，将意识形态工作落实纳入党委班子成员党建述职、支部书记党建述职、民主生活会重要内容，制定印发了《2023 年意识形态和宣传思想工作要点》，加强舆情的收集监测及处置工作，细化责任，排查隐患风险，确保意识形态领域平稳有序、安全稳定。二是开展了马克思主义无神论和宗教知识的集中宣传教育。深入推进员工信仰宗教情况自查，签订党员不信教承诺书，加强网站、公众号等宣传阵地运维管理，组织各党支部积极参与“奋进中国梦 建功新时代”主题系列活动，严把意识形态“阵地关”，牢牢掌握意识形态工作的主动权、话语权。三是高质量完成

信息报送工作。按照集团公司党委的宣传工作要求，进一步拓展了与人民日报、新华社、学习强国等机构或平台的联系。策划《发挥政府性融资担保体系作用 助力小微企业纾困发展》等题目，在山东新闻联播、大众日报等省级重点媒体发布。协调大众日报刊发《从“客户求银行”到“客户选银行”山东担保集团累保破2000亿》等信息稿件。四是持续营造优秀企业文化。开设集团公司微信视频号，制作并发布关于集团公司企业使命、愿景、价值观等文化建设的视频内容，系统完善了集团公司百科词条，重新打造企业品牌标识和视觉识别系统，进一步拓展了集团品牌传播渠道，有效提升集团品牌覆盖面和影响力。组织举办了“争做‘五型’员工 共创融担未来”主题演讲比赛、青年员工座谈会，坚持用社会主义核心价值观引领干部职工，充分激发广大干部职工干事创业的活力热情。

三、经验启示

山东担保集团成立四年来，坚持“大党建”工作格局，持续推进国企思想政治工作与集团党建深度融合，广大干部职工关注企业，与集团公司同呼吸、共命运，同心同德干事业的自觉性、主动性进一步体现；围绕目标，与担保体系同成长、共辉煌，担当诚信创新的价值认同感、自豪感进一步深化；党建引领，与集团业务双融合、共发展，服务小微、“三农”实体的内生力、战斗力进一步增强。全体融担人关爱公司、奋发向上、斗志昂扬的精神风貌进一步彰显，为集团公司内涵发展的向心力、凝聚力持续增强提供了源源不断地动力支持，也为全省政府性融担事业的高质量发展提供了经验遵循。

（一）解决问题要抓主要矛盾，善于从全局上观察问题，不断提升化解矛盾的能力。唯物辩证法认为，在矛盾中起着领导、决定作用，规定、影响其他矛盾的存在和发展的就是主要矛盾。我们只有集中力量找出主要矛盾、攻克主要矛盾，才能找到解决复杂问题的重点，达到纲举目张、掌控全局、以点带面、事半功倍的目的和效果。青年员工干事创业最有活力，但也极易受错误思想影响，做好国企思想政治工作，就要善于从全局上观察问题，要始终把抓好青年员工思想政治工作作为重中之重，制定完善相关考核办法和评

估标准，将青年员工思想政治工作纳入日常目标管理和年度党建工作考核，确保任务明确、责任到位。

（二）开展工作要破除思维僵化，勇于开拓新视野，积极探索新时期思想政治工作新实践。在实际工作中，老办法不管用、硬办法不适用的问题时有发生。这就要求我们要加强学习与思考，要坚持不懈用习近平新时代中国特色社会主义思想武装头脑、指导实践、推动工作，破除思维僵化，勇于开拓新视野，积极探索新时期思想政治工作新实践。如探索开设“国企思政课”，建立培养专属国企思政课师资队伍，使国企思政课制度化、常态化，不断提高广大国企员工运用马克思主义立场观点方法解决问题的思想境界和能力水平。开展主题青年演讲比赛，通过演讲展现青年员工朝气蓬勃、爱岗敬业的良好风貌，激励青年在岗位上奋勇争先、担当有为。

（三）要整合有效资源，充分发挥群团组织的纽带连接作用，激发新形势下思想政治工作新活力。始终发挥好党建的引领作用，不断增强思想政治工作方法的灵活性和开放性。坚持以党建带工建、带团建，整合有效资源，发挥工会等群团组织桥梁纽带作用，将思想政治工作同公司经营管理、企业文化建设等工作相结合，形成上下贯通、抓细抓常的工作格局。坚持以文化人、寓教于乐，经常性开展丰富多彩的文体活动和联谊活动，丰富员工业余文化生活，呵护青年员工身心健康，不断增强员工的幸福感、获得感。通过课题立项、重点攻关、知识竞赛，推动青年人才在工作实践中锻炼成长，进一步营造“比、学、赶、超”氛围，不断提高员工业务水平和综合素养。

德州市融资担保有限公司关于政府性融资担保业务的创新实践

德州市融资担保有限公司　刘钧超

近年来，在市委、市政府的正确领导下，德州市融资担保有限公司（以下简称德州融担公司）聚焦政府性融资担保业务主线，在完善融资担保体系建设、创新业务模式上持续发力，政府性融资担保业务得突破性进展，2022全市年度新增政府性融资担保业务规模达到54.13亿元，增幅位列全省第1，2023年1~8月新增规模27.69亿元，积极发挥了公共财政延伸职能，有力帮助了市场主体稳定预期、提振信心。德州市政府性融资担保工作得到省财政厅充分肯定，德州融担公司获全省政府性融资担保工作“2022年度先进单位”“积极作为奖”。德州市财政金融深度融合工作优势产业集群政策包获评2022年全省财政金融创新项目。

一、主要做法

（一）领导重视，组织有力

德州市委、市政府高度重视政府性融资担保工作。2022年先后两次召开全市规模动员调度会议，主要领导同志密切关注工作进展，高位推动部署措施。2023年又把“持续推进全市政府性融资担保工作提质增效进一步优化小微企业和‘三农’融资环境”作为政府督办的“一把手”营商环境项目之一。全市范围内成立了各级政府、单位和金融机构主要领导负总责的工作专班机制，确保了整体工作部署严密、高效推进。

（二）政策到位，措施精准

2022 年以来，市政府办公室、市财政局相继印发《推动政府性融资担保机构支持小微企业和“三农”发展的实施意见》《关于政府性融资担保机构免收担保费的通知》《德州市融资担保风险补偿资金管理暂行办法》《关于中央财政支持普惠金融发展示范区（集成改革）建设的实施方案的通知》等政策文件，明确建立动态资本金补充、担保风险补偿、担保费补贴、优势产业集群贷款利息补贴等支持机制。各县市区也出台了相应支持政策。得益于各项精准扶持措施，德州融担公司在资本金补充、风险补偿、业务奖补等方面获得了强力支撑。

（三）银担协作，务实笃行

政府性融资担保工作开展，离不开银行机构支持。工作初期，公司主要负责人带队，对全市 37 家银行机构进行了全面的、多频次的现场走访和沟通，同时成立了机构合作科室，安排专人负责协调银行及政府部门相关工作，最终与全市 35 家银行签订合作协议，签约银行全部实现业务落地。业务开展过程中，持续深化与银行机构合作，不断增强双方在业务程序、风险把控、风险化解等方面适配度，畅通协作机制。同时积极探索创新合作模式，发掘契合点，与银行机构共同围绕地方优势产业、特定行业等不同的融资主体深入场景进行调研，研发特色化产品。

（四）严控风险，筑牢基石

做细风险全程防控，把好业务准入关、审批关、管理关，构建风控屏障。完善合规体系建设，促进内控合规体系、制度、机制等全面提升，实现案件风险有效管控。厚植合规守纪文化，强化合规责任落实、案例警示教育、清廉金融文化建设，夯实内控合规管理基础。

二、工作成效

（一）融担工作特色“德州模式”构建成型

德州市政府性融资担保工作形成了覆盖面广、发展均衡、风险防控同步推进的特色“德州模式”，多项指标在全省处于靠前地位。一是业务发展速度较快，2021 年底正式开展业务，2022 年新增业务量 56.57 亿元，增速 4884%，位列全省第一。二是银担合作覆盖面较全，与全市 35 家银行签订合作协议，签约率 95%，放款率 100%。三是业务分布均衡度较高，国有大型商业银行、地方法人银行、股份制银行等各类银行业务分布比例均衡，其中 2022 年国有大型银行（中、农、工、建、交、邮储）业务占比 30.6%，2023 年占比 45.1%。四是业务风险控制较好，2022 年未发生风险项目，2023 年截至 8 月年度代偿率约为 0.02%，在保业务风险基本可控。

（二）担保体系市县一体化建设初见成效

德州市坚持以“再担保业务+股权投资”双轮驱动模式，推进担保体系市县一体化建设。自 2022 年以来，全市新增 3 家县级政府性融资担保机构，1 家担保体系成员机构，市县体系成员内单位增加至 6 家。德州融担公司为 4 家县级担保机构授信再担保额度 20 亿元，累计落地再担保规模 6.38 亿元，初步构筑了“主业突出、上下联动、保本微利、风险可控”的市县政府性融资担保体系，有力推动服务网格逐步下沉，服务能效持续优化。

三、经验启示

（一）支小支农是政府性融资担保机构必须坚守的主责主业

一是明确并落实考核评价导向。评判政府性融资担保机构是否在支小支农方面充分发挥财政资金“放大器”的作用，应主要关注“放大倍数”指标，建议取消对政府性融资担保机构的盈利性考核指标，把更多的精力放在做好风险控制、健全制度保障上。

二是发挥好政府性融资担保应有作用。担保机构应围绕发挥政策性融资担保特有作用，加强对宏观经济政策、产业政策和金融政策的研究，加强产品研发，将有限的政策性担保资源优先和重点用于支持符合国家产业政策导向、确需担保介入的领域、群体、项目。

（二）健全保障机制是政府性融资担保机构可持续发展的前提

一是建立资本补充机制。资本规模的提升，一方面对体系建设投入的实

力，另一方面也切实增强了担保和再担保能力。建议建立长效资本金动态补充机制，保障资本充足，维持担保机构业务规模持续发展。

二是建立健全风险补偿和保费补贴机制。目的是解决政策性融资担保业务可持续问题。只有健全保障机制，担保机构才能在盈亏平衡基础上实现可持续发展。

（三）风险控制是政府性融资担保机构的生命线

一是不断强化风险防范意识。政府性担保机构必须从严把好风险评估和审核关，将合作各方的风险防控边界设定好，坚持业务发展与风控能力相匹配，严防操作性风险。

二是着力控制好业务集中度。政府性融资担保机构对业务行业分布、期限分布和单户担保金额上限设定应做好统筹规划，本着风险分散的原则，“做小、做散、做精”业务，将风险控制在合理区间，守住不出现系统性风险底线。

三是落实银担合作分担机制。银行分担合作模式是建立风险共担共管、防控操作风险的长效机制，同时有利于银行机构内控管理，银担合作必须在风险分担基础上开展。

（四）优化资源配置是政府性担保机构高质量发展的重要保障

一是政策性担保资源配置应坚持效率优先，妥善处理好地域服务公平的诉求。实践证明，担保资源配置在不同级担保机构的效率差异较大，层级较高机构效率越高，应当整合各级担保资源，积极推进市县一体化，做大做强市级机构。

二是业务开展必须有针对性。银担合作初期，可以重点关注银行签约家数或授信金额，但随合作开展，应结合各家银行的业务优势，聚焦重点合作银行，有效利用资源，将精力集中在推动新增、首贷等业务落地上来。同时，作为政府性融资担保机构，应该聚焦本地实体经济发展重点领域，着力解决本地企业融资短板弱项和瓶颈制约，充分发挥作为财政职能延伸的作用，加强财政政策与金融工具的协同联动，创新扶持与服务方式，汇集财政金融资源，精准“滴灌”实体经济。

学习借鉴“枫桥经验”
推动融资担保与基层治理深度融合

滨州市融资担保集团有限公司　李坤河

为推进滨州市融资担保业高质量发展，不断提升普惠金融服务的覆盖率、可得性和满意度，为我市稳就业稳市场主体和促进基层治理提供有力的金融支撑，结合浙江等地先进经验，进行深入思考并提出相关意见建议。

一、滨州市小微企业及融资担保业发展现状

小微企业、“三农”市场主体量大面广，联系着千家万户，是稳经济的重要基础、稳就业的主力支撑。据《中国中小企业生存现状报告2022》统计分析，一个市的小微企业数量每增加1000个，就会增加0.68%的从业人员、0.17%的税收和1.43%的GDP。

（一）我市小微、“三农”等市场主体面临空前生存压力

滨州市2022年末实有市场主体46.42万户，其中94%以上是小微企业（含个体工商户）和“三农”主体，吸收就业人口占总就业人口的80%以上，对全市经济贡献度超过60%。当前，我国经济下行压力持续加大，部分小微、“三农”市场主体资金链非常紧张，且由于自身抵（质）押资产有限，很难在银行贷到款，生存愈加困难，也加剧了就业紧张形势和基层治理难度。据统计，2022年“中国重点40城”企业注销比例为6.9%，其中93%以上是小微企业。我市小微企业面临的生存压力更为严峻。

（二）政府性融资担保是促进实体经济发展的重要逆周期调节工具

发展政府性融资担保是财政金融联动，破解中小微企业融资难融资贵的重要举措。经测算，市级担保机构发生代偿 1 亿元（按代偿的最高限额 3%的熔断率计算），可撬动 111 亿元的银行贷款，给企业带来 330 亿元的产出，市以下地方政府至少增加 4 亿元的财政收入。

（三）我市政府性融资担保业发展现状

2022 年以前，我市担保行业“小、散、乱、弱”。2021 年，全市政府性融资担保在保业务规模仅 3. 42 亿元，列全省倒数第 2 位，政府性融资担保机构“支小支农”作用发挥严重缺位。为彻底破解我市小微、“三农”等市场主体融资“难、慢、贵”等问题，2022 年 10 月，市委、市政府决定组建市融资担保集团，推进市县一体化改革。自 2023 年 3 月市融资担保集团正式独立运营以来，主营业务规模实现了高速增长。2023 年 1~9 月，新增担保、再担保业务新增担保、再担保业务 41. 55 亿元，同比增长 252%，增幅列全省第 2 位；在保业务在全省排名提升 4 个位次，列第 11 位。

（四）主要问题和不足

一是融资担保服务尚未完全覆盖基层。各县区对市融资担保集团出资还未到位，直接影响我市担保信用评级和可持续经营；市县一体化管理体制还未理顺，县区和农村还存在融资担保服务空白地带。二是配套支持政策还不完善。政府性融资担保作为财政职能的延伸，定位为准公共服务，我市尚未出台相应的保费补贴、业务奖补、容错免责等支持政策，原有的代偿补偿办法也已经到期。三是担保服务供给能力不足。部分银行对政府性担保“二八分险”和代偿上限合作政策接受度不高，银担合作存在堵点；服务模式和产品创新能力不足，数字化建设滞后，担保服务与基层多元融资需求匹配度不高。四是单一业务类型制约可持续发展。政府性融资担保具有高风险和低收益特性，而且越是困难的时候，提供融资担保服务的风险就越大，在尚未实现不良资产管理及处置闭环运营前，融资担保机构的可持续发展受到制约。

二、外地先进经验

（一）中国人民银行绍兴市中心支行深刻领会新时代“枫桥经验”精神

实质，坚持党建引领，通过组建农村数字普惠金融联络员队伍，分片对接农村融资需求，建立“枫桥式”农村金融服务站，为农村居民提供基本养老和医疗缴费服务等措施，打通金融服务基层“最后一公里”，打开惠农服务“新链接”，帮助村级集体经济和小微企业增效、农民群众增收。

（二）浙江省农信联社借助农信机构覆盖基层经营优势，将农户道德情况、个人信用、乡村社会治理参与度等转化为金融财富，应用在普惠贷款额度增信方面，并借助数字技术，实现对农户“无感授信、有感反馈、便捷用信”闭环服务，将金融服务深度融入社会治理。

（三）湖南长沙在全国首创“阶段性担保+贷后资产管理”住房公积金贷款担保模式，房贷逾期时由担保机构先行代偿并负责追偿，有效降低了房贷逾期率和贷后资产管理难度。安徽合肥公积金住房贷款引入“免保费、全覆盖、一站式”担保机制，采用“先放款、抵押后置”的（预）抵押方式，帮助开发商快速回笼资金，实现了群众满意、开发商满意、政府满意。

三、工作启示及措施建议

“枫桥经验”的核心在于加强党建引领，做好政府性融资担保工作，就要始终把党的领导放在第一位。我们完全可以借鉴浙江等地经验做法，积极践行新时代“枫桥经验”，利用我市担保市县一体改革及经营优势，将政府性融资担保融入社会治理，推动政府性融资担保增信服务直达基层。加强数字化建设，推进信用信息在基层治理环节的便捷应用。

（一）坚持党建引领，推动担保服务直达基层

集团党委领航，与街道、乡镇开展党组织联建共建，打通担保服务基层“最先一公里”。通过乡镇及街道党工委与行政村党支部深入对接，将融资增信服务“直通车”开到社区、农村，直达基层。党员干部带头，分片包保调研，做实融资需求网格化管理，做优担保精细化服务，做到“基层吹哨，担保报到”，将担保服务触角延伸到社会治理末梢。

（二）加大担保服务供给，改善基层信贷环境

一是推动担保服务基层全覆盖。建议将落实担保市县一体化改革工作纳入对县区的综合考评，理顺市县机构管理体制，优化担保机构网点布局，消除担保服务空白行政村。二是加强担保产品创新。针对乡村振兴及“三农”产业领域，搭建融资担保全产品服务体系，开展融资项目集中申报，引导更多金融资本支持农村集体经济和基层特色产业发展。三是创新基层融资模式。联合县区、乡镇搭建担保业务批量推荐机制，探索开展林权、农房、应收账款等农村产权抵质押担保业务，激活农村潜在金融资源。四是推动尽快健全融资担保配套支持政策，为担保机构在基层大力展业、拓客提供政策支撑。

（三）完善农村信用体系，助力提升基层治理能力

一是利用基层经营优势，加强对市场主体的信息采集，建立客户“一企一档”信用档案，提供融资“信用画像”和征信服务，打破银行与基层市场主体间“信息壁垒”，提升农村地区融资效率。二是推进基层增信引导，探索对村集体“整体批发、集中授信”的增信激励措施，将信用等级与授信额度、担保措施、利率优惠等政策挂钩，促进“三农”市场主体及农户增强信用和诚信意识，引导农村社会价值取向。三是整合、分析信用信息数据，向基层管理部门开放数据查询和统计权限，为支持基层发展政策的制定提供依据，为促进基层联合惩戒提供有力支持。

（四）强化科技赋能，提升基层治理效能

一是依托智慧产融平台，整合业务客户信息等数据资源，建设“线上”信用评价系统，健全基层融资增信支持体系，实现“送贷上门”“无感增信”。二是利用大数据风控和风险量化模型，提升担保业务处理效率和风险控制能力，优化基层金融服务环境。三是在构建全市一体化融资信用服务网络平台的基础上，推动组建市大数据公司，参与智慧社区、智慧城市建设，收集、整合多维度数据资源反哺基层公共服务场景应用，全链条、全方位、全周期地介入基层社会治理，提升基层“智治”水平。

（五）加强金融资产管理，维护地方金融稳定

建议借鉴浙江、江苏、深圳等地经验做法，依托我市唯一市级类金融企业市融资担保集团，整合全市金融类金融资源，组建市属金融资产管理集团，发挥不良资产处置功能优势，帮助企业盘活存量资产，化解潜在资金风险，

有效维护地方金融稳定。一方面，健全担保机构信用评价、贷后管理、资产处置等全流程风险应对机制，通过内部“投贷担”业务联动，缓和政府性融资担保机构业务单一带来的高风险、低收益的问题，增强融资担保机构可持续运营能力；另一方面，探索开展基金管理、股权投资、商业保理、供应链金融、互联网金融等金融类金融业务，弥补我市金融业态缺失等问题，增强全市金融风险防范化解能力。

（六）开展住房置业担保业务，助力保交楼稳民生

建议借鉴长沙、合肥等地经验做法，成立住房置业担保公司，为公积金贷款购置住房提供担保支持，提升居民住房贷款可得性。针对我市楼市现状，实行“阶段性担保+贷后资产管理”模式，担保先行、抵押后置，通过为困难房地产项目购房人增信提供按揭贷款，推动保交楼资金落地和配套信贷资金投放，加快房地产项目资金回笼。借助政府性融资担保机构资产管理优势，有效盘活房地产不良资产，保护债权人和社会公众利益，联合相关职能部门及银行机构，共同助力化解地方金融危机和基层社会矛盾。

筑牢风险防线
推动政府性担保健康持续发展
——关于加强政府性融资担保公司风险防控的调研报告

济南融资担保集团有限公司　孙征

2022年12月15日，习近平总书记在中央经济工作会议上讲话时强调：要有效防范化解重大经济金融风险，金融事关发展全局，金融安全是国家安全的重要组成部分，要统筹好防范重大金融风险和道德风险，压实各方责任，及时加以处置，牢牢守住不发生系统性金融风险的底线。风险防控作为一项系统性工程，对客户风险研判、风险评估、风险防控协同等各个环节的协同配合提出了更为全面的要求，做好风险防控工作必然要按照全面风险治理的要求，全过程、链条式、动态化防控重大风险。

一、政府性融资担保公司现状

近年来，银保监会、财政部等部门出台一系列政策文件，全国性行业自律组织中国融资担保业协会引导行业加强自律。在各方共同努力下，融资担保行业特别是政府性融资担保机构发展取得长足进步，已建立"国家—省—地市三级联动"的政府性融资担保体系。截至2021年末，全国共有政府性融资担保机构1428家，有力支持各类市场主体融资，畅通金融服务毛细血管，引导更多金融“活水”流向“三农”、中小微和科技创新型企业。

二、集团风险防控工作情况

济南融资担保集团自 2020 年 12 月成立以来，认真贯彻落实市委、市政府决策部署，坚守功能定位，聚焦主责主业，积极发挥金融加压站、融资放大器、企业助推剂作用。截至 6 月末，累计担保金额突破 348 亿元，服务市场主体近 11 万户，平均担保费率仅为 0.27%（山东省平均担保费率 0.53%），为市场主体减免保费近 6400 万元，担保的市场主体实现销售收入超 3900 亿元，保障就业人数 60 余万人，实现了经济效益与社会效应同步提升，业务高质量发展势头迅猛。同时，牢牢坚持稳中求进工作总基调，严控业务风险，先后出台了《担保业务评审委员会工作制度》《业务立项管理办法》《核保核签》等数十项管理制度，全力推动全员、全流程风控体系建设。

一是建立三个风险防控机制。全面建立政府性担保风险补偿、风险分担、风险熔断“三个机制”，积极推进出台了《济南市市级政府性融资担保机构风险补偿资金管理暂行办法》（济财金〔2021〕27 号），对开展政府性融资担保业务发生代偿进行补偿。严格落实银担风险“二八”分担和批量审批业务 3% 风险熔断机制，深化与国担基金、省投融资担保集团的再担保分险合作，100%的业务实现银担 2∶8 分险，211 亿元的担保业务纳入国担基金和省担保分险体系，风险敞口进一步降低。

二是坚持小额分散的风控原则。坚持普惠、小额分散的金融理念，尽最大可能分散业务风险，当前，100 万元以下的业务占比 78%，户均担保额度 20 万元，业务分布呈现金字塔式稳固结构。

三是将风控策略植入产品设计。会同银行合作推出“济担-纾困贷”、“济担-科创贷”等多个专项担保贷款产品，制定专项产品方案和产品操作指引，对担保对象、申报程序、业务审批、合同签署、保后管理、风险处置等进行全面规范，明确业务各环节审核要点、管理职责，构建职责明晰、流程顺畅、操作规范的标准化作业机制，确保各项产品实施规范、合规、高效。

四是设置差异化审批流程。结合不同业务场景、单户担保额度、反担保方式等，设置立项审批岗、独立审批岗、子公司评审会、集团风险复核岗、集团评审会审批的差异化审批流程，流程自下而上流动，坚持流程不倒流原则，遵循额度越大审批环节越多，切实提高风险识别与防范能力。

五是建立大数据风控体系。对客户准入、审核要点等进行标准化改造，通过引入标准化风控模型和大数据保前预审、反欺诈探测、客户信用评分、额度测算、保后风险监测等技术手段，实现"一审三测"的数字化风险防控体系。

六是严格做好保后管理。依托大数据风控监测系统，坚持"以非现场主动预警为主，以差别化现场检查为辅"原则，对于预警项目，及时安排业务人员开展现场检查及风险处置。对大额担保项目，严格按照产品指引定期对在保项目的企业经营情况、反担保情况等进行检查跟踪，做好保后跟踪预警和项目风险分级，坚决防范大规模的风险集聚，防止系统性风险发生。

七是持续加强代偿追偿力度。筹划成立追偿挽损工作专班，明确任务和目标，积极采取各项措施最大限度保全资产和降低代偿损失，做好风险处置工作。

三、风险防控方面存在的问题

（一）风险管理内控机制尚需完善

内部控制作为企业可持续发展的基石，对防范风险、提升工作效率和管理水平具有重要意义。随着集团担保业务规模不断扩大，对风险管理内控机制提出新的要求。

2023 年 5~7 月，集团纪委带领风险合规部、有关业务部门深入 2 家企业进行了走访调研，通过实地查看和现场座谈等方式，发现了风险防控方面存在的问题和隐患。以济南恒基牧业科技有限公司为例，该公司成立于 2007 年，在保金额 260 万元，关联企业济南济玉循环农业开发有限公司在保 300 万元。该客户主业为蛋鸡养殖及鸡蛋销售，同时兼营建材及土地租赁，业务多元且关联方较多。经查询企查查，业务存续期间存在土地租赁费用纠纷涉诉情况：2022 年一审裁定涉诉双方均需承担一定责任，2023 年 5 月又进行了二审，客户实际面临当年土地租金不能收回的情况，会对公司现金流产生一定影响，同时该土地还存在权属不清晰、性质不明确、当地政府与权属人未达成共识等历史遗留问题。该笔业务虽然为批量业务，但是在涉诉发生后，大数据风险预警未进行推送，业务经理亦不了解相关案情，反映出公司内控机制有待完善，应进一步细化风险防控的全流程管理，建立大数据风险预警机制，制定保后管理的实施细则，压实岗位职责，实现预警到人、及时跟进、有效反馈，准确判断客户风险，防止发生代偿，防范金融风险。

（二）经营风险客观存在

政府性融资担保公司在撬动、引导信贷资金流向小微企业、“三农”等普惠领域发挥着财政资金四两拨千斤作用。近年来，政府性融资担保已经成为中央调节宏观经济的重要工具，尤其在经济下行期或重大灾情、疫情期间，一般作为逆周期调节工具大力使用，无法完全按照市场规则评估客户质量和业务质量，业务违约率有可能呈现阶段性或区域性大幅度提高情况。

集团自成立以来，积极发挥逆周期调节作用，弥补市场不足，服务小微、“三农”客户、创新创业主体，该类市场主体普遍整体信用不足、抗风险能力弱，受经济形势变化和疫情等不确定因素冲击较为明显，存在一定的代偿风险。2022 年 5 月，“济担—纾困贷”作为应对疫情和经济下行压力影响推出的阶段性、普惠性、政策性产品，截至 2023 年 6 月末，纾困贷在保金额 97 亿元，占公司总在保金额的 48%，业务体量占比较高。随着 2023 年 5 月纾困贷业务陆续到期，截至 6 月末，逾期笔数累计 211 笔，逾期金额 406 万元。截至 2023 年 7 月 10 日，两家子公司关注类余额合计 2494 万元。应重点关注业务保后管理与逾期关注类业务情况，对有可能发生的代偿风险的关注类业务应提早谋划，及时采取有效风险化解和应对措施，避免延误清收时间或造成实际损失扩大。

（三）行业市场风险不容忽视

融资担保公司高风险、低收益的行业风险特征比较明显。同时，由于融资担保位于金融产业链的末端，除了自身内生风险外，还存在上游风险向下传导，外部风险向内渗透，自身风险无法释放等特有风险。

结合走访调研企业情况，以济南沃德汽车零部件有限公司为例，作为国内头部的汽车发动机气门、气门挺柱的制造企业，过去三年业务虽然保持了平稳增长，但受到近年新能源汽车的蓬勃发展，传统汽车零部件企业也面临了一定的市场冲击。其所面临的行业风险应引起风险防控部门高度关注，并作为风险评估的一项重要内容。

根据 2023 年上半年行业代偿率显示，住宿和餐饮业代偿率最高为 1.66%，其次是制造业和建筑业，其中建筑业的笔均代偿金额最大为 241 万元。针对行业风险较为集中的情况，应重点关注行业风险的偶发性及聚集性，上下游行业风险的传导性，分类施策，适时调整风险策略及风控标准，有效降低风险事件的发生概率，减少风险损失。

（四）代偿追偿风险压力较大

融资担保公司处置不良资产基于追偿权的获得，但追偿权是依赖主债权的从债权，融资担保公司必须在代偿后才能取得追偿权。当前代偿追偿制度层面尚待完善，追偿措施较为单一，主要依托外部律所开展诉讼追偿，不良资产的追偿耗时长，一般从起诉到执行需要 2~3 年，资金占压及追偿成本高，追偿挽损的难度较大，特别对于部分纯信用类客户缺乏有效抓手、追偿效果不明显。

（五）廉洁风险复杂多变

金融机构权力集中、资源富集，金融腐败链条式特征与蔓延性容易引发系统性风险，从近年来中央纪委国家监委和地方各级纪委监委查处的金融内鬼、金融大鳄等金融腐败分子的腐败案情来看，金融腐败表现出隐蔽性增强、专业性提升、涉及面变广、潜伏期延长等新动向新趋势。担保从业人员在业务开展、权力行使过程中不可避免会与银行及客户发生密切接触，基于资源的稀缺性属性和资金的迫切性需求，该部分人员属于重点围猎的对象和目标，必须严守党的政治纪律和中央八项规定精神，严格遵规守纪，从严管好亲属和身边工作人员，自觉净化社交圈、生活圈、朋友圈，不逾红线、不破底线，坚决防止道德风险和廉洁风险的发生。

四、风险防范措施

（一）聚焦主责主业，进一步夯实发展基础

1. 大力拓展优质客户增信担保业务。充分发挥集团担保增信的价值，加大市县两级平台、重点项目、行业龙头拓展力度，寻求积极高效合作，确保安全高效完成任务目标。

2. 持续发挥政府性融资担保体系分险作用。坚持服务小微、“三农”客户、创新创业主体的职责定位不动摇，进一步深化与国担基金、省投融资担保集团的再担保分险合作，梳理好各方合作协议，做到事前充分研判，事后有效执行，确保政府性担保业务稳健运作。

3. 重点抓好“攀登贷”、“科创贷”等拳头产品的风控保障工作，营造良好品牌效应。着力加强与政府指导部门、银行机构、市场管理部门、行业协会组织等的协同协作，扎实做好政策宣传和解读，做到以点带面，全面增量。

4. 加强部门协同。要进一步加强协同合作，不仅集团班子成员、各部门、子公司之间要紧密协作配合、发挥效能、形成工作合力，提升服务质量，更要加强与各级政府、银行、司法等部门的协作，建立畅通的对接交流机制；要尤其重视与金融部门建立同步预警机制，发现问题及时反应，采取有力措施及时防控；积极主动与司法部门联系对接，维护担保权益，在诉讼、财产保全等环节加强协作，竭尽“一切手段”，实现应诉尽诉、应保尽保，最大限度追偿挽损。

（二）聚焦改革创新，进一步激发内生动力

1. 完善风控体系建设。必须把防风险摆在突出位置，“图之于未萌，虑之于未有”，在业务规范化、标准化、精细化上需不断提高管理水平，进一步厘清权责、明确边界，提高效能。结合产行业特点及业务全生命周期，进一步完善保前、保中、保后的风险管理内控机制。

2. 加强人才队伍建设。提升从业人员专业水平和实操能力，选人用人要先过廉洁关，完善能进能出、能上能下、能高能低的市场化选人用人机制和薪酬分配机制，不断增强企业活力。

3. 强化科技赋能。坚定不移走数字金融、科技金融之路，加快推进政采担保平台建设，围绕政采数据共享，进一步加强与财政局等有关部门的对接，推动有关数据互联互通，力争年底前完成系统建设并试运行。

（三）聚焦安全发展，进一步防范化解风险

坚持把风险防控当作生命线，一手抓业务风险防控，一手抓安全生产，两手抓、两手都要硬，要突出发展的质量效益，确保不发生集中经营风险和安全生产问题。

1. 加快推进业务审批机制改革。建立健全立项、独立审批人、专家委员会等各项内控制度及操作指引，推动完善“分级、分权、规避、制衡”的审批机制，对关键岗位履职用权形成有效制衡，提升风险防控科学性、有效性。强化保前尽调，切实增强自主获客和项目把关能力，着力优化业务结构，实现批量与非批量业务风控能力双提升。

2. 通过数字化建设提升风控质效。加快推进大数据风控系统建设，进一步规范和优化操作流程，固化控制措施，减少人为操作空间，实现过程留痕、责任可追溯。加快实现数据共享，早日有效接入并运用融资担保行业、政务、商业等外部数据，提高项目保前风险筛查、保后风险预警能力，切实提高风险防控效能。

3. 加强纪委对担保业务风险管理全过程监督。持续深入一线调研，围绕农业贴息场景、农业种养殖客户、科创企业开展实地调研工作，了解客户需求及意见建议，督促有关部门不断完善内控制度，把好质量关、效率关和廉洁关，分析研判已代偿业务出现风险的原因，举一反三，查漏补缺，切实提高专业能力和追偿力度。进一步严明纪律，强化规矩，不断加强对重点岗位、关键环节、事前事中事后的监督检查，强化干部职工日常教育监督管理，及时向有关负责同志提出监督建议，严肃查处发现的违规违纪行为，不断推动完善管理、治理体系，以精准监督推动精准治理、长效治理，为集团业务发展提供坚强的纪律保障，确保各项工作高质量发展。

积微成著究细节　行稳致远促发展
——合理降低担保代偿利息支出案例分析

山东省鲁财融资再担保有限公司　罗芮、衣建莉

一、政策背景

2019 年 2 月，《国务院办公厅关于有效发挥政府性融资担保基金作用切实支持小微企业和“三农”发展的指导意见》（国办发〔2019〕6 号）提出，国家融资担保基金和省级担保、再担保基金（机构）要积极为符合条件的融资担保业务提供再担保，并明确了银行和政府性担保体系的风险分担机制，进一步落实了银担责任承担，即银担合作各方要细化业务准入和担保代偿条件，明确代偿追偿责任，强化担保贷款风险识别与防控。

山东省投融资担保集团有限公司（下称“山东担保集团”）作为山东省级再担保机构，于 2019 年 9 月正式加入全国政府性融资担保体系，建立了对上连接国家融资担保基金，对下协同市、县政府性融资担保机构的“国家—省—市”担保分险机制。在上述政策支持下，山东担保集团、P 担保公司、国家融资担保基金、Q 银行建立了银担总对总业务合作，经过风险分担，Q 银行、P 担保公司、山东担保集团、国家融资担保基金将分别按 20%、30%、20%、30%的比例承担风险责任。“国家—省—市”各级政府性融资担保机构均按照“先代偿、后分险”原则，落实代偿和分险责任。即业务发生风险后，P 担保公司先向 Q 银行承担 80%的担保代偿责任，然后 P 担保公司再向山东

担保集团申请50%的再担保业务分险，山东担保集团经过审核无误，并向P担保公司划拨补偿款后，再向国家融资担保基金申请30%的再担保业务分险。

山东担保集团作为省级政府性再担保机构，在再担保业务补偿款划拨审核方面，遵守国家、省里相关政策规定，严格落实代偿和分险责任，充分发挥再担保功能，为符合条件的融资担保业务提供再担保。截至2023年8月末，山东担保集团对于P担保公司Q银行的担保业务已承担再担保业务分险41笔，已划拨再担保补偿款合计1568万元。下面通过其中1笔业务实例，共同探讨省级再担保机构在政府性融资担保体系建设以及落实银担分险责任方面的相关问题，以期更好地发挥省级再担保机构在政府性担保体系中的纽带作用，引导更多金融资源支持小微企业和“三农”发展。

二、实例经过

P担保公司与Q银行合作业务，债务人王某光，为小微企业主，对应经营主体为A企业（XX农牧科技有限公司），登记所在地为临沂市临沭县，主要从事肉鸡、蛋鸡养殖及销售等，该公司成立于2021年1月8日，注册资本2000万元，本笔业务借款发生时，该公司法定代表人为债务人王某光，同年3月，法定代表人变更为袁某栋，系债务人王某光的配偶袁某欢的侄子。

王某光于2022年1月与Q银行签订借款合同，借款金额200万元，借款期限12个月，于2023年1月到期，年化贷款利率为固定利率7%，借款合同显示该笔借款用于购进鸡苗；同时，王某光于2022年1月与P担保公司签订了《担保事项承诺书》及《不可撤销的反担保函》，反担保措施为债务人配偶袁某欢、A企业（XX农牧科技有限公司）提供的连带责任保证；该笔业务为P担保公司与Q银行合作的国家融资担保基金银担“总对总”批量担保业务，P担保公司向Q银行出具了《批量担保业务确认函》，明确为该笔业务主合同项下本金以及正常利息之和的80%提供连带保证担保责任。

Q银行因债务人王某光到期无法偿还贷款，于2023年3月向P担保公司出具代偿通知书，P担保公司于2023年4月支付了代偿款项，金额为1660939.63元（其中，本金1600000.00元，利息60939.63元），Q银行于一周内向P担保公司出具解除担保责任证明书，随后，P担保公司在政府性融资担保业务系统进行了解保操作，解保状态为代偿解保。同时P担保公司向山东担保集团申请再担保业务分险，申请金额为830469.82元（其中，本金800000.00元，利息30469.82元）。

三、实例剖析

山东担保集团在落实代偿和分险责任审核过程中，经了解担保风险发生的原因，债务人王某光的经营主体A企业前期只从事肉鸡的养殖，建有两个养殖大棚，后期又投资建设了三个养殖大棚，用于养殖蛋鸡，因鸡棚感染鸡瘟，鸡苗大面积死亡，前期投入资金无法按时收回，资金链断裂，无力偿还贷款，债务人于2022年10月开始拖欠利息，最终该笔借款发生逾期。据悉，截至该笔借款发生代偿时，A企业仍从事肉鸡的养殖，但基本处于维持状态，且A企业、债务人及其配偶合计负债余额275.5万元，偿债压力较大。

山东担保集团经过审核总体认为，担保风险主要来自债务人的经营风险，但是该笔业务审核过程中发现了银行在担保代偿利息计算方面，与银担合同约定存在一定差异。

（一）见微知著抓细节，抽丝剥茧见风险

山东担保集团在再担保业务补偿审核环节发现，Q银行代偿通知书中显示债务人未清偿本金2000000.00元，未清偿利息76174.54元，债务人于2022年10月开始拖欠利息，到借款到期日2023年1月之间间隔不超过4个月，按年贷款利率7%计算，所欠正常利息应不超过五万元，而Q银行出具的代偿通知书中显示债务人所欠正常利息额度明显高于这个金额；经P担保公司与Q银行核对，出现该情况的原因是Q银行将债务人贷款到期后逾期之日至P担保公司代偿之日的区间计入“正常利息”计算期间，导致P担保公司多支付了代偿款项28600.87元（应支付所欠正常利息40423.45元的80%即32338.76元，实际支付了60939.63元，差额为28600.87元）。

（二）多方协同齐沟通，据理力争保权益

山东担保集团梳理了P担保公司与Q银行签订的《银担总对总批量担保

业务合作协议》约定："P 担保公司与 Q 银行分别按照贷款本金和正常利息（正常利息指贷款期间按照贷款利率计算产生的利息，但不含复利、罚息、违约金、损害赔偿金等）的80%和20%承担风险责任"，银担双方分歧的主要焦点在于如何界定"贷款期间"；为获取可靠依据，山东担保集团法务部门整理了诸多法院案件判例，总体上得出一致结论："贷款期间"应为"贷款合同起止期间"，即"贷款合同到期后"不能理解为属于"贷款期间"，显然银行对于"贷款期间"的认定有一定偏差，导致银行计算的 P 担保公司未清偿利息偏高。

为此，山东担保集团首先和 P 担保公司就"正常利息"计息期间的界定达成共识，然后通过 P 担保公司与 Q 银行多次沟通协调，Q 银行最终认可山东担保集团和 P 担保公司的对于"正常利息"处理意见，并针对该笔超额代偿利息形成退款方案，最终 P 担保公司少支付担保代偿款 28600. 87 元、山东担保集团少支付担保补偿款 17875. 54 元。

四、案例启示

（一）完善银担协议关键条款

本案例中，Q 银行站在自身角度对银担协议"正常利息指贷款期间按照贷款利率计算产生的利息"相关条款进行解读，解读结果有失公允，归根到底在于银担协议对于"贷款期间"未有明确的约定，若将"贷款期间"进一步明确为"贷款合同主债权起止期间"，在一定程度上能够减少银行和担保机构之间解读上的歧义。故担保机构与合作银行签署银担协议或相关合同时，须细化各项关键条款，并根据业务运作过程中发现的新情况、新问题及时动态地修正偏差。

（二）建立银担互信监督机制

本案例中，借款人王某光与 Q 银行签订的个人借款合同中约定：按月结息、到期还本；银行一般在债务人出现欠息 3 个月内启动风险处置。从 Q 银行开具给 P 担保公司的代偿通知书中"未清偿利息"倒推，债务人实际欠息已超过半年。建议担保机构在担保代偿审核环节发现该类情形时，应进一步与合作银行沟通，深入了解担保项目出险过程，遵守银担双方约定履行担保责任。同时，担保机构应完善银担双方风险项目处置规定，尽早介入担保项目的风险化解中，争取能够抓住风险处置良机，尽可能降低担保代偿风险。

（三）锤炼内功维护体系权益

本案例中，山东担保集团在对P担保公司代偿补偿审核过程中，提出Q银行对于担保代偿款中“正常利息”计算额度偏高的问题后，P担保公司能够及时与合作Q银行沟通，并且最终就代偿“正常利息”的认定标准和计算方式达成一致，Q银行将P担保公司多支付的代偿利息进行全额退还。

目前山东各地市政府性融资担保机构与合作银行开展的业务中，对于担保代偿责任范围的约定还存在差异，很多机构担保代偿责任包含“贷款本金、正常利息、逾期利息以及违约金”等，范围越大意味着担保机构的代偿责任越大。根据国家融资担保基金现行的再担保业务代偿补偿政策，除银担“总对总”业务的代偿补偿范围包含贷款本金及正常利息外，其余业务的代偿补偿范围仅限贷款本金部分。期待省内各地市政府性融资担保机构立足准公共产品定位，加大与合作银行的协商谈判力度，山东担保集团站在“省再担保机构”的角度也将持续加大与省级银行的协调力度，为山东省政府性融资担保体系创造更加有利的银担互信合作机制，促进全省政府性融资担保助力小微、“三农”经济的可持续发展。

以数字化转型赋能政府性担保高质量发展

——临沂市融资担保集团关于加快推进数字化转型的调研报告

临沂市融资担保集团有限公司　孙崇杰

习近平总书记强调，要抓住数字产业化、产业数字化赋予的机遇，引导数字经济和实体经济深度融合，推动经济高质量发展。临沂市融资担保集团有限公司（以下简称“临沂市融资担保集团”）深入学习贯彻习近平总书记重要讲话和指示批示精神，立足服务全市中小微企业和“三农”主体主责主业，把握信息化发展机遇，在数字风控、数字产品、数字服务和数字企业建设上用劲发力，以数字化转型为集团公司高质量发展注入新动能，加快建设“国内领先、全省一流”的数字融担企业。

一、实施数字化转型的必要性

从近年的实践中，临沂市融资担保集团深切感受到数字化转型是融资担保企业提升竞争力和创造价值的关键，对于提升效率、降低成本、提升客户体验、拓展业务模式具有重要作用。因此，必须站在全局和战略的高度，充分认识加快推进数字化转型的重要性和必要性。

（一）实施数字化转型，是贯彻落实中央和省、市部署要求的具体体现

国家层面来看，2022年12月，中共中央、国务院相继发布《关于构建数据基础制度更好发挥数据要素作用的意见》《数字中国建设整体布局规划》等重要文件，提出加速数据流通交易和数据要素市场发展。省级层面来看，今年5月4日，省政府印发《关于促进实体经济高质量发展的实施意见暨2023年“稳中向好、进中提质”政策清单（第三批）的通知》，要求省大数据局牵头，“促进数据价值化”“建立公共数据授权运营、有偿使用等制度”“建立数据产品和服务价格形成及收益分配机制”。市级层面来看，今年3月13日，市委主要负责同志对《关于落实全市金融助力乡村振兴座谈会重点任务的请示》作出批示，要求“列出工作落实的时间节点”，切实推进“整合各领域数据和融资需求”“搭建市场供需对接平台”等重点任务。

（二）实施数字化转型，我集团具备良好建设基础

一是金融基础显著。临沂市融资担保集团作为临沂市“金改区”综合信息载体建设运营、数据归集治理、金融创新服务的一体化服务商，集团具有金融大数据全流程治理的丰富经验。二是市场基础优势显著。临沂市融资担保集团作为全市唯一的市级国有政策性融资担保机构，以担保、再担保业务为纽带，与全市40余家银行形成了紧密连接，具有整合全市金融资源、链接全市金融机构、打通数字金融市场的显著优势。三是技术基础显著。临沂市融资担保集团旗下联信数科是省内较早开展大数据业务的国家高新技术企业，先后获得省大数据局首批数据开放创新应用实验室、省工信厅大数据发展创新平台、省级大数据“三优两重”项目、省科技厅中央引导地方科技发展项目、临沂市科学技术奖等奖项荣誉，技术优势明显，可以完成金融数据的归集、整合、清洗、治理、分析、应用的全流程治理及数据安全保障工作。

（三）实施数字化转型，是集团高质量可持续发展的必由之路

一是数字技术可以提高业务效率和准确度。利用大数据和AI技术，可以自动化完成客户风险评估、信贷审核等业务，减少人调查和审核，提高效率。利用区块链等技术可以更准确记录资产负债及风险披露情况，提高业务准确度。二是数字化有利于业务创新。可以利用手机APP、微信小程序等实现线

上申请和处理。可以开发云担保等新产品，拓展服务内容。这些创新有利于吸引更多客户并提高客户体验。三是数字化关键是应对行业变革。互联网金融的发展使传统融资方式面临挑战，而数字化转型可以紧跟时代发展，更适应新环境的产品和服务，如与各地金融综合服务平台合作提供小微企业融资担保等。四是数字化可以增强风险防控能力。通过监测大数据，可以更快识别行业经济风险，提早采取防范措施。大数据实时风险监测也可以及时发现企业经营风险，减少损失。

综上所述，政府性融资担保行业数字化转型是推动行业高质量发展的必由之路，在具体工作业务开展中，应加快转型步伐，利用数字技术手段不断创新产品和服务，深化与金融科技的合作，提升核心竞争力。

二、实施数字化转型的有益探索

今年年初，临沂市融资担保集团将数字化转型作为集团重点发展战略，成立了由党委书记牵头，集团班子成员分工负责，多部门联合参与的数字化工作专班，每两周一碰头，建立倒推任务清单，全力打造“让数据多跑腿，让企业少跑路”的全流程线上业务体系。

（一）开发运营“金融平台”，全面提升服务质效

在临沂市地方金融监管局、人民银行临沂支行、市发改委、市大数据局等部门推动下，临沂市融资担保集团开发运营了临沂市综合金融服务平台。平台综合运用互联网、大数据、云计算、区块链等先进技术，从破解银企信息不对称、金融资源不均衡、市场主体融资难等问题入手，以中小微企业、金融机构、政府部门等为主要服务对象，以政府性担保增信为支撑，实现域内企业信用、融资需求、金融产品、政策资源等数据信息资源的集约整合，8月底荣获山东省重大科技成果。一是客户操作更加便捷。客户可通过手机、平板等移动终端选择担保产品，完成担保线上申请，提升客户体验感。二是银行受理更加高效。合作银行可通过平台及时查看客户申请信息、预审结果、审批进度并进行业务受理，提高业务运作效率。三是担保服务更加优化。担保机构通过微信小程序，对担保客户进行保前预审及保后管理，并结合手机

短信等形式，多渠道对客户进行业务到期、还款提醒等通知服务，实现了担保业务从申请、评审、到保函出具全流程线上化操作，所有业务全部线上一站式完成。截至2023年7月末，全市49家金融机构、6家担保机构、50家保险机构和1家小额贷款公司在平台上线1005个金融产品，通过接口方式提供数据查询655140次，提供信用报告11179份，对接发放贷款46712笔、金额361.85亿元。

（二）多维度接入数据资源，精准识别风险客户

截至7月末，集团运营的金融服务平台已与全国“信易贷”平台、全国中小企业融资综合信用服务平台、山东省综合金融服务平台和山东省金融辅导系统对接联通，与国家、省金融平台的公共资源交易、税务、司法涉诉、水气缴费、环保、不动产、知识产权等数据实现了共联共享。在市级层面，与市场监管、发改、公积金、人社、环保等44个数源单位实现政务数据共享，并通过三方购买、数据交换等方式，整合了电力、税务、发票、物流、司法等关键数据。通过掌握更多数据，对客户画像更加精准，风险控制更有抓手。

（三）创新开发数字产品，满足多样化多层级融资需求

深度结合“供应链金融”“虚拟账户”等先进技术，围绕不同客户需求，设计研发创新产品，进一步完善线上产品功能、种类，线上业务“产品库”愈加丰富。其中，“融信担”产品是临沂市融资担保集团打造的第一款以纯线上、纯信用、大数据风控为特点的担保产品，单笔额度最高300万元。通过大数据模型分析画像，自动测试授信额度，产品自去年2月份上线至今，累计授信481笔、5.14亿元，放款134笔、2.4亿元，相关经验被山东省地方金融监管局评为金改试验区典型案例。“融沂贷”产品是临沂市融资担保集团与临沂农商行联合开发的线上信贷产品，推进担保增信解决小微、“三农”担保难问题，推广应用“见保即贷”“见贷即保”风险共担模式。截至2023年7月底，“融信担”累计受理申请笔数1274笔、需求金额32.84亿，授信475笔、授信金额5.03亿元；“融沂贷”累计实现放款491笔、放款金额1.515亿元。“临担—助创贷”是临沂市融资担保集团针对全市有创业需求的小微企业主、复员转业退役军人、高校毕业生等群体开发的线上产品，旨在服务新形势下日益增长的再就业群体，只要通过风控模型，就可以通过手机APP申请，实现“秒批秒贷”，满足再就业人员创业资金需求。这款产品8月1日投放市场，力争年底前完成10亿元放款目标。“跨境电商贷”“四雁振兴贷”“兴农快贷”等线下产品正在简化客户申报内容、优化反担保人预审流程，积极由线下向线上转变。

三、实施数字化转型的经验启示

当前，世界已经进入数字化时代，数字经济已经成为实现我国经济高质量发展的新动能和产业转型升级的主要抓手，政府性融资担保行业也不例外。临沂市融资担保集团以实施数字化转型为抓手，以深化金融供给侧结构性改革为主线，“数字金融”成为政府性融资担保企业升级维度的新探索。

（一）政府性融担企业要紧跟时代步伐

《中华人民共和国国民经济和社会发展第十四个五年规划和2035年远景目标纲要》作为影响中国经济和社会未来5年发展的中央纲领性文件，为强调数字化转型战略，以“加快数字化发展 建设数字中国”为主题专设一篇，提出以数字化转型整体驱动生产方式、生活方式以及治理方式的变革，并且将打造数字经济新优势，坚持新发展理念，营造良好数字生态，列为“十四五”时期目标任务之一，用国家最高层级的纲领性文件为数字化发展保驾护航。在政策持续强力支持下，未来数年，数字化将是中国经济社会发展中的不变强音，融资担保企业要注重金融创新的科技驱动和数据赋能，推动我国金融科技从“立柱架梁”全面迈入“积厚成势”新阶段，实现整体水平与核心竞争力跨越式提升。

（二）政府性融担企业要不忘支小支农初心

政府性融资担保行业进行数字化转型，可以更大程度地提高自身的获客能力、风控能力、技术能力和贷后管理能力，通过县、市、省以及国家融资担保基金的合作降低风险，加大普惠金融力度，更好地服务中小微企业及“三农”主体。利用“云计算”等先进技术，连接互联网大数据平台，充分发挥融资担保具有的错位优势和数据优势，补齐普惠金融信息拼图，改善信息不对称问题，不仅有利于增大中小微企业获贷概率，让更多的中小微企业享受到国家政策红利，而且能够重塑担保服务及审批流程，为中小微企业提供差异化、多样化和特色化的担保产品，“科技+数据+政府性融资担保”的新金融模式弥补传统金融模式的不足，实时更新客户信用数据，完善信用评级系统，真正实现小微、“三农”普惠金融。

（三）政府性融担企业要敢于改革创新

习近平总书记强调，在新形势下发展不能穿新鞋走老路，必须完整、准确、全面贯彻新发展理念，加快构建新发展格局，推动高质量发展。临沂市融资担保集团积极面对大量的数字化、线上化金融服务需求市场，不断适应新形势下担保与银行、担保与客户之间的新关系，建设了“数字驱动、智慧为民、绿色低碳、公平普惠”的综合金融服务平台。在具体实践中，将互联网技术与企业业务特点结合，与业务场景匹配，实现技术与业务的深度融合，围绕全市产业发展方向，优化业务模式，创新担保产品，服务中心工作。同时，数字技术帮助担保集团识别出符合国家政策和市场发展趋势的服务对象，增加对其金融服务产品的供给，让金融活水流向更需要帮助的企业和领域，有益于后续更多场景进行数字化转型。

共他类

“小背包”承载“大服务”
山东担保打造普惠金融服务新生态

日照市投融资担保集团有限公司　陈保全

毛泽东同志曾指出：“人是要有一点精神的。”作为山东省首批25家政府性融资担保体系成员之一，作为最具省担“基因”的市级机构，日照市投融资担保集团有限公司（以下简称日照担保集团）在短短四年间亲历和见证了山东担保集团从无到有、从弱到强、从“追兵”到“标兵”、从“单兵推进”到“体系化发展”的辉煌发展史，目睹了山东担保集团业务在保规模、累保规模从0到双双跃居全国前三，在全国省级担保机构第一方阵中取得“增速最快、覆盖面最广、代偿率最低、业务结构最优、资本利用效率最大”的耀眼成绩。这些成绩的背后，离不开山东担保人独具特色的特别能吃苦、特别能战斗、特别能奉献的“背包精神”。

伟大的事业呼唤伟大的精神，伟大的精神推动伟大的事业。2019年，山东担保集团领导首次到日照市调研担保工作，我们第一次领略了刘永贤部长带领“背包工作队”全情投入、全力以赴、“俯下身、沉下心、扎下根”的服务精神，此后多次与山东担保集团领导深入一线企业调研、筹划组建市级机构、拓展银担数字化合作、参与行业培训交流等，无不看到“背包工作队”追星赶月、勠力同心、砥砺前行的身影，这是新时代的“背包精神”，是山东担保作为全省经济发展生力军的生动形象。

新时代“背包精神”是一种顽强拼搏、艰苦创业的精神。“一日三餐有味无味无所谓，爬冰卧雪冷乎冻乎不在乎”，山东担保集团的发展史是一部艰辛创业史，创立初期难点多、阻力大、人员短缺、困难重重，“几历辛酸志始坚”，山东担保人坚守融担初心，以强烈的责任感、使命感和紧迫感，直面各种风险考验，困难面前不低头，矛盾面前不退缩，敢于啃硬骨头，勇于打攻坚战，他们放弃了“节假日”“双休日”，“五加二”“白加黑”成为工作常态，高强度的工作压力使得部分同事时常经受黑眼圈、甚至脱发困扰。为帮助解决市级机构发展中的问题，山东担保集团实施分片包干、片区攻坚，“背包工作队”第一时间分赴地市扑下身子投入工作，甚至放弃中午吃饭时间，连夜再赶回济南处理集团本部工作，废寝忘食抢时间、马不停蹄连轴转，以“咬定青山不放松”的韧劲把工作落实落细落到位。

新时代“背包精神”是一种敢于担当、守土尽责的精神。肩扛千斤，谓之“责”；背负万石，谓之“任”。山东担保工作初期面临很多复杂形势和挑战：资本金实力偏弱、政策支持力度不够、核心竞争力不强等，新型银担合作特别是体系成员的银担合作局面难以打开。山东担保集团立足全省政府性融担体系发展大局，拉下面子、放下架子、沉下身子，为解决某成员机构银担合作难题，专程奔赴该市召开银担合作恳谈会，集团主要领导带队向其市域合作银行深情鞠躬表达合作诚意，最终帮助成员机构在该市打开了新局面。为有效解决科创企业因规模小、轻资产、风险高导致的融资问题，山东担保集团积极履职担当，成立专门科创业务部，推动体系成员设立科创融资担保专营或内设机构，开发“鲁科担-鲁担科技贷”“鲁科担-科创履约保”系列专项产品，引入上海技术交易所等服务平台，发挥体系合力为科创企业开辟融资渠道，实现对科创企业的精准支持。

新时代“背包精神”是一种勇于改革、谋变图强的精神。改革是推动发展的直接动力。我省融担事业起步发展面临重重压力和困难，山东担保集团“在危机中育新机、于变局中开新局”，着力构建横向到边、纵向到底、全面覆盖、运转顺畅的全省政府性融担体系。为解决日照市市级机构缺位问题，

山东担保集团大手笔筹划组建日照担保集团，“背包工作队”拿出逢山开路的闯劲儿、甩开膀子的干劲儿、抓铁有痕的韧劲儿，力挑千钧、攻坚克难，高质量完成了对日照担保集团的改革组建，实现市级融担机构全省覆盖，成为政府性融担体系建设的经典范例。为进一步深化市县融担体系建设，山东担保集团下沉到区县，大力推动“市县一体化改革”，创造性地谋划“担保体系共建先行县”创建工作，直接与区县政府签署战略合作协议，推动区县政府出台支持融担工作的规范性文件，为县域经济高质量发展夯基赋能。目前已在淄博高青、聊城冠县、潍坊青州、日照五莲等地成功实践。

新时代“背包精神”是一种与时俱进、开拓创新的精神。秉持“普惠金融的引领者、智慧融担的领航者”目标理念，山东担保集团以战略思维谋全局、以创新思维增活力，超前大手笔布局金融科技，大资金投入数字化系统，成立专业数据科技公司，建设数字融担新时代。集团数字化系统获国家融资担保基金认可，成为全国政府性融担体系数字化平台。数字化红利首先惠及省内各体系成员机构，日照、德州成为首批数字化平台系统试点市。为支持日照市试点工作，集团“背包工作队”专程奔赴日照，扎根公司、高度负责、默默奉献，驻守半月余，帮助日照担保集团顺利完成试点任务。为做好全省银担系统直联工作，山东担保集团抽调专业精干力量，打通了全省政府性融担体系与省内110家农商银行业务线上直联，开发“鲁担惠企通”小程序作为入口，实现了风控关口前置，大大提升了银担合作质效。为帮助成员机构实现与地方城商行的业务线上直联，“背包工作队”努力向下扎根、服务到“底”，分赴各市与青岛银行、齐商银行、日照银行等拓展银担线上合作，全面提升成员机构的数字化水平。

新时代“背包精神”是一种胸怀全局、心系民生的精神。山东担保集团领导多次强调，改革创新永无止境，山东担保的发展必须放在全省经济发展大局中去考量。集团坚持“走创新路、吃改革饭、夯党建基、称百姓心”发展理念，肩负使命、扛起责任、主动担当，充分发挥山东担保集团作为省委省政府的重要战略工具作用，努力“替政府分忧、为企业解难”。集团领导化身一个个背负使命、装满责任的“背包客”，以创业者心态、打工者身份、店小二角色，以等不起、慢不得、坐不住的精气神，无数次奔赴国担基金、省委省政府、省直部门和各市党委政府为山东融担事业发展争取良好政策环境，远赴山西担保、安徽担保、浙江担保等为山东融担事业发展积蓄先进经验，组织各市成员机构密集开展行业培训交流锤炼山东融担铁军、夯实体系发展“底座”，下大力气组织编纂《政府性融资担保理论与实践》《山东省担保志》为历史负责、为现实服务、为后来者铺路、更为需求者搭桥。山东担保集团锚定“走在前、开新局”，集全省体系之力、汇聚中央省市资源，打造支撑全省小微经济稳健发展的融担体系新生态，牢牢守住全省小微企业的“生命线”。

“大浪淘沙始见金，风云际会玉龙吟”。现在的山东担保，已然是一个承载万千小微企业搏击市场浪潮、应对内外挑战、实现创新发展的庞然大物。现在的山东担保人，已然是一个个敢打硬仗、善打大仗、能打胜仗的“背包剑客、战斗铁军”。“船到中流浪更急，人到半山路更陡”，在这个充满机遇和挑战的新时代，集团将带领全省体系成员，组成劈波斩浪、勇闯深蓝的“航母舰队”，为小微企业保驾护航，为普惠经济遮挡风浪。集团的“背包精神”将赓续传承、发扬光大，深深注入全省体系的血脉，凝聚一往无前的力量，在服务全省经济高质量发展大局中，奋力展现融担新作为、贡献融担新力量、谱写融担新华章！

践行普惠　服务有我

德州市融资担保有限公司　刘迪

我站在岱岳之巅，

感受到普惠金融的种子在这片沃土生长。

五千年的沧海桑田，

给我们留下了孔孟文化。

在这片齐鲁大地上，

处处都流淌着支农支小的赞歌，

一群担保从业者正在用他们的使命与担当谱写新的“齐鲁故事”。

齐鲁大美，

从杜甫的“岱宗夫如何？齐鲁青未了”到刘凤诰的“四面荷花三面柳，一城山色半城湖”；

从黄河滩涂的草长莺飞，到千年枣林的群蜂采酿。

大自然用鬼斧神工的美景，

承载对齐鲁未来的美好期待。

作为新时代的担保从业者，

他们为每个梦想保驾护航，

助力小微企业，让创业路上更加顺畅。

作为新时代的担保从业者，
他们深入田间地头，
了解农民朋友的融资需求，
为农业生产保驾护航，
让农民朋友收获更多。

新时代的担保从业者，
为小微企业和“三农”主体承担风险，
为他们照亮前路，
让他们在追梦路上更加勇敢，
也成为他们最可靠的后盾和支持。

新时代的担保从业者，
不仅是普惠金融的践行者，
也是小微和“三农”的护航员，
作为经济发展的推动者，
我为自己感到自豪。

新时代的担保从业者，
支持小微，助力“三农”，
让创业者不再忧虑，
让农民朋友更加安心，
让我们共同努力，
为经济发展贡献力量。

汗水为墨 实干为笔 担起海右之波澜

山东省投融资担保集团有限公司　潘萍

习惯，岁月用年轮丈量，足迹由信用写就，
风华，在滔滔河海中历练。
起步，迎着戊戌的危难而生，风云开阖中，
注定迥然不凡。
时光不长，却期许使命深长，“鲁担”不远，
也撑起万家脊梁。
今日，站在“十四五”船头，
江海阔，风正日光悬。
百年交汇，百年蝶梦，
百年致敬，激荡青春的力量。
盼民族复兴、人民幸福、家乡富饶的齐鲁儿女，
需要坚守初心，砥砺前行，和衷共济，
百担、千担、万担，
去担起浩瀚海右波涛积淀。

或许，我们生就，注定站在了历史的潮头，
要迎接风浪、艰险的考验；
或许，我们的使命，

应运着我们的赤诚丹心，
注定要担负起齐鲁万家的
责任与幸福。
尽管，我们只是海浪中一朵细小的浪花，
还需要父母亲朋温暖的呵护，
但我们，已挂满征帆的信心，
正在迈出坚实的脚步，义无反顾，
投身到炽热的世纪大潮，
去擦亮青春的底色，
在惊涛骇浪中搏击、起伏、磨炼。
不惜，汗水为墨，
青春为笔，担起海右之波澜；
去承诺那一个个，
繁星点点，应有的承担。